左端・時代区分（縦書き）: バロック ／ ナポリ派のオペラ ／ ヴェネツィア派のオペラ ／ ボローニャ楽派 ／ ベルリン楽派 ／ マンハイム楽派 ／ 前古典派 ／ ウィーン古典派 ／ ロマン主義

西洋（音楽）	西洋（一般）	日本（音楽）	日本（一般）
1602 カッチーニの《ヌオーヴェ・ムジケ》出版		17世紀始め 地歌の始まり	
17世紀 近代五線記譜法	1618 ドイツ三十年戦争（～48）	17世紀前半 八橋流箏曲の始まり	1612 キリスト教禁止令
1637 ヴェネツィアにオペラ劇場		1629 女歌舞伎禁止	1613 支倉常長訪欧
	1642 清教徒革命（～49）	1642 江戸城紅葉山の楽人の設置	
	1643 ルイ14世即位（～1715）		1639 鎖国令
	1660 イギリス王政復古	1652 若衆歌舞伎が禁止	
1687 ハンブルクにオペラ劇場	1688 イギリスで名誉革命	1670代 普化宗の成立	
		1684 竹本義太夫が竹本座を設立	
	1701 プロイセン王国成立	17世紀末 生田検校が生田流箏曲創始	
1709 ピアノ・フォルテ開発	1712 ルソー生まれる（～78）	元禄年間 歌舞伎で和事と荒事が確立	
1724 メタスタージオの《見捨てられたディドーネ》上演		18世紀前半 長唄の成立	1716 享保改革（～35）
1725 パリで《コンセール・スピリテュエル》が始まる			
1733 ペルゴレーシ《奥様女中》	1740 フリードリヒ2世即位（～86）	1734 人形浄瑠璃で3人遣い創始	
1750 J. S. バッハ没	1749 ゲーテ生まれる（～1832）	1747 常磐津節が創設	
1752～54 パリでブフォン論争	18世紀後半 〈シュトルム・ウント・ドランク〉	18世紀中頃 山田検校が山田流箏曲創始	
	1756 七年戦争勃発（～63）		
	1765頃 イギリスで産業革命が進む		
1774頃 パリでグルック・ピッチンニ論争が起こる	1774		1774 杉田玄白『解体新書』
1791 W.A.モーツァルト没			
1795 パリ音楽院開校			1787 寛政改革（～93）
1790代末 パガニーニが演奏活動開始			
1812 ロッシーニがデビュー	180○	1812 …オランダ人がオ…	
1814 シューベルトが《糸を紡ぐグレートヒェン》作曲			
1827 ベートーヴェン没		1826 シーボルトが江戸にピアノを持参	1825 異国船打払令
1828 パリ音楽院演奏会が開始		19世紀前半 宇田川格庵が西洋音楽用語を翻訳	
1829 メンデルスゾーンがバッハ《マタイ受難曲》を再演			
1830 ベルリオーズの《幻想交響曲》初演	1830 ユゴーの『エルナニ』初演		
1831 ショパンがパリに出る	1831 ゲーテ『ファウスト』第2部完成		
1834 『音楽新報』創刊			
1842 ヴェルディ《ナブッコ》	1848 フランスで二月革命		1841 天保改革（～43）
1848頃 リストの最初の交響詩	ドイツ三月革命／マルクス『共産党宣言』		
1859 ヴァーグナーの《トリスタンとイゾルデ》完成	1852 ナポレオン3世即位（～70）	1855～59 幕府が長崎で海軍伝習にともない、洋式軍楽を導入	1853 ペリー来航
	1853 ボードレール『悪の華』		
1860頃 ロシア〈五人組〉結成	1861 イタリア王国成立		
	1861 アメリカ南北戦争（～65）		1868 明治維新
1871 フランス国民音楽協会設立	1870 普仏戦争（～71）	1870 太政官内に雅楽局設置	
	1871 ドイツ帝国成立	1871 陸海軍の軍楽隊が発足	
	1874 第1回印象派展覧会	1876・88 雅楽『明治撰譜』撰定	1873 キリスト教禁止が解除
	1877 エジソンが蓄音機を発明	1879 文部省音楽取調掛設置	
1881 チェコ国民劇場開場		1881 芝公園紅葉山に能楽社結成	
		1882 『小学唱歌集』刊行	
		1886 東京音楽学校設立	
		1888 小中村清矩『歌舞音楽略史』	
		1889 東京音楽学校卒業生、幸田延が初めて海外留学（～95）	1889 大日本帝国憲法
		1889 山葉風琴製造所設立	
1894 ドビュッシー《牧神の午後への前奏曲》完成		1893 《君が代》ほか8曲の〈祝日大祭日唱歌〉を制定公布	
		1895 上原六四郎『俗楽旋律考』	1894 日清戦争（～95）
	1898 エジソンが映画を発明	明治30代 言文一致唱歌が流行	
		1900 滝廉太郎が歌曲集《四季》など作曲	
1902 ドビュッシーのオペラ《ペレアスとメリザンド》完成		1902 3世杵屋六四郎と4世吉住小三郎〈長唄研精会〉創設	
1906頃 バルトークらが蓄音機でハンガリー民謡の採集を開始	1905 フォーヴィスムが生まれる	1905 田中正平が邦楽研究所設立	1904 日露戦争（～05）
	1907 ピカソ《アヴィニョンの娘たち》	1907 東京音楽学校に邦楽取調掛設置	
1908 シェーンベルクが無調の作品を書き始める			
1909 ディアギレフがロシア・バレエ団を組織	1909 「未来派宣言」		

日本・時代区分（縦書き）: 近世（後期＝江戸文化の…） ／ 近代（前期＝幕末・明治中期） ／ 近代（後期＝…）

（裏表紙の見返しへ続く）

古代ギリシアの音楽から日本の現代音楽まで

決定版
はじめての音楽史

音楽之友社

16世紀のヨーロッパで流行した，スペイン起源の舞踏「モレスカ」。顔を黒く塗った踊り手が，器楽の伴奏で奇妙な踊りや，パントマイムを演じた。

サン・スーシー宮殿での演奏会を描いたA.v.メンツェルの歴史画。中央でフルートを奏しているのがフリードリヒ大王で、チェンバロを弾いているのはバッハの次男エマーヌエル。[→ p. 75]

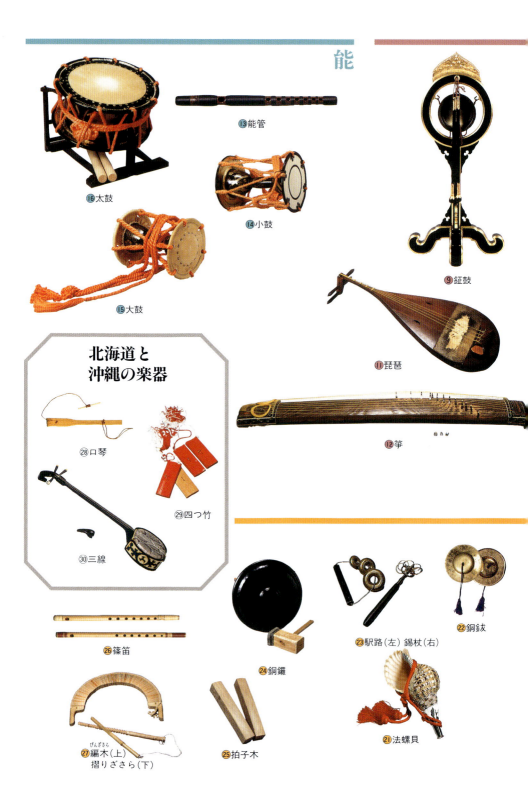

雅楽

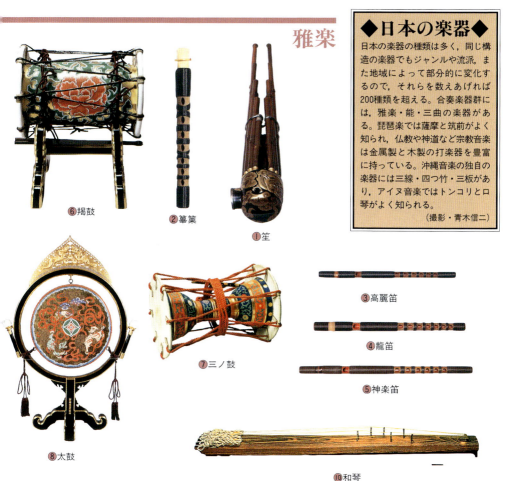

◆日本の楽器◆

日本の楽器の種類は多く，同じ構造の楽器でもジャンルや流派，また地域によって部分的に変化するので，それらを数えあげれば200種類を超える。合奏楽器群には，雅楽・能・三曲の楽器がある。琵琶楽では薩摩と筑前がよく知られ，仏教や神道など宗教音楽は金属製と木製の打楽器を豊富に持っている。沖縄音楽の独自の楽器には三線・四つ竹・三板があり，アイヌ音楽ではトンコリと口琴がよく知られる。

（撮影・青木信二）

⑥羯鼓　②篳篥　①笙　③高麗笛　④龍笛　⑤神楽笛　⑦三ノ鼓　⑧太鼓　⑩和琴

その他の楽器

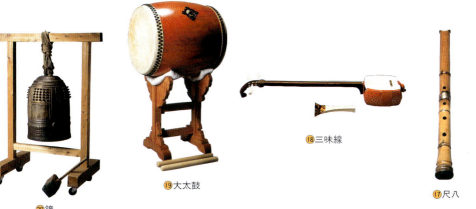

⑳鐘　⑲大太鼓　⑱三味線　⑰尺八

雅楽《陵王》(国立劇場第38回公演より、舞人・多忠輝) [→ p. 142]

古来より最も人気の高い能の代表作のひとつ《羽衣》。シテ・大村定。(撮影・神田佳明)

はじめに——決定版によせて——

　音楽史をめぐる状況は、20世紀になって、大いに変化しました。ヨーロッパの音楽を中心にした歴史の見方は後退し、民族音楽学の台頭によって、世界中の音楽が今や平等に聴かれるようになりました。音楽作品を中心とした音楽の考え方も影響力を弱め、それに代わって音楽が創造、享受、そして伝承される場が、クローズ・アップされるようになりました。その結果、音楽ばかりか音そのものも、これらの場を構成するひとつの要素となってしまいました。音楽史は、現在の鳴り響きとしての音楽、とりわけ古楽演奏の現在とも大いに関係しました。過去の歴史のためにではなく、鳴り響く音楽のために、つまり「生きた音楽」のための音楽史研究が追求されたのです。

　日本音楽史においても、アジアの諸民族の音楽文化との相互関係が認められ、伝統音楽の背景にあった民俗芸能の研究も進みました。また日本の固有の問題として、ヨーロッパ音楽の導入と受容という興味深い問題もあります。明治時代以後、「日本の音楽」は次第にヨーロッパ音楽の流れを共有するようになり、やがてはヨーロッパの音楽創造にインパクトを与えるまでになりました。

　今日の私たちの音楽文化は、少なくとも3つの音楽史の流れを汲んでいます。すなわち、ヨーロッパ音楽の歴史、日本の伝統（民俗）音楽の歴史、そしてヨーロッパ音楽を受容した後の日本の音楽史の3つです。従って私たちの今の「日本の音楽」を歴史的に見ようとするとき、もはやヨーロッパを中心とした音楽史だけでは十分ではないのです。「西洋音楽史」、「日本音楽史」、「日本の現代の音楽」という本書の構成も、このような考えから生まれました。特に、20世紀の音楽史、とりわけ第2次世界大戦以後の音楽史に多くのスペースを与えたのも、本書の大きな特徴のひとつです。

　本書の初版が発行されたのは1996年のことです。この20余年の間に、私たちのライフスタイルは大きく変化しました。インターネットが普及し、世界中がリアルタイムで繋がっています。iPodやスマートフォンの普及は私たちの音楽聴のスタイルを変え、また音楽産業界の構造をも揺さぶりました。また2001年9月11日に起こった「アメリカ同時多発テロ事件」や地球規模での環境破壊は、現代に生きる意味をすべての人間に問うています。とりわけ、2011年3月11日に発生した「東日本大震災」とその後の「福島原子力発電所の事故」は、人間の存在のはかなさや科学技術の危険性を我々に教えてくれました。

　こうした存在への不安に直面した世界に生きる私たちが、自分たちが生きていくことにとって「音楽とはいったい何なのか」という問いから、逃れることができないことも自明でありましょう。実際に「東日本大震災」の被災者の方々にとって、ボランティアやプロの音楽家たちの演奏が、生きる糧のひとつになったことは、私たちの記憶にもまだ鮮明に残っています。今だからこそ、歴史を、そして音楽の歴史を学ぶことで、そうした問いや現実

に真摯に向い、自分たちなりの答えを見つけだすこと、そして少なくともそのような努力をすることが大切だと考えています。

　本書については初版後、何回かの改訂や増補を繰り返して行ってきましたが、今回の「決定版」の刊行によって、ひとまず完成とさせていただきます。「ワーク・イン・プログレス work in progress」を停止とします。そして最後に、5つのコラムを追加して、音楽史の流れを別の視点から説明して、音楽史がひとつではないことをお示ししておきました。

　「決定版」とした理由のひとつは、近年、第2次大戦後の前衛音楽を牽引してきた作曲者たちが他界したという事実です。第2次世界大戦後の「ゼロ状態」を脱して、新しい音楽を創造したような、新しい大きな歴史の流れを、私自身が「今」感じられなくなったからでもあります。これまでは多くの人々が共有できる「大きな歴史の流れ」があったように思います。しかしインターネットの普及が最も影響力があったように思いますが、世界は混沌とし、個人は孤立してしまっています。大衆は「小衆」になってしまい、人々の意識も分散しています。

　今後、こうした状況が克服され、また新しい音楽潮流が誕生すれば、新たな「音楽史」が書かれることでしょう。それまではこの『決定版　はじめての音楽史』がしばらくはお役に立つのではと、自負しております。なお、作曲者の没年等は、増刷時に追加するつもりでおります。

久保田　慶一

目　次

はじめに —— 改訂によせて ———— 久保田慶一　　1

第1部　西洋音楽史

序章　　人間と音楽 ———————— 片桐功　　7

第1章　古代ギリシア ———————— 片桐功　　15

第2章　中世 ———————————— 吉川文　　23

　　コラム　もうひとつの音楽史　その1：**音楽理論について**　　34

第3章　ルネサンス(1) ——————— 吉川文　　35

　　コラム　もうひとつの音楽史　その2：**音楽と社会について**　　42

第4章　ルネサンス(2) ——————— 吉川文　　43

第5章　バロックの声楽 ——————— 岸啓子　　53

第6章　バロックの器楽 ——————— 岸啓子　　61

第7章　前古典派 ————————— 久保田慶一　　69

第8章　古典派 —————————— 久保田慶一　　77

第9章　ロマン主義前期 ——————— 長野俊樹　　87

　　コラム　もうひとつの音楽史　その3：**音楽の職業について**　　96

第10章　ロマン主義の諸相 ————— 長野俊樹　　97

　　コラム　もうひとつの音楽史　その4：**記譜法について**　　108

第11章　20世紀(1) ———————— 白石美雪　　109

第12章　20世紀(2) ———————— 白石美雪　　117

　　コラム　もうひとつの音楽史　その5：**音楽メディアについて**　　132

第2部　日本音楽史

第1章　日本音楽史の始まり————————————高橋美都　135
（西暦300年〜1000年まで）

第2章　能と狂言——————————————————三浦裕子　145
（西暦1000年〜1500年まで）

第3章　近世——乱世に花開いた三味線文化————————茂手木潔子　155
（西暦1500年〜1850年まで）

第4章　近代——伝統音楽と西洋音楽の並存のなかで————塚原康子　171
（西暦1850年〜1945年まで）

第3部　日本の現代の音楽

第1章　日本の現代音楽————————————————楢崎洋子　183
（1900年以降）

第2章　現代邦楽——————————————————茂手木潔子　195
（1945年以降）

おわりに——音楽史を学ぶとは————————————久保田慶一　199

あとがき——————————————————————久保田慶一　203

参考文献・視聴覚資料　204

事項索引　215

人名索引　221

古代ギリシアの音楽から日本の現代音楽まで

はじめての音楽史

第1部
西洋音楽史

序章　人間と音楽

◆諸民族の音楽

世界にはいろいろな民族が住んでおり、それぞれの習慣に応じた独自の音楽生活を営んでいる。そうした世界の諸民族の音楽を扱う学問は、今日一般に民族音楽学といわれ、その対象とする分野は3つある。

第1は自然民族の音楽で、サハラ以南のアフリカ人、スリランカのヴェッダ人、オーストラリアの原住民、メラネシア人、ポリネシア人、ミクロネシア人、台湾の高砂族、アメリカ・インディアン、アラスカのエスキモーなど、もともと文字をもたない無文字社会を形成しているところが多い。

第2は世界各地の高文化民族における芸術音楽で、日本、韓国、中国、インドネシア、インド、イラン、イラク、トルコ、ヨーロッパなどでそれぞれ高度に発達した芸術音楽が、ここに含まれる。

第3はそうした高文化民族の基層にある民俗音楽で、わらべ歌とか民謡とか民俗芸能がここに含まれる。

そうした民族音楽学を専攻する研究者が、世界各地に分散して調査をした結果、民族が異なるごとに文化的価値体系も当然違ってくると同時に、一見無関係と思われるところに、意外にも共通なもの・普遍的なものを見出す例も少なからずあることがわかってきた。たとえば台湾高砂族の和音唱法を聴くと、ハーモニーというものが決して西洋音楽の独占物ではなかったことがよくわかるのである。

西洋音楽は複雑な音楽理論を高度に発展させてはきたが、しかし自然民族においても、ごく日常的な用語の中に音楽構造が意識される例のあることも、近年明白になってきている。

音楽史というものは決して西洋音楽だけの歴史ではない。ヴィオラが『世界音楽史——4つの時代』のなかで主張したように、世界音楽史という観点からみると、西洋音楽は全体のなかのある特別重要な位置を占めるにすぎないのである。

◆音楽の起源

人間はいったいどのようにして音楽を生み出してきたのであろうか。人間と音楽の歴史を考えるにあたって、まずこの問題から検討してみよう。民族音楽学はこの問題についても重要な示唆を与えてきたのである。

音楽の起源に関する考察は、18世紀末の、ルソーやヘルダーにまでたどりつき、彼らは「音楽は神より人間に授けられしもの」とするキリスト教の権威ある見解に真っ向から反対し、「音楽は人間に由来する」という点を主張するために、言語起源説を提唱していた。

その後19世紀後半になって、音楽の起源の問題は本格的に論じられるようになり、(1)言語起源説（スペンサー）、(2)感情起源説（ヴント）、(3)恋愛起源説（ダーウィン、イェスペルセン）、(4)魔術起源説（コンバリュー）、(5)労働起源説（ビュヒャー、エンゲルス）、(6)信号起源説（シュ

トゥンプ)、(7)リズム衝動起源説(ワラシェク)など、種々の起源説が提唱された。けれども残念ながらこれらの見解はいずれも十分な実証的・科学的裏付けを有するものとはいいがたく、思弁的考察に留まっていた。

こうした種々の起源説に対し、20世紀に入り民族音楽学(当時は比較音楽学と呼んでいた)の分野からザックスが出て、ひとつの有力な見解を打ち出した。ザックスは実証不可能な起源論から一応離れ、資料を客観的に検討し、自然民族における音楽現象に対して、多面的考察を行ったのである。ザックスはもっとも原初的な段階のものとして、相対立する2つの様式を提唱する。

第1は、抑揚をつけて言葉を唱えることから始まった「言語起源的」な様式で、音域は狭く、使われる音の数も2音とか3音程度で進行し、そのわずかの上下動により、ほとんど水平に近い旋律線を描くものである。

第2は、形にとらわれず感情をほとばしらせる「感情起源的」な様式で、音域は広く、最初強い叫び声で音高が高く始まり、それから急降下したり段階的に下りたりして最低音で弱まる、という下降の旋律線を描くものである。さらにザックスの考えでは、この両者は互いに混じり合い、より高度に洗練された「旋律起源的」な様式へと、発展したとされるのである。

自然民族のあるものは「言語起源的」または「感情起源的」な様式のどちらかの段階にある場合もあれば、またあるものはその両者を持ち合わせた場合もあるし、さらには「旋律起源的」な様式にまで到達しえた場合もあったろう。

このように単一の起源説にとらわれず、いわば複合的に音楽の形成を考えるザックスの見解は、客観性があり、きわめて有益な示唆に富むものといえるだろう。

◆音楽の機能

音楽は人間の営みのひとつとして存在しているのであるが、いったい音楽の機能はどこまで認められるであろうか。

自然民族及び民俗音楽を調べる限りでは、芸術のための音楽という意識は乏しく、たいていは音楽以外の目的に関連して実用的に機能している。第1は魔術的・呪術的機能であり、音楽を用いて雨乞いをしたり、踊ることで悪霊を追い払ったり、歌うことで亡くなった人を葬ったりする場合である。第2は宗教儀式と結びついた機能であり、世界各地のシャーマニズムがその例となる。音楽を用いて神がかりしたシャーマンは、超自然的存在と交流するなかで託宣を行う形が多い。もっともこの機能は芸術音楽の分野でも見出すことができ、仏教の儀式と関わる日本の声明、キリスト教の儀式と関わる西洋のグレゴリオ聖歌(p.23参照)は、その典型的な例であろう。

第3は労働促進の機能であり、田植囃子、酒造り歌、茶摘み歌、木挽き歌、櫓漕ぎ歌、機織り歌、石切り歌など作業に伴って歌われる例がこれにあたる。第4は信号伝達の機能であり、アフリカのトーキング・ドラム(話す太鼓)、ポリネシアやメラネシアの割れ目太鼓のように、太鼓を使って遠くの仲間に信号を送る例である(p.14参照、図3)。

第5は男女間の求愛としての機能であり、ヒマラヤ南麓から東南アジアの北部山岳地帯や中国南部にかけての、いわゆ

序章　人間と音楽

る照葉樹林帯の少数民族にさかんな歌垣の風習がその代表例である。歌垣は若い青年男女が歌の掛け合いによって結婚の相手を見定めるもので、かつては日本の『古事記』『風土記』『万葉集』のなかにもいろいろな例があったし、奄美諸島や沖縄諸島では最近までその名残があったという。

　芸術音楽の分野になると、また違った機能が認められる。たとえば精神修養としての機能であり、中国の七絃琴の音楽がその典型的な例である。七絃琴は儒教思想を反映し、君子の精神修養の道具として用いられ、本来は他人に聴かせるものではなく、音量も小さかった。日本の筑紫流や八橋流の俗箏にもこれに近い要素がある。また徳を形成するための教育手段としての機能もあり、古代ギリシアではプラトンが音階やリズムに性格づけを行って、国家の番人の訓練にあたろうとしていた。これは一般に〈エートス論〉と呼ばれている（p.18参照）。

　そして最後に芸術としての音楽の機能もあり、これは西洋音楽でも近代になってようやく獲得したもので、音楽に美的価値を認め、娯楽や鑑賞として楽しむようになったものである。

◆音の素材

　今度は音の素材についても検証してみよう。いったい人間はどういう音を良いものと認め、用いてきたのであろうか。

　一般的にいえば、音楽に用いられる素材のうち、音の高さが明瞭に認められる音は楽音と呼ばれ、それ以外の音は噪音（騒音、雑音）または非楽音と呼ばれる。つまり物理学的には、音の波が規則正しく一定の周期性をもって振動する場合

に、一定の音高に安定して聴こえることから楽音と呼び、音の波が不規則に変化して、明確な音高の認識のできない場合に、噪音と呼んで区別をするのである。

　西洋音楽では打楽器を除き、弦楽器や管楽器などが楽音を用いており、ヴァイオリンとかフルートの音を聴いてもわかるように、西洋の楽器は不純な噪音を除去して、純粋な楽音に近づくことを理想としていた。

　ところが西洋以外の音楽では、噪音を用いることも結構認められるのである。たとえば韓国の大笒（テーグム）という横笛には、吹口と指孔の間に清孔と呼ぶ孔があり、ここに竹紙を張るために、膜が振動して一種の噪音が出る。しかし韓国の人々は、この独特の音色を、民族固有の響きとして愛好しているのである。

　インドのタンブーラという弦楽器は、4本の開放弦を指で順番に弾いて持続低音を出すが、駒の上で弦に糸を結びつけ、一種のサワリの工夫がしてある。これにより音の残響が長くなるのである。

　日本音楽に関しても、噪音は音の素材としては重要である。たとえば箏の擦り爪、輪連、添え爪の技法、三味線のサワリの装置（p.162参照）、尺八のムラ息の技法、能管のヒシギの技法など枚挙にいとまがない。日本の楽器はわざと噪音を出すいろいろな工夫をしていたのである。

　このように噪音を音楽に取りこむ民族は少なからず世界に存在するが、同様に自然界の音を音楽として考える民族もある。パプアニューギニアのカルリの人々は、森に住む鳥や昆虫の声、小川の流れを音楽のように聴くといわれる。実はこれに近い感覚は日本人にもあり、『源氏物語』では虫の声、鳥の声、風の音、波の

9

音が音楽と響き合うなど、自然音と音楽との密接な関係が至るところに見出せるのである。

こうみてくると、音の素材が民族によって多様であることがわかるであろう。このことは発声法についても同様であり、西洋のベル・カント唱法のように明朗でよく響く声ばかりでなく、日本のようにさびのある声とか渋い声を評価する民族もいるし、モンゴルのホーミーのようにひとりの人間が高音と低音の2つの音を同時に出す唱法もあれば、またイランのタハリールのように裏声と表声を激しく交互させて、ヨーデルに似た震えたような声を出す唱法もあり、実に多彩である。

◆音楽理論の展開

人間と音楽の歴史を考える時、さらに注目すべきもののひとつは音楽理論への考察であろう。いうまでもなく人々が習慣的に歌ったり、楽器を演奏している音楽には、各民族独自の理論が存在している。しかも高文化民族では、そうした理論構造を意識的に把握し、音楽理論書として書き記そうという努力がなされている。その意味でとくにすぐれていたのは西洋であり、古代ギリシアのピュタゴラス(図1)、アリストクセノス、プトレマイオスといった音楽理論家が輩出して以来、ボエティウス(p.23参照)、グイド・ダレッツォ(p.27)、グロケオ、グラレアス(p.35)、ザルリーノなど、次々と独自の西洋音楽理論を展開したのである。

他方アジア各国においても、実際の音楽と必ずしも合致するものではなかったが、後世に残る独自の理論書はいくつか書かれていた。たとえばそのひとつの系

図1　15世紀の音楽理論書の挿画。ピュタゴラスらしき人物が、弦の張力を変えて、音程の協和を調べている。

譜は中国に始まって日本へ伝わった音楽理論で、完全5度と完全4度を上下に反復していく三分損益の法により、5音音階(五声)とか7音音階(七声)とか12半音(十二律)を求める理論が書かれている(『呂氏春秋』の「季夏紀・音律」とか『淮南子』の「天文訓」とか『前漢書』の「律暦志第一上」など)。

第2の系譜はインド独特な音楽理論で、たとえばオクターヴを22律に分け、その配分の仕方でサ・グラーマ(3・2・4・4・3・2・4)とマ・グラーマ(3・4・2・4・3・2・4)の2種類の音階を決定することが書かれている(バーラタの『ナーティヤ・シャーストラ』)。

第3の系譜は古代ギリシアの影響を基礎にして、独自の理論を形成していったアラビアの音楽理論で、音律論を例にすれば、完全4度の累積法により、中世には17律(サフィー・アッ=ディーンの理論)にまで達したが、中立3度および中立6度(注1)をアラビア音楽に本質的なものとする立場から、近代に入り24平

(注1) 中立音程は長音程より狭く、対応する短音程より広い音程を指し、とくにアラビアでは長3度と短3度の中間に位置する中立3度(355セント)と、長6度と短6度の中間に位置する中立6度(853セント)が頻繁に用いられる。

均律（ムシャーカの理論）が考案される
に至っている。

　音楽理論の存在というものは、書き記
された理論書をもつ高文化民族の独占物
ではない。実は文字をもたない無文字社
会にも音楽理論は存在するのである。従
来の考え方では、音楽理論的構造は無文
字社会の人々には明確に意識されず、外
部の研究者がいわば外側から構築するも
のと考える傾向にあった。しかし、最近
の研究ではごく日常的な用語の中に口頭
伝承として、いわば「見えない理論」の
形で存在することが明らかになってき
た。たとえばフェルドの研究（「滝のごと
き流れ──カルリ音楽理論の隠喩」）によれ
ば、パプアニューギニアのカルリの人々
は、音程や旋律型を滝に関連する言葉で
表現するなど、滝、木の幹、枝、鳥の声
などを使って音楽理論に言及しているの
だという。民族音楽学の研究の進展に伴
って、こうした点はますます明らかとな
るだろう。

◆楽器をめぐる諸問題

　楽器もまた人間の生み出した所産であ
る。世界にはいろいろな楽器がある。な
かには音楽として使われるのでなく、磬
とか法螺貝とか鏡のように仏教儀式で用
いられたり、アフリカのトーキング・ド
ラムのように、通信の機能をもち、もと
の言葉を推測させるようなものもある。
したがって西洋的な3分類法（管楽器・
弦楽器・打楽器）では、とても世界の楽
器を分類するには不十分である。
　楽器の分類法については、そもそも民
族によっては独自の分類法が考案されて
いたものもある。たとえば中国では古来
〈八音〉とよぶ分類法があった。これは楽

器の材質に応じて、金・石・糸・竹・
匏・土・革・木の8種類に分類するもの
である。また日本では演奏法の違いか
ら、吹きもの・弾きもの・打ちもの・振
りもの・すりもの、に分けるのが一般的
であった。それからインドではいわゆる
打楽器を革楽器と金属楽器に区別して、
弦楽器・管楽器・革楽器・金属楽器に分
けたが、これが今日の楽器学の基になっ
た。
　世界の楽器を今日分類する時一般に用
いられるのは、1914年にホルンボステル
とザックスが提唱した分類法で、その後
いくらかの修正もあったが、発音体の振
動原理に基づいて、まず体鳴楽器・膜鳴
楽器・弦鳴楽器・気鳴楽器・電鳴楽器の
5つに分け、さらに形態とか奏法を組み
合わせて細分していくものである。これ
に基づいて現在、世界の多くの楽器博物
館は分類を行っている。
　楽器ほど自然環境とか風土と深く結び
ついたものはあるまい。つまり葦が群生
している所には葦笛ができ、竹の生える
所には竹笛ができるというわけである。
それ故に弦楽器に用いる弦なども、遊
牧・牧畜社会では羊腸弦となるのに対
し、絹糸を産出する社会では絹糸絃を用
い、他方近代産業文化が発展してくる
と、テトロン弦・ナイロン弦・金属弦な
どが出現するようになってくる。
　弦楽器や打楽器に張る皮なども、たと
えば同じ三味線でも中国（三絃）や沖縄
（三線）では蛇の皮なのに、日本では猫の
皮となるなど、その土地に生息する動物
の皮が用いられるため、羊・牛・馬・
猫・犬・蛇などと多彩である。このよう
に、楽器は人間生活を取りまく自然環境
と密接に関わるのである。

第1部　西洋音楽史

◆楽譜をめぐる諸問題

人間はその土地の音楽を書き留めたり、次の世代に伝える時、どのような手段を用いたであろうか。

一般的にいえば、西洋では楽譜（記譜法）に基づいて伝承し、非西洋諸国では口頭の伝承に頼るという傾向が認められる。

西洋音楽では、西方教会の成立以来、水平の線を何本か（グレゴリオ聖歌は4本、近代は5本で定着）引くことで音高を明確にする一方で、音価（リズム）についてもさまざまな工夫がなされ、リズム・モード（p.28参照）、フランコ式記譜法、黒符定量記譜法、白符定量記譜法などを経て、17世紀以降いわゆる近代五線記譜法が成立し、西洋のあらゆる楽器・楽曲で用いられるようになったのである（図2）。

これに対し非西洋諸国では口頭伝承ではあるものの、アジアの高文化民族のなかには、特定の種目や楽器によっては高度な楽譜をもつ例がある。たとえば中国の七絃琴には減字譜という独特の記譜法がある。これは絃名、徽の番号、左手の指、右手のひき方、装飾音、速度などを表す漢字の略号を組み合わせて記譜するもので、㧗とあれば大は大指（左手親指）、し は挑（右手人差指で外側にひく）の略号であるから、結局「左手親指で第十徽を押さえ、右手人差指で第五絃を外側にひく」という意味になる。これに似たものは韓国の玄琴という楽器の合字譜にもみられるが、減字譜にしろ合字譜にしろ、音高を表示するのではなく、楽器の奏法を示す点に注意をしなければならない。

日本の場合には、演奏家の心覚えとか

図2　16世紀に書かれた、グレゴリオ聖歌の楽譜。音符はネウマで書かれ、譜線は4本。音高は記されているが、音価（リズム）は不明。

学習の利便のため、楽器ごとあるいは声楽の種目ごとに独特の楽譜が作られ、その記譜体系は複雑多岐にわたっている。たとえば器楽譜では唱歌譜（竜笛、篳篥、笙など）、指附譜（能管など）、孔名譜（尺八など）、勘所譜（三味線など）、絃名譜（箏など）、粒付譜（大鼓、小鼓など）であり、声楽譜では博士譜（催馬楽、朗詠、声明など）、胡麻譜（早歌、平曲、謡曲など）、曲節譜（浄瑠璃など）などがある。こうした日本の楽譜に共通していえるのは、音高の表示には比較的成功しているものの、音価（リズム）を正確に規定しようという積極的試みがあまりなされなかったことであろう。音の長さを厳密に規定する定量記譜の試みに成功したのは、近代西洋音楽だけである。

このように西洋音楽だけでなくアジアの高文化民族の一部にも独自の楽譜が存在するが、ただしその場合も概して忘れないための記憶の手段という消極的な役割しか果たしていなかった。それに対し近代西洋の五線譜は、声楽・器楽を問わずすべての楽曲の表示に用いられる点で実用性があり、しかも作曲行為もまた五

線譜の上で行われるなど、きわめて完成度の高いものである。そのためか今日では非西洋の音楽に対しても五線譜を適用しようとする傾向もあり、一種の普遍性をもちはじめているとも考えられる。

◆西洋音楽史と日本音楽史

本書では西洋音楽史と日本音楽史について以下詳細に述べていくが、民族音楽学的視点からいえば、いずれも高文化民族における芸術音楽に属するのである。

芸術音楽が基層にある民俗音楽や自然民族の音楽と異なるのは、歴史性がきわめて濃厚だという点である。つまり楽譜とか理論書とかの歴史的資料が豊富にあるのである。その意味では西洋音楽も日本音楽も、これまで優れた数多くの音楽家を輩出し、多数の楽譜と理論書を有し、古文書の類が豊富に残っている点で、等しく重要な芸術音楽なのである。

従来音楽史といえば西洋音楽史だけを指し、西洋音楽史だけの記述をすれば事足りる感があったが、これは正しい見方ではない。西洋音楽史は世界音楽史全体のなかの、ある特別の重要な位置を占めるにすぎない。またアジア高文化民族の音楽を非歴史的なものとして、西洋音楽の古代の項目のところで、ギリシアやローマの音楽と並べて扱われることも従来しばしばみられた。アジア諸国の音楽の価値を認め、音楽史のなかになんとか盛りこもうとの努力の現れであろうが、これもまた奇異な感じを否めなかった。やはり歴史のきちんとある音楽は、対等な関係で論じるべきなのである。本書ではアジアのなかでは日本に限定しているとはいえ、第1部に西洋音楽史、第2部・第3部で日本音楽史、と対等に扱っていく。

西洋音楽と日本音楽は芸術音楽のなかでいずれも重要な位置を占めるものではあるが、しかし最初から高度な文化が花開いていたわけではない。先行文化である古代高度文明の影響が認められる点にも注意をしなければならない。

西洋音楽史は一般に古代ギリシア音楽から始める習慣があるが、古代ギリシアのピュタゴラスの思想のなかには、古代メソポタミアからの影響を指摘する声があり、ピュタゴラス自身の独創性についての評価は、近年定めがたいものになりつつある。古代ギリシア音楽といえども、先行文化である古代メソポタミアとか古代エジプト音楽と決して無関係ではないのである。

日本でも、古代（飛鳥・奈良・平安時代）においてはたびたび遣隋使・遣唐使を派遣して、積極的に先行文化である古代中国音楽の摂取に努めた結果、雅楽とか声明という音楽が開花することになったわけである（P.136参照）。

その後の歴史的展開においては、両者はそれぞれ別々に独自の発展を遂げていくことになるが、この両者の遭遇する機会は2度あった。正確にいえば、日本への西洋音楽の導入ということである。

1度目は16世紀の半ば室町末期から安土・桃山時代にかけて、キリスト教の伝来とともにその儀式音楽であるキリスト教音楽も伝えられ、各地で歌われ、やがて当時の西洋の楽器のいくつかも紹介されるなど、かなりの程度広められた様子がうかがえる。その後の日本の政策転換（キリシタン禁教令・鎖国令）により、残念ながらキリスト教音楽の痕跡はかき消されてしまった。

2度目は、文明開花の政策を進めた明

図3　割れ目太鼓を用いた、バンダ族の情報伝達の様子。

治時代で、音楽取調掛を設置するなどして積極的に西洋音楽が導入され、広く日本に西洋音楽が普及することになったのである（P.171参照）。

日本に西洋音楽が本格的に導入されて約1世紀を経た今日では、次第に伝統音楽が西洋音楽に押されるようになり、西洋音楽が日本の音楽ということになりそうな気配もある。西洋音楽をかなりの程度に吸収し同化した日本人は、これからいったいどういう方向に進むのか、人間と音楽の歴史を考える上でも、これは興味ある問題である。　　　（片桐　功）

© 1996 by Isao Katagiri

第1章　古代ギリシア

◆ムーシケー概念

　古代ギリシアの音楽を考える時、第1に触れなければならないのは、ムーシケーの概念であろう。

　音楽を意味する英語のミュージック、ドイツ語のムジーク、フランス語のミュジック、イタリア語のムージカなどの語源になっているギリシア語のムーシケーは、本来は詩と音楽と舞踊の三者からなる包括的概念であった。その実例として、ピンダロス（前6世紀後半～前5世紀前半）の書いた競技勝利歌が挙げられる。今日ピンダロスの作として《オリュンピア》《ピュティア》《イストミア》《ネメア》の4つの競技勝利歌が伝えられるが、これらは単なる抒情詩ではない。音楽的に節づけられ、集団で踊られたのである。ピンダロスは単なる詩人などではなく、詩作とともに音楽も舞踊の振り付けも全部自分で行っている。

　前5世紀から前4世紀ごろに入り、フリュニスとかティモテオスのような音楽家によって主観的、感覚的な表現が好まれるようになると、音域が拡大され、音楽の技巧的側面が著しく発達して、詩の要素が副次的なものに変質してしまった。これは包括的なムーシケー概念からの音楽の独立を意味しており、言葉(詩)の要素を重んじて、伝統的なムーシケーの概念を支持するプラトンの抵抗にもかかわらず、その後もますます詩と舞踊の要素が抜け、ついにムーシケーは音の芸術としての音楽だけを指すようになって

いく。この狭い意味でのムーシケーの概念が、その後の近代ヨーロッパに継承されたのである。

◆叙事詩から抒情詩へ

　古代ギリシアの音楽は歴史的には前800年前後のホメロスの二大叙事詩に遡っていく。ひとつはトロイア戦争を扱いアキレウスが活躍する《イーリアス》（15693行、24巻）で、もうひとつはトロイア戦争後オデュッセウスのギリシアへの帰国をめぐる《オデュッセイア》（12110行、24巻）である。

　これらの叙事詩は常に食事の後に語られたもようであるが、長い物語であるため、何日もかけて語り続けたと思われる。その際、語り手（歌人）はあらかじめ物語の筋のみならず歌詞そのものを暗記している場合もあったろうし、筋は変えなくとも即興的に言葉そのものを変化させたり、新しい挿話を加えることもあったかもしれない。《イーリアス》や《オデュッセイア》は口承詩であり、日本でいえば《古事記》や《平家物語》、琉球の《おもろそうし》、アイヌの《ユーカラ》の系統である。

　前7世紀にはスパルタが音楽の中心地となる。ギリシアの都市国家のなかで音楽が初めて国家の保護を受け、厳格な教育のひとつの手段として市民生活のなかに取り入れられたのはスパルタであった。

　スパルタの音楽家としてはテルパンドロスとタレタスの名が知られ、テルパン

15

第1部　西洋音楽史

ドロスはキタラのノモイ（旋律型）を定め、リラ（p.22参照、図2）の弦を7本に増やしたり、タレタスは音楽で少年たちを訓練したという。またこのころにはアウロスなる管楽器（p.22参照、図3）も定着していたが、アウロスの最初の奏者としてオリュンポス（ミュシアまたはフリュギア生まれ）という半ば伝説的な人物がおり、この楽器が小アジアからギリシアに伝わったことを象徴している。

前6世紀になると、前586年にサカダスがデルフォイのピュティア祭で、デルフォイにまつわるアポロンと竜との戦いを〈前触れ〉〈最初の攻撃〉〈戦い〉〈勝利の凱旋〉〈竜の死〉の5楽章からなるアウロスの曲を作って演奏し、優勝したという。これは一般に標題音楽の初めとも考えられている。

このころから個人としての立場や心情を明確に歌い上げる抒情詩もさかんになってくるが、これには独唱で歌われるものと合唱隊で歌われるものとがあった。

独唱の歌ではサッフォー、アルカイオス、アナクレオンらが知られており、とくに女流詩人サッフォーは、レスボス島の乙女たちの指導者として彼女らに取り囲まれつつ、美しい乙女たちに対する激しい思いを歌った詩人として名高く、冷静にその激情を描写し、素直で自然な心情を読者に伝えた。

独唱の歌の発達と並んで合唱隊の歌も、前6世紀後半から前5世紀前半にかけて頂点に達する。合唱隊の歌では独唱の歌と異なり、音楽のほかに舞踊の要素が加わるが、ギリシアの踊りは大勢が2つの集団に分かれて踊る円形舞踊であったらしく、合唱隊の歌も1編の歌詞とこれに呼応する別の1編の歌詞を必要とし

ていた。

このような1編の歌詞をストロフェといい、ほかの1編をアンティストロフェというが、さらにこの2つに加えてもうひとつ別のエポーイデと呼ぶ1編が付くこともあった。作者は詩人兼音楽家兼振り付け師の3つの役割をこなさねばならなかったが、こうした合唱隊の歌の頂点に立つのが、シモニデス、ピンダロス、バッキュリデスの3人であり、彼らの作品は競って求められ莫大な報酬が支払われた。

◆劇音楽の発達

前5世紀には文芸の中心がアテネに移り、悲劇や喜劇が開花する。これは演劇と音楽と舞踊が一体となった総合芸術であり、コンクールの形で競演された。とくに悲劇がアテネで最初に競演されたのは、独裁者ペイシストラトスが前534年に始めたディオニュシア祭であり、テスピスが最初の勝利を収めたと伝えられる。

ギリシア悲劇は、合唱隊の歌の流れをくんで詩の形態を保ち、とりわけ会話の部分は、前5世紀の最盛期には日常会話のリズムに近いイアムボス（短長脚）の韻律を主体としていた。

そして悲劇のもっとも発達した形式では、最初舞台の状況を説明するプロロゴス（序章）に始まり、次いでコロスと呼ばれる合唱隊が登場して入場の歌（これをパロドスという）を歌った後、エペイソディオンと呼ばれる会話の部分と、スタシモンと呼ばれる合唱隊の歌と踊りの部分とが交互に何度かくり返されて、最後の場面のエクソドス（終章）をもって終わる形をとっていた。

16

俳優の人数は、初めひとりであったのが、後に2人となり、最後には3人でほぼ固定した。つまりギリシア悲劇では、俳優は3人以上は用いられなかったのである。しかし、それではどうしてもひとりで何役も掛け持たねばならないし、極端な場合だとひとつの同じ役柄を、3人の俳優が交代で受け持つような事態も生じてくる。それでも3人でなんとかやり遂げられたのは、仮面劇であったのと、体型がわからないよう衣装をゆったりとまとったおかげであろう。

　合唱隊の人数は、悲劇の三大詩人アイスキュロス、ソフォクレス、エウリピデスの時代にはほぼ12〜15人の集団で、群衆役となって歌ったり踊ったりしていたが、抒情詩の合唱隊が円形であったのに対し、悲劇では長方形に並んでおり、15人いる場合だと5人ずつ3列に並んでいた。合唱隊が歌った旋律や舞踊の振り付けについてはほとんどわかっていないが、伴奏はたいていアウロスで行っていたようである。

　悲劇の競演が行われた場所については、山の斜面を利用した野外劇場であったことを思い出す必要がある。前5世紀以降には、アクロポリス東南麓のディオニュソス神の神域に設けられたディオニュソス劇場がその主舞台となっていて、その劇場の構造は時代とともにどんどん改良されていくが、基本的な形はたとえば右図のようである（図1）。

　ここで一番重要なものは、アクロポリスの丘の傾斜を利用したテアトロン（観覧席）の前にある円形の舞踊場で、これをオルケストラと呼び、その下半分で合唱隊が歌い踊り、上半分で俳優が演技をした。テアトロンと反対側でオルケスト

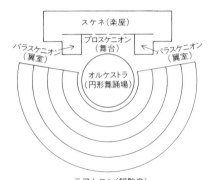

図1　古代ギリシアの劇場。観覧席は山の斜面を用いて作られることが多く、舞台は谷底に位置する。音響面に特に優れた構造となっている。

ラと接する所には、俳優が演技をする空間を広げるためにプロスケニオン（舞台）が設けられ、さらにその背後には、パラスケニオン（翼室）を伴ったスケネと呼ばれる建物があった。これは実質的には俳優が衣装替えをする楽屋であったが、神殿とか宮殿にも見立てられて用いられることもあったようである。またスケネ前面の中央には扉があり、そこから俳優が出入りをしていたらしい。

　合唱隊の歌から始まり前5世紀に頂点に達した悲劇は、次の前4世紀以降には次第に合唱隊の存在が軽視され、俳優の役割が大きくなっていく。つまり合唱隊の衰退とともに変貌し、音楽性が失われていくのである。ヘレニズム期に入るとそうした実際の音楽活動よりも、むしろ思想的・理論的考察のほうがさかんとなり、哲学者や音楽理論家が後世に残るいくつかの著作をあらわすようになるのは興味深いところである。

◆ピュタゴラス派とプラトン

　次に哲学者や音楽理論家の系譜について述べてみよう。まずその始祖として前

第1部　西洋音楽史

6世紀のピュタゴラスを挙げねばならない。彼はオルフェウス教の魂の輪廻の思想を信じ、南イタリアのクロトン周辺で宗教的秘密結社を組織したということ以外は知られておらず、非常に謎に包まれた人物である。

ピュタゴラスとその教団が形成された時代の初期ピュタゴラス派の人々が、万物の根源として数を立てたということはあまりにも有名な話である。とくにオクターヴ、5度、4度の3つの協和音を作り出す弦の長さの比が、種々の実験を通して、それぞれ2対1、3対2、4対3の単純な数の比になっていることを彼らはすでに見出しており、そうした音楽理論的考察はその後教団が解体されてからも、ヒッパソス（前5世紀前半）、フィロラオス（前5世紀後半）、アルキュタス（前4世紀前半）らに継承される。

初期ピュタゴラス派の人々は、こうした数が単に計算に使う数ではなく、あらゆる事物の内奥に存在し、実在する個々のものを成り立たせている諸原理なのだとする見方も示しており、やがて彼らはこれを宇宙全体の構造原理にまで拡張していく。言い換えれば、数比に基づいて生み出される音程関係だけが音楽なのではなく、協和音の数比を自然や宇宙の形成原理にもあてはめようとする見方で、一般に天体のハルモニアといわれるものである。凡俗な耳には響きとして聴こえないものの、これはまさしく宇宙の秩序や調和を一種の音楽とみなす、天体の音楽なのであった。こうした観点での考察は、プラトンの『ティマイオス』に継承されていく。

また初期ピュタゴラス派では、人間の魂の調和も一種の音楽的状態とみなされ

ていたが、それは宇宙の似像である音楽のもつ数的関係を通して、天体のハルモニアを魂のなかに同化することで、魂を浄化できると考えたからである。この問題はやがて形を変えて〈エートス論〉へとつながっていく。

前4世紀に入ると、アテネの町を中心に優れた思想家が輩出する。まずプラトンであるが、彼はピュタゴラス派の思想から宇宙論的視点を受け継ぐ。それは『国家』の第10巻や『ティマイオス』のなかに見出すことができ、プラトンにとっても天体のハルモニアは宇宙の構造、天体の運行を基礎づけるものであったが、さらに彼は天体に魂を与えて全体をひとつの生き物のように考え、魂の調和という意味を加えている。

人間の魂の調和の思想については、プラトンでは身体と魂の調和の問題として深く考察され、ダモン（前5世紀）のエートス論（性格論）の影響を受けて、音楽と人間の魂との結びつきを教育や社会の問題にまで広げて論じられた。とくに『国家』の第3巻でプラトンは、「正しい人間」つまり物事を正しく判断し、その状況に応じてしかるべく行動をとれる人間を生み出すことを論じており、それには体育と音楽という2つの公教育を施すことであるとした。体育は身体の訓練のため、音楽は魂・精神の訓練のために必要だったのである。

そして国家の番人にふさわしい音階の種類としては、悲しみの思いに沈むもの（ミクソリュディア、シュントノリュディア）や酩酊感を催し、柔らかく怠惰な表情をもつもの（イオニア、リュディア）を避け、勇気と節制の美徳を鼓舞すると考えられるもの（ドリス、フリュギア）

を推奨し、楽器では多数の弦をもつもの・多様な音階を出すもの（トリゴノン［注1］、ペクティス、アウロス）を退けて、単純なもの（リラ、キタラ、シュリンクス［注2］）で十分とした。

こうしたプラトンの考え方からは、人間と音楽のかかわりは理解されるものの、複雑なものを避け単純なもので十分とするなど、芸術としての音楽の重要性が考慮されていないとの謗りは否めないであろう。

◆アリストテレスとアリストクセノス

プラトンと比べてアリストテレスは、もう少し現実的判断に立って考察を進める。アリストテレスの音楽論は『政治学』の第8巻で展開される。そこではまず音楽の本質が議論され、音楽には遊戯や休息としてのみ役立つものと、徳を形成するための重要な教育手段となるものと、高尚な楽しみや知的教養として貢献するもの、という3つの側面があることを認めている。とくに第3の高尚な楽しみを自由人にふさわしいものと考える点で、教養としての音楽の一面が垣間見られ、いわば芸術としての音楽の萌芽をそこに見出すことができるのである。

では実際に音楽を演奏する場合、どのようにしてどこまで習得すればよいのか、アリストテレスの立場は明快である。つまりコンクールに出るほどの専門的な教育は否定するものの、ある程度の初歩的な歌唱や楽器の知識を得ることは認めている。これは作業に加わった経験なくしては正しく物事を判断できないからであり、それ故に教育のために用いられるべき楽器としては、聴き手を善い人間とするのに役立つ限りのものを受け入

れるのである。ここには経験主義の一端がうかがえるであろう。

次にどういう種類の音階がふさわしいのかとしてエートス論が展開され、ドリス音階をもっとも落ち着きがあってもっとも男性的な性格で、両極端の中庸となる性格をもっているとして大いに賞賛する。その一方で、フリュギア音階については、非常に興奮させやすく、感情的で、楽器でいうとアウロスがこの性格を有し、バッカス的熱狂を表現するとして、プラトンとの意見の相違も示した。アリストテレスは、このように現実主義に立ってプラトンとは多くの点で異なる傾向を示し、天体の音楽のような思想は抱かなかったのである。

こうした現実に立脚したアリストテレスの姿勢をさらに押し進めたのが、弟子のアリストクセノス（前4世紀後半）である。アリストクセノスは、本来ピュタゴラス派の教説を学び数の思弁に影響を受けるが、やがてこれを否定し、感覚を重視して声や楽器の示す感覚的に知覚可能な範囲内に基づいて議論を押し進め、それを越えた抽象的な議論を拒否したといわれる。

彼の注目したのは旋律であり、『ハルモニア基礎論』において、音楽の数比的扱いを重視するピュタゴラス派とは大きく対立する見解を示した。たとえば4度を例にするなら、ピュタゴラス派ではそれは「（4対3）＝（9対8）×（9対8）×（256対243）」であったのが、アリストクセノスでは全音を基準にし、「全音の2½＝全音＋全音＋½全音」として示されるのである。ここで基準となる全音が確かに全音の大きさであることを保証するのは、まさに感覚（とくに聴覚）の判断

（注1）トリゴノン：三角形の形状をしたハープ。正確な弦の数は不明だが、多くの弦をもっていたものと思われる。通常は女性によって演奏され、プレクトラムを用いずに両手で掻き鳴らされた。
（注2）シュリンクス：長さと音高の異なる数本の管をいかだ状に並べたもので、ギリシア神話では牧羊神パンの持ち物であったことから、パンパイプともよばれる。

であった。

さてヘレニズム末期から古代後期にかけてはもはや独創的な音楽思想は見当たらず、ピュタゴラス、プラトンの数的・宇宙論的思想と、アリストテレス、アリストクセノスの経験的・感覚的思想とがさまざまに姿を変えて、その後の西洋音楽史のなかに流れていくのである。

◆ギリシアの音組織

ギリシアの音組織は一般に下行形で示される。その基礎となるのはテトラコルドと呼ばれる音列である。テトラコルドは完全4度の枠をもち、両端が固定し中間音が変化する4つの音からなっているが、中間音の位置によって全音階的、半音階的、四分音階的の3つの種類に分けられる（譜例1）。

次に、このテトラコルドを積み重ねることによって、音列を拡大していくが、それには2つの方法がある。ひとつは、上のテトラコルドの下端の音を、下のテトラコルドの上端の音として重ね合わせるもので、これは接合型と呼ばれる。もうひとつは、上のテトラコルドと下のテトラコルドの間に全音の隔たりを置いて並べるもので、こちらは分離型と呼ばれる（譜例2）。

この2つの方法を組み合わせると完全音組織（譜例3）ができるが、ギリシアの音階（譜例4）は完全音組織から各1オクターヴを切り取った形で説明され、各民族の名を取って7つに区別される。そうしたオクターヴの音階は、オクターヴ種とかハルモニアと呼ばれていた。

◆ギリシアの楽譜

ギリシアの楽譜については、現存するものは約40曲ほどで、そのほとんどが断片ばかりである。種類としては、後世の書物のなかで記載されたもの、石に刻まれたもの、パピルスに書かれたものに分けられるが、しかしいずれも抒情詩とか悲劇がさかんだった前6世紀とか前5世紀にまで遡るものがなく、デルフォイの《アポロン賛歌》（前2世紀、石刻）、セイキロスの《スコリオン》（前2〜前1世紀、石刻）、メソメデスの《ムーサ賛歌》《ヘリオス賛歌》《ネメシス賛歌》（いずれも後2世紀、後世の書）など、比較的後期に属するものが多い。その記譜法にはフェニキア文字といわれる古いアルファベットを用いた器楽記譜法と、古典的なギリシア語のアルファベットを用いた声楽記譜法の2種類があり、一種のタブラチュア譜（注3）であった。

次に示すのは、セイキロスの《スコリオン》の一節で、声楽記譜法の例である。

C Z̄ Z̈ KIZĪ
῾Όσον ζῆς, φαίνου,

これは小アジアのトラレスから出たもので、墓石に刻まれており、ギリシア人の酒飲み歌だったという。

ここでは歌詞の上に記された古典的なギリシア語のアルファベットが音高を表示し（Cはイ音、Zは1点ホ音、Kは1点嬰ハ音、Iは1点ニ音に該当）、さらに各アルファベットの上にはリズムの表示も見られる（無印は♪、─は♩、⌐は♩.に該当・はリズムとは無関係）。したがってこの曲は次のように解読される。

残念ながら、こうしたギリシアの楽譜および記譜法が、後世に対し大きな重要

(注3) タブラチュア譜：五線譜によらず、文字や数字やその他の記号を用いた記譜法。

第1章 古代ギリシア

譜例1　3種類のテトラコルド

譜例2　2つのテトラコルドを統合する際の2つの方法

譜例3　完全音組織。接合型と分離型の双方の方法でテトラコルドが結合されている。

譜例4　ギリシアの7つの音階

性をもつことはなかったが、音楽思想や音楽理論に関しては、種々の誤解を含みながらも中世のキリスト教音楽に取り入れられ、その後の西洋音楽の発展に大きく貢献した。また劇音楽に関しても、フィレンツェのカメラータによるバロック・オペラの誕生（P.53参照）、ヴァーグナーの楽劇（P.97参照）の構想などにおいて理想的モデルとして影響を及ぼした点を考慮するなら、古代ギリシア音楽が西洋音楽の基盤になっているといっても過言ではあるまい。　　　　　　（片桐　功）

© 1996, 2008 by Isao Katagiri

図3　アウロス奏者と歌を歌う酒客

図2　リラの授業風景

第2章　中　世

◆古代からの遺産——数学的学問としての音楽

　〈中世〉とは、〈中間の世紀〉のことである。つまり、古代ギリシア・ローマ世界と、古典古代の文化の再興を意味する〈ルネサンス〉の間として、ネガティヴに規定された時代区分だといえる。しかし、5世紀から14世紀まで約1000年にもおよぶこの時期に、ヨーロッパ世界の様々な面での土台が築かれた。音楽も例外ではない。その後の西洋音楽の多様な展開を考えるとき、直接のルーツとなる中世の音楽のあり方は非常に重要な意味を持つ。

　古代ギリシア・ローマ時代と中世とのあいだには、確かに大きな区切りを認めることができるが、古代の文化が完全に途絶えてしまったわけではない。中世の音楽観には古代からの影響がはっきりと表れている。音楽を数学的な学問としてとらえているのも古代の学問体系や音楽理論を継承したからであり、この見方が音楽そのものの展開に関与している。

　古代の音楽理論を中世に伝える役割を果たしたとされるのが、ボエティウスである。古代の学問体系において、音楽は数論、幾何学、天文学とともに数学的な基礎科目とされ、彼は先人の著作を下敷きにそれらの入門書を著したと考えられるが、現存するのは『数論提要』と『音楽提要』（6世紀）のみである。

　『音楽提要』では、音楽をあくまで数学的学問として扱い、理論を解する〈ムジクス〉を上位において演奏実践に携わ

る〈カントル〉と対比させる。また、〈ムジカ・ムンダーナ〉（天体の音楽〜宇宙全体の調和）と〈ムジカ・フマーナ〉（人間の音楽〜肉体と魂の調和）、〈ムジカ・インストゥルメンターリス〉（道具・器官の音楽〜実際に鳴り響く音楽）といった音楽の3分類は、中世の音楽のとらえ方に大きく影響した。さらに、音程と数比の関係を発見したピュタゴラスの逸話は、中世の理論書で繰り返し取り上げられることになる。

　数学的な四科の一角を占める音楽の位置づけは、中世後期に設立された大学の教育においても受け継がれていった。

◆グレゴリオ聖歌

　学問としての抽象的な音楽ではなく、実際に鳴り響く具体的な音楽のあり方はどうだったのか。中世初期の音楽を楽譜の形で書き記した資料はほとんど皆無である。もちろん、この時期に音楽が存在しなかったからではなく、音楽を書きとめる習慣も術もないなか、多くの音楽は口承で伝えられたからである。

　この時期の旋律を書きとめた現存する最も古い資料は、9〜10世紀頃にネウマ譜で書かれたグレゴリオ聖歌である。グレゴリオ聖歌はローマを中心としたカトリック教会の典礼・儀式で用いられる単旋律聖歌であり、中世の実際の音楽を知るための資料の多くはキリスト教と結びついている。中世の文化そのものを考える上でも、キリスト教はそのバックボーンとして絶対的な位置を占めているので

第 1 部　西洋音楽史

ある。

　キリスト教においては、その初期段階から音楽が儀式の場で重要な役割を果たしていた。しかし、典礼・儀式のあり方や聖歌は地域ごとに様々で、ガリア聖歌やモサラベ聖歌、ミラノ聖歌（アンブロシウス聖歌）、そのほか種々様々な聖歌の存在が知られている。

　グレゴリオ聖歌は 8 世紀、西ヨーロッパに強力な覇権を敷いたフランク王国カロリング朝のピピン（在位751～768）が、王権の強化を視野にローマ教皇と関係を深めていったところから起こってきたものと考えられる。ピピン、そして続いて王位に就いたシャルルマーニュ（在位768～814）は、ローマと結んでその地の典礼方式を取り入れ、ローマとの関係を強めることでローマ帝国の継承者としての地位を確立した。グレゴリオ聖歌はこの時にローマから伝えられたものとされるが、ローマで実際に歌われていたままの形ではなく、それまで歌われてきたガリア聖歌の伝統を下敷きにしながら徐々に形を整えていったと考えられる。

　〈グレゴリオ〉という名称は、大教皇と讃えられたグレゴリウス 1 世（在位590～604）と結びつけられている。グレゴリウス 1 世はローマを中心としたカトリック教会の強化に努め、典礼改革に着手し、聖歌隊教育に携わるスコラ・カントールムの整備にも寄与したとされる。しかし、教皇位にあった時期に鑑みてもグレゴリオ聖歌の編纂・成立に直接関わったとは考えられず、その名は聖歌の権威づけの手段とされた面もある。いずれにせよ、グレゴリオ聖歌は西ヨーロッパ一帯で広く歌われる基本的な聖歌としての地位を獲得し、その後の音楽の展開に

おいて重要な存在となる。

　聖歌が歌われる典礼・儀式の柱となるのは、ミサと聖務日課である。ミサは、イエスとその弟子たちとによる最後の晩餐を記念する形で行われる重要な儀式である。前半は言葉の典礼と呼ばれる部分で、祈禱や聖書朗読が中心となる。後半は葡萄酒とパンの奉献、そしてそれがキリストの血と肉に聖変化するという、教義の核心ともいえる重要な部分となる（図1）。一方の聖務日課は日々の務めとして毎日決まった時刻に捧げられる祈りで、ここでも数多くの聖歌が歌われた。

　聖歌の歌詞はほとんどすべて、ロー

通常文	固有文
	入祭唱
キリエ	
グロリア	
	集禱文
	使徒書簡朗読
	昇階唱
	アレルヤ唱
	続唱
	福音書朗読
クレド	
	奉献唱
	密唱
序唱	
サンクトゥス	
ミサ典文	
主禱文	
アニュス・デイ	
	聖体拝領唱
	聖体拝領後の祈り
イテ・ミサ・エスト	

図 1　ミサの構造　ミサの式次第は時代によって変化する。この表は中世の頃のミサをごく単純に図式化したもの。常に同じ言葉による通常文とミサごとに言葉が変化する固有文がある。太字は歌われる部分。また、一般にミサ曲と呼ばれるものは、キリエ、グロリア、クレド、サンクトゥス、アニュス・デイの5つの通常文楽章から構成されている。

24

マ・カトリック教会の公用語であり、学問的共通語でもあったラテン語である。旋律の音楽的な特徴が一様ではないのは、グレゴリオ聖歌がかなり長い期間をかけて徐々にレパートリーを増やしていったことも一因であろう。

　最も単純なタイプの旋律は、旧約聖書の詩篇を朗唱するときに使われるような朗唱定式で、音の動きがほとんどなく、ひとつの朗唱音を中心に吟じられ、ごく簡単な上下の動きで装飾されるのみである。そのほか、旋律線の動きは活発でも1音に1音節ずつが当てられたシラビックな聖歌もあれば、ひとつの音節をいくつもの音が連なる装飾的な音型で引きのばして歌うメリスマ的な聖歌もみられる。

　聖歌の旋律は基本的に8種類の旋法体系に分類して考えることができる（譜例1）。これが8教会旋法で、各旋法は終止音、音域（ノンビトゥス）、旋律中で最も多用される朗唱音（支配音）をそれぞれ特徴とする。終止音を同じくする2つの旋法を、音域の差から一方を正格（終止音の上方に音域が広がる）、他方を変格（終止音の上下に音域が広がる）とする1組にし、あわせて4組として考える場合もある。また、古代ギリシアの旋法体系の名称で呼ぶこともあるが、旋法構造そのものはまったく異なっている。

　グレゴリオ聖歌の記譜にはネウマと呼ばれる記号が使われた。最初は、言葉の上に旋律型を思い起こさせる簡単な印を付記するもので、記憶を呼び覚ますのに役立つ程度であった（譜例2-1）。しかし、どんなに単純な形にしろ、音を書きとめようとする企図は、広い地域で同じレパートリーを共有するための有効な手段とされていたとも考えられる。ネウマの形態は地域ごとの違いもかなりあるが、書きとめられた旋律線のそのものは、同じ

譜例1　教会旋法

聖歌が広く共有されていたことを如実に示している。その後譜線が使われるようになると正確な音高表記が可能になるが、音の長さについては不明の点も多く、現在も様々なリズム解釈がなされている（譜例2-2）。

グレゴリオ聖歌はその成立期の8〜9世紀以降、徐々にレパートリーを増やしていったが、それとほぼ並行して既存のレパートリーに手を加えた新たな種類の音楽も生み出していた。グレゴリオ聖歌に手を加える方法としてまず考えられたのがトロープスである。

トロープスとは聖歌に新たな旋律、歌詞を付け加える形でグレゴリオ聖歌を装飾するものである。たとえばミサの聖歌のひとつであるキリエは、歌詞が非常に短く、母音を引きのばしてメリスマ豊かに歌われる部分が多い。そのため、メリスマ部分に主を讃える言葉をあてるトロープスの形が頻繁に見られる。

ミサで歌われるアレルヤ唱も、特に曲尾の部分での長い装飾的メリスマを特徴とする。旋律を覚えやすくするために、ここに歌詞をあてはめる試みもトロープスの一種と考えることが可能だろう。やがてこの部分は独立し、続唱（アレルヤ唱に続いて歌われるもの）と呼ばれる新たなレパートリーを形成する。

トロープスでは旋律、歌詞の両方を書き加えた例も多いが、中でも興味深いのが復活祭のミサの最初に歌われる入祭唱冒頭に付け足された部分である。ここでは、イエスの墓所を訪れたマリアたちとイエスの復活を告げる天使とのあいだの会話が展開し、実際にそれぞれの役どころを歌い手が簡単な所作を伴って歌ったとされる。この部分は徐々に拡大し、やがては典礼劇と呼ばれる中世の宗教音楽劇を生み出すきっかけを作った。

トロープスも続唱ともに本来のグレゴリオ聖歌を変形させたものとの見方から、宗教改革の時期には、カトリックの典礼改革の一環として禁止される。しかし、続唱の中でも4曲のみはその後もミサで歌うことを許された（注1）。

1．10世紀頃のネウマ譜　　　　　2．現代のネウマ譜

譜例2　ネウマ譜　（ミサの昇階唱《エクス・シオン》）

（注1）《ヴィクティメ・パスカリ・ラウデス》（復活祭のミサ）、《ヴェニ・サンクテ・スピリトゥス》（聖霊降臨祭のミサ）、《ラウダ・シオン》（聖体祭のミサ）、《ディエス・イレ》（死者のためのミサ）の4曲。18世紀になってから《スタバト・マーテル》（聖母の7つの悲しみのミサ）が加わり5曲となる。

◆グレゴリオ聖歌の多声化

　トロープスは、単旋律のままでグレゴリオ聖歌に手を加えるものだが、聖歌に新たな旋律を加えて多声化するのがオルガヌムである。単旋律の聖歌を歌うとき、意図的に、あるいは無意識のうちに別の旋律が加わることは、かなり古くからあったと考えられる。そもそも男性と女性、成人と少年が一緒に歌えば、声域の違いから異なった音域の音が当然混在することになる。リズムがずれれば様々な響きが生じることもあったと想像できる。これはグレゴリオ聖歌に限らず、単旋律音楽ならばどのようなものでも起こりうる現象だが、オルガヌムの場合は厳格な理論を持ち込むことによって、さらに複雑な多声音楽へと発展していった。

　オルガヌムはグレゴリオ聖歌の多声による歌唱法ととらえられるので、最初期の資料はその歌唱法を説明した理論書ということになる。これが『音楽提要』(9世紀末) と呼ばれる著者不明の理論書である。ここでは、主旋律 (聖歌) の下方で、5度か4度の音程関係で平行して歌われるオルガヌム旋律という形が紹介されている (平行オルガヌム)。歌い出しは同度で、その後音程を5度か4度まで広げ、フレーズ末でまた同度に戻る歌い方もあった (斜行オルガヌム) (譜例3)。

　その後もオルガヌムについての資料は理論書が中心となるが、グイド・ダレッツォ著の『音楽小論』(1025頃) では、主旋律とオルガヌム旋律のあいだの音程関係が多様になり、オルガヌム旋律は聖歌とは別の独自の旋律型を歌うことが多くなってきたことが窺われる (自由オルガヌム)。オルガヌムの旋律をまとめて伝えている最古の楽譜資料、『ウィンチェスター・トロープス集』(11世紀後半) は、オルガヌム旋律が独自の動きをするようになってきたことを示している。その後12世紀に向けて、オルガヌムはさらに華やかなものになる。オルガヌム旋律は聖歌よりも上方の目立つ位置におかれ、5度や4度以外の様々な音程を使いつつ、時には聖歌1音に対して複数の装飾的な音型を駆使しながら展開するものになっ

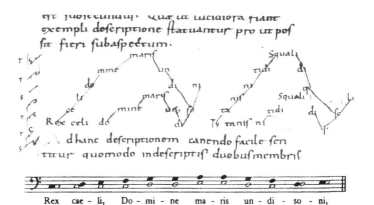

譜例3　『音楽提要』のオルガヌム

第1部　西洋音楽史

ていった。

　12世紀前半から後半にかけて、南フランスのアキテーヌ地方を中心にさらに華やかなオルガヌムが歌われるようになる。この時期のオルガヌムを伝えるまとまった資料がリモージュのサン・マルシャル修道院に残っていたことから、これらのオルガヌムをサン・マルシャル楽派のオルガヌムとも言う。このオルガヌムの大きな特徴は、聖歌の旋律を長く引きのばした上で華やかな装飾的旋律を歌う部分が見られることである。こうした部分をオルガヌム様式、2つの声部がほぼ同じ音数で進行する部分をディスカント様式と呼んで区別する。また、引きのばされて歌われることが多くなった聖歌の旋律をテノール（ラテン語の〈tenere＝保つ〉から）と呼ぶようになった。

　その後、12世紀後半から13世紀、いわゆる中世後期のゴシック期に入るとオルガヌムはまた新たな展開を見せる。その中心にあったのが、パリのノートル・ダム大聖堂である。学問・文化活動の拠点として重要度を増したヨーロッパ各都市の中でも、パリはいち早く大学が設立され、政治的にも文化的にも特に重要な場所のひとつだった。ゴシック様式のノートル・ダム大聖堂はちょうどこの時期に着工されたが、それと並行して今までにない壮麗なオルガヌムがここで歌われた。

　その担い手となったのがノートル・ダム楽派と呼ばれる音楽家で、レオニヌスとペロティヌスという2人の名が知られている。レオニヌスはミサなどで歌われるオルガヌムを、教会暦に沿って『オルガヌム大全』という曲集にまとめたとされる。この曲集の写本と見られる資料も

いくつか現存している。そこに収められたオルガヌムでは、聖歌の旋律を極端に長く引きのばし、もとの旋律線をたどるのも困難な持続低音のように扱っている。ほとんどの部分がオルガヌム様式をとるのに対し、聖歌の旋律にも動きがあるディスカント様式の部分は、逆に目立った箇所になる。このディスカント様式の部分はクラウスラと呼ばれ、音楽的に工夫を凝らした中心的な部分となった。レオニヌスよりも一世代若いペロティヌスは、レオニヌスのオルガヌムに手を加え、さらに華やかな3声、4声のオルガヌムを作り出した（譜例4）。また、ディスカント様式のクラウスラ部分に注目し、その書き換えを行ったりしている。

　ノートル・ダム楽派のオルガヌム、特に3声や4声のものでは、各声部を揃えて歌っていくために、ひとつひとつの音の長さの関係を定めておく必要があった。これを実現するために考えられたのがリズム・モードである。当時の理論書によると、6つほどの基本的なリズム・パターンのいずれかを、ネウマ譜で使われる連結符の配置パターンによって表記することが可能だった（図2）。多声音楽の発展過程で、はじめて音価を表記する工夫がされたことになる。

　13世紀後半、ノートル・ダム楽派のオルガヌムからさらに新たなタイプの音楽が生まれた。華やかなメリスマ的装飾の施されたオルガヌム声部に歌詞を付けたモテット（フランス語の〈言葉＝mot〉が語源）である。これはオルガヌムのクラウスラ部分に歌詞をつける形から始まり、元の聖歌と関連する内容が歌われた。次第にその構造は複雑化し、上声部で同時に別々の歌詞を歌うダブル・モテットの

第 2 章　中　世

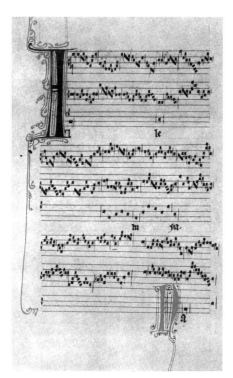

譜例 4　ペロティヌスのオルガヌム《アレルヤ》の冒頭。上はネウマ譜で書かれた当時の筆写譜で、下は現代譜に解読されたもの。

29

第1部　西洋音楽史

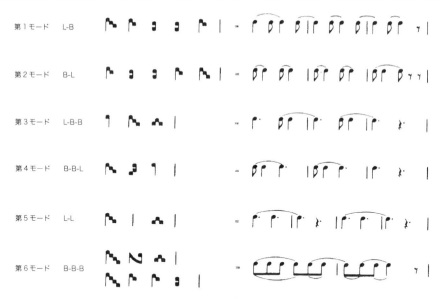

L＝ロンガ（長音価）　B＝ブレヴィス（短音価）
図2　リズム・モード

形が大半を占めるようになる。さらに、ラテン語だけではなくフランス語の歌詞が付されたものも登場し、聖歌とは直接結びつかない世俗的なものが増加する。こうしてモテットは、本来の典礼・儀式の場から切り離されて楽しまれるものになっていく。

　また、モテットではリズムを表記する新たな工夫が求められた。リズム・モードの記譜の大前提となる連結符はメリスマ的な旋律の表記に使われるもので、1音に1音節をあてるシラビックな旋律では、連結符ではなく単独符の形しか使うことができなかったからである。このため、単独符の形の違いによって音価の違いを図示するようになり、記譜法は現在われわれが一般に用いている形に大きく一歩近づくことになる。

　しかし、長音価と短音価の長さの基本的な関係は、現代の五線譜のように2：1ではなく、3：1であったり、単独符だけでなく連結符も使われ続けたことから、非常に複雑な様相を呈する部分もあった。こうした記譜法は一般に計量記譜法と呼ばれ、中世からルネサンスにかけて少しずつ形を変えながらも基本構造はそのまま受け継がれていく。

◆中世の単旋律世俗歌曲

　中世の音楽に関しては、現存する資料の多くが教会と結びついたものであることは否めない。音楽に限らず、記録を残すということ自体が限られた場所で、その能力を持った一部の人間にだけ可能な行為だったからである。特に旋律の記譜は、誰にでも行えることではなかった。しかし次第に教会の外、宗教的な儀式とは結びつかない音楽作品についても資料

が残るようになる。そのひとつが、ゴリアールの音楽である。

ゴリアールとは、10世紀末から13世紀頃にかけてヨーロッパ各地を放浪した学徒、学僧たちのことを指す。彼らは社会を批判、風刺するような作品を残す一方、酒や恋愛、そのほか私的な思いを詩に託している。旋律を付けて歌われたと考えられるが、現存する資料で記譜を伴うものはごくわずかである。

ゴリアールの作品の多くは、教会音楽同様にラテン語を用いているが、次第に各土地の言語による作品も姿を現すようになる。トルバドゥール、トルヴェール、ミンネジンガーらの詩歌である。

トルバドゥールは11世紀末から13世紀にかけて、南フランスで活躍した騎士歌人である。トルバドゥールとして名を残した多くの騎士歌人の中には、最初期のトルバドゥールとして有名なアキテーヌ公爵ギョーム9世のように高い身分のものもいれば、下級貴族やその才能によって取り立てられた平民もいる。トルヴェールはトルバドゥールの活動に刺激を受ける形で登場した北フランスの騎士歌人である。トルヴェールの活動に大きな影響を与えたのはギョーム9世の孫娘にあたるアリエノール・ダキテーヌだった。彼女はフランス国王ルイ7世に嫁ぎ、彼女に随伴して幾多のトルバドゥールが北フランスを訪れ、その芸術を伝えた。

トルバドゥールはプロヴァンス語、トルヴェールは古フランス語を用いた詩を残しているが、その題材の中心は恋愛、それも身分の高い女性に捧げられる報われることのない想いである。精緻の愛、あるいは宮廷風恋愛と呼ばれる雅なその主題は極度に様式化され、封建社会の中

での騎士道精神を象徴するものととらえることもできる。

その一方、羊飼娘と騎士の間のやりとりを歌ったパストゥレルのように、もっと俗っぽい内容の作品もあった。13世紀末に活躍したアダン・ド・ラ・アルによる最古の世俗音楽劇《ロバンとマリオンの劇》もパストゥレルの一種である。トルバドゥール、トルヴェール作品には、当時何度も企てられた十字軍遠征、聖地奪回が題材として選ばれることも多かった。

トルバドゥール、トルヴェールは歌の作り手であり、実際の演奏には必ずしも携わらなかった。彼らのレパートリーを演奏したのは、ジョングルールあるいはミンストレルと呼ばれる人々である。彼らは歌や楽器の演奏だけではなく、舞踊や寸劇、軽業も行う大道芸人の類いで、各地を転々とした。中には貴族に召し抱えられるもの、町の雇われ楽士となるものもいた。

同じ時期、ドイツではミンネジンガーが活躍し、中世後期のドイツ語による作品を残した。彼らの詩歌でも恋愛が主たる題材となる。また、ミンネジンガーの作品には、同じ旋律を2度繰り返し、最後に別の旋律で締めくくるAAB型のバール形式の楽曲が多い。最高のミンネジンガーと讃えられていたヴァルター・フォン・デア・フォーゲルヴァイデもこの形式を多用している。14世紀以降、騎士階級の没落とともにミンネジンガーは姿を消していく。かわって、新たに台頭してきた都市の職人など市民階級が担い手となるマイスタージンガーが登場し、ミンネジンガーの芸術を継承していった。

トルバドゥールやトルヴェール、ミン

ネジンガーの作品は、基本的にすべて単旋律歌曲であり、その記譜にはネウマが使われている。したがって音高表記は正確だが、音価やリズムについては様々な解釈がされており、当時発展してきた多声音楽で用いられるリズム・モードなどに基づく解釈も行われている。

◆14世紀フランス、イタリア、イギリスの音楽

中世末期の14世紀に入ると、各地で多彩な音楽活動が展開する。フランスでは、さらに細かいリズムを書き記すべく記譜法に工夫が凝らされる。フィリップ・ド・ヴィトリ著として伝わる理論書『アルス・ノヴァ（新技法）』（1320頃）は、音価を3：1だけではなく2：1の関係でも等しく示すことができるように整理すると同時に、今まで以上に細かい音価や色つきの音符を導入した。こうした新たな技法を用いた14世紀のフランス音楽は、〈アルス・ノヴァ〉の音楽と呼ばれている（注2）。ヴィトリはモテット数曲など実際の音楽作品も残している。

14世紀最大の音楽家として知られるのはボヘミア王の秘書官を務め、後にランス大聖堂の聖堂参事会員となったギヨーム・ド・マショーである。マショーは詩人として高名であり、旋律の付いた楽曲も含め、自作をまとめた大部の写本を複数残している。聖職者の地位にはあったが、宗教的作品はごくわずかである。その一つが《ノートル・ダム・ミサ曲》で、キリエ、グロリア、クレド、サンクトゥス、アニュス・デイ、そしてイテ・ミサ・エストの6楽章構成となっている。この時期、通常文楽章のみをまとめたミサ曲がはじめて登場するが（p.24参照、図1）、マショーの作品は一人の作曲家が手がけた最初のミサ曲である。各楽章間の音楽的な結びつきは緩いが、この後ルネサンス期に非常に重要なジャンルとなる多声ミサ曲の先駆けとして注目される。

彼のモテットには聖母マリアに捧げられたラテン語の宗教的作品も数曲あるが、ほとんどがフランス語の雅な愛の歌である。この時期のモテットではアイソリズムと呼ばれる技法が用いられることが多い。これは、音高要素であるコロルというパターンと、リズム要素のタレアというパターンをそれぞれ反復させながら組み合わせて、テノール声部を構成するものである。この手法は《ノートル・ダム・ミサ曲》にも取り込まれ、その後も楽曲構造の核として利用されたが、15世紀に入ると古めかしい技法として次第に廃れていく。

マショーの作品の大部分を占めるのは、バラードやロンドー、ヴィルレーといった定型の世俗歌曲で、多声作品も数多い。繊細なリズムで縁取られた旋律を下声部が支えるといった形が顕著に見られるが、ロンドー《私の終わりは私の始まり》のように楽譜を前から演奏しても後ろから演奏しても全く同じになる逆行カノンを用いた技巧的作品もある。

同時期のイタリアでは、単旋律の歌曲のほうがまだ大多数を占めていたようだが、多声のイタリア語世俗歌曲としてマドリガーレやバッラータが作られていた。フランチェスコ・ランディーニはこの時期を代表する音楽家で、盲目のオルガニストとして知られている。徐々にフレーズ末での終止定型が形を整え始めたこの時期、導音からそのまま主音に上行するのではなく、一度6度音に下行してから主音に解決する形が頻繁に見られる。こ

（注2）これに対し、直前の13世紀後半の音楽を指して〈アルス・アンティクァ〉（古い技法）と呼ぶ。さらに前のノートル・ダム楽派の時代の音楽もここに含めて考えることが多い。

れはランディーニ終止と呼ばれている。ただし、これはランディーニの作品に限らず、14世紀から15世紀初頭の作品で多用された、この時期の特徴的終止定型である。

14世紀末に向かい、当時教皇庁が置かれていたアヴィニョンなど南フランスや、近隣の北イタリアでは、極度に複雑な記譜法・リズム技法を多用する音楽がもてはやされる風潮があった。こうした音楽は、アルス・ノヴァに対してアルス・スブティリオル（繊細な技法）と呼ばれることもあり、その後もほとんど類を見ないほどのこみ入ったリズムの絡まりあいが特徴である。いかに複雑な表記が可能かを競うような記譜法は、手段ではなく目的そのものと受けとめられ、ある種世紀末的な趣すら感じさせる。

次のルネサンスに向けて、新しい音楽の響きの可能性を提示したのは、イギリスだった。初期のオルガヌムにも明確に現れているように、中世の時期の音楽を特徴づけているのは、単純な数比で表される8度（2：1）、5度（3：2）、4度（4：3）を協和音程とする響きだった。3度や6度の響きが経過的に使われることももちろんあるが、曲頭や曲尾、

重要なポイントで用いることのできるのは、完全協和音程とされた8度、5度、4度のみだった。イギリスではもともと3度や6度の響きを多用する傾向があったことは、当時の理論書などでも繰り返し述べられている。こうした響きを特徴的に表しているのが、イングリッシュ・ディスカントと呼ばれる聖歌の即興的な多声唱法である。これは、聖歌の旋律に3度や4度の音程関係の旋律を重ね、6の和音（3和音の第1転回形）を連ねたような響きを生み出すこともあった。これはファバードンとも呼ばれ、大陸で用いられる同じ様な響きのフォーブルドンとも影響関係があると考えられている。

イギリス風の甘美な響きを伝えたとして当時から非常に高く評価されていたのが、イギリスの音楽家ジョン・ダンスタブルである。フランスの王位継承権をめぐるフランス王家とイギリス王家のあいだの百年戦争（1337～1453）のさなか、ダンスタブルはイギリス側の摂政、ベッドフォード公に随行してフランスに渡った。ダンスタブルの作品は、大陸の写本に数多く筆写されて残っており、その影響力のほどが窺われる。　　（吉川　文）

© 2008 by Aya Yoshikawa

コラム
もうひとつの音楽史

その1：音楽理論について

　ヨーロッパの地域で発達を遂げたいわゆる「クラシック音楽」は、世界の諸民族の音楽に比べて、何世紀にもわたって、記譜法を発達させたほか、音楽理論の体系を構築したことに、大きな特徴がある。以下、時代ごとに、音楽理論の特徴について述べよう。

　古代ギリシア時代にはすでに、振動数が整数比になる2音が協和することが知られていた。すなわち、1：1は同度、1：2は8度（オクターヴ）、2：3は5度、3：4は4度となり、これら4つの音程が協和音程として認識された。音楽が数比として理解されたことで、音楽は代数学、幾何学、天文学と並ぶ、ヨーロッパ中世では大学で教えられる理数系の科目のひとつとなった。

　中世の教会では聖歌の読譜法として、ド・レ・ミ……のシラブルを利用する「階名唱法」が開発されたほか、聖歌を装飾するために、基本となる聖歌に他の声部を追加する方法が考案された。追加される声部の数は増加し、ルネサンス時代にかけて、複数の声部の積み重ねから美しい響きを作る「対位法」の理論が発達した。とりわけパレストリーナの音楽は範例として後世に広く認められた。

　バロック時代になると、音楽による感情表現が重視され、対位法の規則に縛られることなく自由に進行する旋律を、低声部上の和音で伴奏する通奏低音の奏法が主流になる。低声部の上にどのような和音を作り、また連結させていくのか、その方法がさまざまな実践から考察され、やがて和声法が発達するようになる。18世紀フランスのラモーの和声論は、音の自然の原理に基づいたことを謳った画期的な理論で、これまでの音楽理論の集大成とも言えるもので、後世にも大きな影響を及ぼした。

　ドイツではオルガンやチェンバロなどの鍵盤楽器の調律法が研究された。演奏中に楽器の音の調整が難しいこれらの楽器では、すべての調での演奏が可能な「平均律」と呼ばれる調律法が発見された。これによって楽曲中での転調も可能となり、これまで主題の変奏によって楽曲を展開していく方法に加えて、異なる調の部分を配置することで、楽曲を構成することが可能となり、形式論や楽式論などの理論の誕生の背景となった。また19世紀になると、特にオーケストラの編成が標準化されたことで、楽器をどのように組み合わせるのかという管弦楽法の理論も加わった。

　これまでの音楽理論は主に創作や演奏に関わる理論であったが、19世紀になると音楽ジャーナリズムが発達し、さらに音楽学校が誕生することで、作品を分析して教授することが必要になり、音楽分析に関する理論が発達する。とりわけL.v.ベートーヴェンの音楽を理解することに人々の関心は向かった。また音楽分析は「科学」であることをめざしたことから、その時代の先端的な学問、特に自然科学の考えや用語を引用して、理論を構築した。例えば、19世紀には生物学の影響から、音楽の動機を「細胞」と見立て、楽曲の展開を「発達（＝展開）」であると解釈した。20世紀になると、物理学が発達して、エネルギー概念が音楽理論に援用されて、音楽に内在する根源的なエネルギーの展開を音楽の現象と考えた。これはたぶんに心理学的なアプローチでもあり、ここから心理学的な音楽理論も派生した。

　第2次世界大戦後は、情報理論、記号学、確率論、認知心理学、最近ではコンピュータを活用したさまざまな音楽分析が行われている。　　　　　　　　　　　　　　　（久保田慶一）

第3章　ルネサンス（1）

◆音楽におけるルネサンス諸相

　音楽史において、15世紀から16世紀にかけての約200年間は、一般にルネサンスの時代と呼ばれている。しかし、古典古代の文化の〈再生〉という意味でルネサンスを考えるならば、音楽におけるルネサンスには非常に扱い難い面がある。古代の楽譜はほとんど実例が残らず、当時も、そして現在に至っても、その実際の響きはよくわかっていないため、再生すべき対象が存在しないからである。他方、この時期の音楽には、ほかの諸芸術と同様に、当時の文化の根底にあった人文主義思潮との関わりを見てとることはできる（注1）。

　いずれにせよ15世紀初頭、音楽のあり方に大きな変化があったことは当時の人々の証言からも窺われる。詩人マルタン・ル・フランは『貴婦人の闘士』（1440～42）で、新たな調和の響きを実現した音楽の作り手であるバンショワやデュファイ（p.36参照）を讃え、彼らに影響を及ぼした人物として、イギリスのダンスタブルの名をあげている。また、15世紀後半に数多くの理論書を書いたヨハネス・ティンクトリスも、ダンスタブルとその同世代の音楽家を高く評価し、『対位法』（1477）の序文では、40年以上前の音楽は聴くに値しないと断言している。

　15世紀初め、ダンスタブルがもたらしたイギリスの甘美な響きを特徴づけたのは、3度、6度の多用であったことは否定しようがない。中世の音楽では、数比に基づき音程を理論的にとらえ、5度、4度を協和音程として扱い、3度、6度を不協和音程とした。ここから、3度、6度をも協和する響きとして扱う音楽への転換により、音楽理論そのものも3度、6度を肯定的にとらえようとする方向へと進む。これはさらに音楽実践に影響を与え、5度の音程比からオクターヴ内の音を定める中世のピュタゴラス音律ではなく、3度、6度も簡単な数比で規定し、より調和した響きを生む純正律を導き出した。この後も様々な音律が模索されることになる。

　今まで用いられてきた教会旋法の枠組みにも変化が起こった。ルネサンス後半にはグラレアヌスが、8つの教会旋法に新たに4つの旋法を加えた12旋法体系を理論書にまとめている（譜例1）。新たに加わったイオニア旋法、エオリア旋法は、それぞれ長音階、短音階に通じるもので、次のバロック期に向かって長短調の調性感が伸長していく様子をはっきりと見てとることができる。

　多声楽曲を構成する作曲手順にも、この時期変化が認められる。それまでの多声楽曲では、テノール声部を土台に、ひとつひとつの声部をテノールとの音程関係を考えながら順に重ねていく書き方がされていた。15世紀に入ると各声部を順に重ねるのではなく、同時的に発想するのが、よりよいあり方とされた。これはとりもなおさず、各声部が作り出す全体としての和音の響きが、今まで以上に重

（注1）協和音程に対する考え方にしても、数理を第一のより所に協和音程を規定していた中世に対し、理性ではなく、耳による判断の占める位置が大きくなったルネサンスのとらえ方には、人間の感性に対する信頼を見てとることができる。

第1部　西洋音楽史

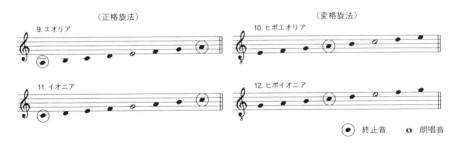

譜例1　グラレアヌス『ドデカコルドン』に見られる第9～12旋法

視されるようになったことの表れである。それと同時に、旋律線もそれぞれ自然でバランスのとれた流れになるようにとの意図が感じられる。このように均整のとれた楽曲構造は、ルネサンス音楽のひとつの大きな特徴でもある。

　声部構成のあり方そのものにも、大きな進展があった。中世までの多声楽曲のほとんどは3声までのもので、世俗歌曲などは下声のテノールと上声のカントゥス声部（歌唱声部。最上声部という意味でスペリウス声部とも呼ばれる）に、テノールと同音域のコントラテノール声部が加わる形が一般的である（注2）。ルネサンス期にはコントラテノールがコントラテノール・アルトゥス（高いコントラテノール）とコントラテノール・バッス（低いコントラテノール）に分化して、テノール声部の上方を埋める声部とテノールより下部の支えとなる声部という形をとるようになる。こうしてソプラノ、アルト、テノール、バスの4声部の枠組みが固まった。

　ルネサンス期に入ってからの音楽に見られるこうした様々な特徴は、狭い地域に限られるものではなく、かなり広範囲にわたって共有された。これは、音楽家たちの国際的な活躍による部分が大きい。その背景にあるのは、実は15世紀初頭の社会的混乱である。そもそもダンスタブルが大陸で活躍する機会を得たのは、英仏百年戦争の折、イギリス側の摂政に随行しフランスに渡ったためである。一方、カトリック教会では教皇が2人、3人と並び立つ教会大分裂が起こっていた。この事態を収拾するために、西ヨーロッパの高位聖職者、有力諸侯が集う公会議が繰り返し開かれた。有力者たちにつき従った音楽家たちは、各地の様々な音楽的動向に直接触れることができた。また、それと同時に、諸侯との新たな知己を得、活動の場を広げることになったのである。

◆ブルゴーニュ楽派

　こうした動きの中で高く評価されたのが現在の北フランスからオランダ、ベルギー、つまり当時のブルゴーニュ公領出身の音楽家たちである。彼らはブルゴーニュ楽派と呼ばれ、彼らに続くフランドル楽派とともに、初期ルネサンスから盛期ルネサンスの音楽を牽引していった。

（注2）もしくはモテットのように、テノールの支えの上でほぼ同音域の2つの歌唱声部、モテトゥスとトリプルム（第3声部）が展開する形もあった。

第 3 章　ルネサンス(1)

　ダンスタブルの流れを汲み、初期ルネサンスの音楽の立役者として並び称されたのが、ブルゴーニュ楽派のバンショワとギヨーム・デュファイである（図1）。15世紀初頭、ブルゴーニュ公はフランス国王にも匹敵する強大な力を持ち、英仏百年戦争の行方にも影響を及ぼしていた。政治面だけではなく、ブルゴーニュ公宮廷は文化の発信地として大きな位置を占め、画家のファン・アイク兄弟をはじめ才能あふれる芸術家たちが集められた。

　バンショワはブルゴーニュ公宮廷音楽家として活躍した代表的な人物である。デュファイもブルゴーニュ宮廷と関わりを持った時期があったようだが、その活動範囲はさらに広範な地域に及んだ。彼は、ローマやボローニャ、フェラーラな

図1　デュファイ（左）とバンショワ（右）　マルタン・ル・フラン『貴婦人の闘士』の中のミニアチュア

どイタリア各地で活動を展開する。歌唱性に富んだイタリア音楽の影響も取り込みながら、ルネサンス初期の音楽状況を主導していったのである。

　彼の手がけた作品のジャンルは、シャンソンやモテット、ミサ曲で、そのいずれもが14世紀から引き継いだ形式だと言える。しかし、同じように分類できても、その内容は中世の頃とはかなり異なっている。シャンソンでは3度、6度の響きをちりばめ、生き生きとした快活なリズムを用い、前代のアルス・スブティリオルの音楽にあった極端に複雑なリズムが前面に出てくることはない。

　世俗的な内容のフランス語を歌詞とすることが多かったモテットは、ルネサンス以降、基本的にラテン語の宗教的な内容のものとなる。異なった歌詞を同時に歌うダブル・モテットの形や、アイソリズム技法も、王侯貴族の婚儀や高位聖職者の叙階を祝した機会作品など、限られた範囲で継承されている。フィレンツェのサンタ・マリア・デル・フィオーレ大聖堂の献堂式のために作曲されたデュファイのモテット《新たに薔薇の花は》は、その一例である。この曲は、テノールのリズム変化に数比関係を持ち込んだ凝った構造のアイソリズムを用いているが（注3）、このようなタイプのモテットは古めかしいものとして次第に姿を消していく。

　ルネサンス期において最も規模の大きな楽曲は多声ミサ曲である。キリエ、グロリア、クレド、サンクトゥス、アニュス・デイの5つの通常文楽章を音楽的にもまとまりのあるものとするため、ルネサンス期には様々な手法が開拓され、音楽家にとってもその力量の問われるジャンルとなっていった。

　ミサ曲の分野でもデュファイは特に重要な音楽家である。彼はミサの各楽章を単独の形で、あるいは2つを対にして扱うこともあるが、5楽章をまとめたデュファイ後期の4つの多声ミサ曲は特に注

(注3) アイソリズムのリズム・パターンは6：4：2：3の関係で順次音価を変えて繰り返される。この数比関係は、フィレンツェの大聖堂の奥行や高さなどの比に準じたものとも、旧約聖書のソロモンの神殿に準じたものとも言われている。

37

目される。これらのミサ曲では各楽章の冒頭部分がほぼ同じ楽句で歌い出され、音楽的なまとまりをよく示している。それ以上に重要なのが定旋律技法である。これはミサの各楽章のテノールに同じ旋律を利用するものである。グレゴリオ聖歌が選ばれる場合が多いが、世俗歌曲を使うことも少なくなかった。デュファイも用いた《ロム・アルメ》は当時よく知られた俗謡と見られ、ミサ曲の定旋律として最も愛好された。

◆フランドル楽派

　15世紀後半に入ると、ブルゴーニュ公の力は衰退し、公領はフランス王家に接収される。公領のあったフランドル地方は引き続き優れた音楽家を次々と輩出した。この地域の聖堂では聖歌隊員の指導が行き届き、優秀な人材を育てるシステムが整っていたことがその一因でもある。フランドル出身の音楽家たちはヨーロッパ各地で活動を展開し、盛期ルネサンスの音楽を主導していった。彼らはフランドル楽派の音楽家たちと呼ばれる。

　バンショワ、デュファイに続く世代の音楽家の中で特に注目されるヨハネス・オケゲムもフランドル地方出身である。彼はフランス王室礼拝堂の音楽家として活躍し、3代にわたるフランス国王に仕えた(図2)。オケゲムも優れたミサ曲をいくつも残し、その大半は定旋律に基づく作品だが、定旋律を用いずに特殊なカノン技法によって楽章をまとめたものも注目される。《ミサ・プロラツィオーヌム》もそうした作品で、当時使われていた計量記譜法の特徴を活かして導き出したリズムのずれを、各声部の旋律のずれとして利用する複雑なカノンが全曲を構成す

る(注4)。さらにこのカノンには種々の音程差も持ち込まれ、非常に緻密で複雑な技法を駆使している。だが、それを不自然と感じさせない甘美な響きを実現しているのである。

　フランドル楽派の音楽家の中でも当時から特に高い名声を誇っていたのがジョスカン・デ・プレである。ジョスカンはルネサンスを代表する芸術家ミケランジェロと同様に、ほかを圧倒する天賦の才にあふれた音楽家と讃えられた。彼は、ミラノやローマ、フェラーラといったイタリア諸都市で活躍し、各国にその名を知らしめ、最終的には故郷フランドルのコンデ＝シュル＝レスコーに戻って司祭の職に就いた。多声のポリフォニー技法を見事に発展させるとともに、歌詞をいかに音楽的に表現するのかといった点にも配慮し、均衡のとれた美しい作品をいくつも残した。

　ジョスカンが確立した通模倣と呼ばれる技法では、各声部が巧みにバランスを保っている様子を目のあたりにできる。通模倣はモテットやミサ曲などによく見られ、曲頭や段落の開始部分で、各声部が同じ楽句を少しずつずらしながら模倣的に歌い継いでいく。

　ジョスカンのモテットには聖母マリアに捧げられたもの、旧約聖書の詩篇から詞をとったものなど多種多様な作品があるが、《アヴェ・マリア》は通模倣によるポリフォニックな声部の絡まりあいと、縦の響きを前面に押し出した和弦的な部分が効果的に繰り返される構造をとる(譜例2)。

　ミサ曲の分野では数多くの定旋律ミサ曲とともに、パラフレーズ・ミサ曲を手がけている。これは、テノールのみならず、

(注4) ルネサンスの計量記譜法は、アルス・ノヴァのものと同様に音価の2分割と3分割の関係が併用される。このため同じ形で書き記されるロンガ（長音価）の音符が、分割法によってはより細かい音価のセミブレヴィス4個分のこともあれば6個分、9個分のこともある。したがって、同じ旋律を異なった分割法に基づいて演奏すると、ずれが生じることになる。

第3章 ルネサンス(1)

図2 オケゲムとフランス宮廷礼拝堂聖歌隊。右手前の眼鏡をかけた高齢者がオケゲム

すべての声部において共通する旋律素材を展開させるものである(図3)。また、一本の旋律を利用するのでなく、多声作品をそのまま素材とするパロディー・ミサ曲の手法を示す作品もある。パロディーは、ルネサンス後半に書かれるミサ曲において主要な技法となるが、ミサ曲にとどまらず様々なジャンルで利用される。

世俗歌曲の分野でも、ジョスカンの作品は高い人気を集めた。活版印刷術による楽譜印刷を手がけたヴェネツィアの印刷業者ペトルッチが最初に出版したのは、フランス語のシャンソンを中心とした曲集だった。ここにはジョスカンをはじめとする多くのフランドル楽派の音楽家たちの作品が100曲ほどまとめられて

39

譜例2 ジョスカンのモテット《アヴェ・マリア》の冒頭。スペリウス声部の旋律が、歌詞の文節ごとに各声部で模倣される。

図3 《ミサ・パンジェ・リングァ》手稿譜よりキリエのスペリウス声部とテノール声部。グレゴリオ聖歌《パンジェ・リングァ》の旋律を全声部でモチーフとして利用する。

いる（図4）。

　楽譜の出版は音楽の流通のあり方を大きく変えていった。それまでの楽譜は基本的にひとつひとつ手で書き写された非常に高価なものであり、楽譜を所有できるのは教会や修道院、王侯貴族だけだった。しかし印刷楽譜は、もちろん決して安価なものではなかったが、裕福な市民階級にも手が届く存在だった。しかも、1部1部書き写す段階で間違いが生じることもなく、ひとつの曲が同じ形で広く流布するようになった点も注目される。ヴェネツィアのペトルッチに続き、パリやルーヴァン、アントウェルペン、ニュルンベルクなど各地に楽譜印刷工房が作られた。こうしてシャンソンなどの世俗歌曲だけでなくモテットやミサ曲、そして種々様々な器楽曲が印刷譜の形で流通するようになったのである。

　フランドル楽派のシャンソンをブルゴ

第 3 章　ルネサンス(1)

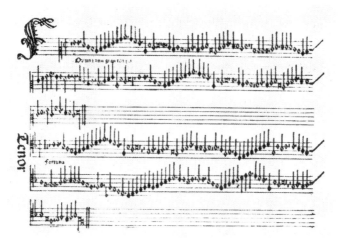

図4　ペトルッチ出版の曲集『オデカトン』(1501年) より　ジョスカンの《フォルトゥーナ》の一部

ーニュ楽派のものと比較してみた場合、より自由な形式がとられるようになったことがわかる。デュファイやバンショワのシャンソンでは、14世紀のマショーが用いていたのと同じバラードやロンドー、ヴィルレーといった定型に合わせて音楽が付けられていた。しかし、オケゲムのシャンソンもジョスカンのものも、より自由な形で書かれた詩が使われ、音楽の付け方も決まったパターンにはめられることなく、より自由に展開する。当時非常に人気のあったジョスカンの《千々の悲しみ》は、模倣的な楽句を織り込んだ雅趣に富むポリフォニー楽曲である。この曲はミサ曲のパロディー原曲として用いられたほか、様々な器楽編曲版も出版されている。

(吉川　文)

© 2008 by Aya Yoshikawa

コラム
もうひとつの音楽史

その２：音楽と社会について

　音楽は楽器音や声音を素材とすることから、視覚ではなく、聴覚によって認知される。これによって音楽はさまざまな機能を獲得する。すでに古代には音楽が宗教儀礼や労働において重要な役割を担ったが、特にギリシア時代には、「響きの調和」と見なされた音楽が人間の成長や精神の発達に積極的に作用することが認められ、理論的にも考察された。この考えは現代の音楽療法にもつながる。

　中世ではキリスト教文化が開花したが、音楽は聖書に書かれていたように、神を賛美する手段として利用された。そのため教会の礼拝では音楽が重視され、聖歌や宗教声楽曲が奏された。16世紀の宗教改革後に誕生したプロテスタント、とりわけルター派の教会では、音楽は「神の声」として理解され、J.S.バッハは礼拝のための音楽を多く創作した。また音楽は舞踏やさまざまな行事などで必要とされ、特に王侯・貴族は自らの権威を誇示するために、音楽家を雇い、宮廷音楽を保護した。フランスのルイ14世の宮廷音楽は、同時代の模範となった。

　18世紀になると、ヨーロッパでは都市が発達し、市民らが音楽を楽しむようになる。特にロンドンやパリでは、市民らが音楽を聴くことのできる現代の演奏会制度も誕生した。音楽の演奏や聴取が教会の礼拝や宮廷の権威から解放され、不特定多数の人々が音楽を聴くために、外界から遮断された空間である演奏会場に行くようになった。ここでは神の賛美であることや権威の象徴という機能から離れて、音楽作品そのものが集中して聴かれるようになったわけである。

　また、こうした不特定多数の人々、すなわち「聴衆」と呼ばれる人たちに、音楽情報を提供する音楽ジャーナリズムも成立し、さらに大学では音楽の研究が進み、音楽史研究からは大作曲家の楽譜全集が出版されるようにもなる。また19世紀には世界各地に音楽学校が設立され、音楽の専門職の制度も確立された。

　日本に西洋音楽が導入されたのは19世紀中頃で、特にドイツ語圏で成立された制度や考え方が導入された。音楽を集中して聴くというマナーも導入され、西洋音楽は厳粛で真面目に聴くべきであるという考えが、その後の日本人に植えつけられてしまった。政府主導で導入されたことも、こうした音楽観が広まったことの要因となった。

　ハイカルチャーとしての西洋音楽は、第２次世界大戦後の日本では、子どもを音楽教室に通わせ、家庭にピアノを購入することが中流階級の証であるという意識を高めた。そのために音楽大学に進学する人も多かった。またプロのオーケストラも多数設立された。しかし近年、クラシック音楽を大学で学ぼうとする人が減少し、演奏会に足を運ぶ愛好家も高齢化して、減少している。また公教育における音楽教育の重要性も後退している。こうしたなかクラシック音楽の音楽家は、アウトリーチ活動を通して、演奏会場には来られなかったり、クラシック音楽に親しんでいなかったりする人々に音楽を提供して、将来の聴衆の育成に努力している。

　こうして音楽は「音楽のための音楽」から再び、古代社会のように、社会でさまざまな役割を担うようになりつつある。　　　　　　　　　　　　　　　　　　　　　（久保田慶一）

第4章　ルネサンス（2）

◆16世紀のシャンソン

　ルネサンス期も後半の16世紀に入ると、フランドル楽派のポリフォニックなシャンソンよりも、縦の響きのそろったシンプルなスタイルのシャンソンが人気を集めるようになる。この背景にはイタリアのフロットラと呼ばれる歌曲の影響があったようで、軽やかな旋律を単純な和音伴奏が支える形がシャンソンの中でも好んで使われるようになった。

　こうしたシャンソンは、パリで活躍した印刷業者アテニャンの手により数多く出版されたこともあって、パリ風のシャンソンと呼ばれている。クロダン・ド・セルミジやクレマン・ジャヌカンはその代表的な作曲家である。彼らが取り上げたのは、ルネサンス期フランスの大詩人の一人クレマン・マロなどの詩である。日常的な言葉遣いによる簡素な詩を目指したマロの作品には、こうしたシンプルな音楽様式がうってつけであったことは確かである（譜例1）。

　一方、ジャヌカンは標題シャンソンと呼ばれるタイプの作品でも優れた手腕を発揮した。ここには小鳥たちのさえずりや、パリの町中の雑踏で聞かれる物売りの声などが巧みに取り込まれている。中でも《戦争》は、フランス国王フランソワ1世が北イタリアのマリニャーノの戦いで大勝利を収めた時のことを歌った作品で、戦闘場面をいきいきと描いたジャヌカンの出世作である。ルネサンス後期に入ると、様々な形で詩と音楽の結びつき、言葉と音との関係がクローズアップされるが、こうした標題シャンソンをその一例と考えることもできる。

　さらに、16世紀末になると、また別の形で言葉に対する強烈な意識を前面に打ち出したシャンソンが登場する。16世紀後半、古代ギリシア悲劇に対する関心を共有する詩人たちがプレイヤード派を名

譜例1　セルミジのシャンソン《花咲く日々に生きるかぎり》の冒頭

43

第1部　西洋音楽史

乗り、活動を展開していた。古典古代の
詩の韻律は長短アクセントによるものだ
が、彼らはこれをフランス語詩に適用し
て、長短アクセントの韻律に基づいた韻
律詩を書いた。さらに、この韻律に準じ
る形で書かれた音楽が韻律音楽である。
クロード・ル・ジュヌの作品には、韻律
音楽による佳品がいくつか見られる。

　こうした作品に関心を寄せたのは一部
の人々で、当時のシャンソン全体の流れ
の中の一隅を占めるにすぎない。しかし、
バロックの幕開けを控えた16世紀末に
なって、古代への関心とその文化芸術の
復興が、音楽も関わる形で目指されたこ
とは注目される。

　このプレイヤード派の活動は、イタリ
アのフィレンツェを拠点とする音楽愛好
家グループ、カメラータの活動と通底す
るものがある。カメラータによる古代ギ
リシア悲劇の再興は、言葉と音との新た
なつながりを具現したオペラを生み出し
ていくのである。

◆各国の世俗歌曲

　ミサ曲やモテットなどラテン語による
宗教的歌曲においては、フランドル楽派
の主導のもと、ある意味で非常に均質な
国際的様式を認めることができる。それ
に対し、各国語を用いた世俗歌曲には、
それぞれ固有の特徴が表れている。フラ
ンス語のシャンソンの場合は、フランス
語圏に限らず広い地域での人気が認めら
れるが、それと並行して、各国それぞれ
の母国語の詞を用いた世俗歌曲が独自に
展開していた。

　たとえばイタリアでは、ルネサンス期
の世俗歌曲としてまず目を引くのが、フ
ィレンツェで流行したカント・カルナッ

シャレスコ（謝肉祭の歌）である。15世
紀末、豪華王とあだ名されたロレンツ
ォ・ディ・メディチのもと、フィレンツ
ェは政治的にも文化の面でも繁栄を享受
していた。受難節直前の華やかな謝肉祭
で歌われたカント・カルナッシャレスコ
には、社会や政治を風刺した内容のもの
もあれば、同業者組合のコマーシャルソ
ングの類いも見られた。しかし、ロレン
ツォの没後のメディチ家は一時フィレン
ツェを追われ、代わって力を得たドミニ
コ会修道士サヴォナローラによる粛正
で、華やかな祝祭は陰を潜めてしまう。

　一方、カント・カルナッシャレスコよ
りもさらに広く、北イタリア一帯で人気
を集めたのがフロットラである。ペトル
ッチの出版した数多くのフロットラ集
が、その人気を裏付けている。マントヴ
ァ侯爵夫人イザベラ・デステは文化芸術
の第一級のパトロンであったが、その宮
廷にはフロットラの代表的な作曲家ジロ
ラモ・トロンボンチーノとマルケット・
カーラが仕えていた。

　軽やかな旋律をごく単純な和音で支え
るフロットラの場合、詩そのものの文学
的価値が問われることはほとんどなく、
旋律の付けやすい、内容的にも軽いもの
が選ばれることが多かった。しかし、次
第にルネサンスを体現する大詩人ペトラ
ルカらの作品が取り上げられるようにな
ると、フロットラという枠ではそれを支
えきれず、新たに登場するマドリガーレ
に関心が移っていくことになる。

　ドイツではミンネジンガーの流れを汲
むマイスタージンガーなどの活躍もあっ
たが、彼らの残した作品は単旋律で、多
声の声楽曲の発展はやや遅れていたと言
わざるを得ない。その中で登場するのが

多声のリートである。リートでは歌の旋律はテノールにおかれ、他声部がこれを装飾し、伴奏の役割を果たすこともあった。こうした形はテノール・リートと呼ばれる。

リートの発展にはフランドル楽派の音楽家も関わっている。ハインリヒ・イザークはフランドル出身で、初めはフィレンツェのメディチ家に仕えた。メディチ家がフィレンツェを追われた時期、彼は神聖ローマ皇帝のマクシミリアンと関係を持つことで、ドイツへと活動の場を広げた。ミサ曲やモテットはもちろん、シャンソンやフロットラと並んで彼が手がけたのがリートである。特に、《インスブルックよ、さようなら》は人気を集め、後にこの旋律がプロテスタント教会のコラールとしても用いられるようになった。

スペインでも独自の世俗歌曲としてビリャンシーコやロマンスなどの歌曲が作られた。イスラム教国からの領土奪回を目指すレコンキスタの展開により、ルネサンス期にはイベリア半島からイスラム勢力が駆逐された。イスラム教徒との対立は、スペインを強力なカトリック強国へと導いた。その一方、イスラム文化の刻印はスペインの音楽にも独自の色合いを与え、ギターに似たビウエラなど独自の楽器が愛好される環境も作り出した。ビリャンシーコはフロットラのように単純な様式の歌曲で、素朴な愛を歌うものだが、根強い聖母マリア信仰に根ざした作品も見られる。代表的作曲家にはファン・デル・エンシーナなどがいる。

◆宗教改革と音楽

16世紀になると、キリスト教世界に大きな変革のうねりが訪れた。宗教改革である。これはマルティン・ルターによるカトリック教会批判の形で始まった。ヴィッテンベルク城教会に貼り出した95箇条の意見書は、ルター自身が当初考えていた以上に大きな波紋を呼び、破門されたルターを中心として新たなプロテスタント教会が誕生する。この動きに刺激されるように、スイスではジャン・カルヴァンが独自の会派を立ち上げ、カルヴァン派教会（ユグノー、ピューリタン）が成立する。ほぼ同時期、イギリスでもカトリック教会を離れ、イギリス国王を首長とする英国国教会が登場する。それぞれの教会で、カトリック教会とは違った形の新たな宗教音楽が生み出されることになる。

この中で音楽に対し最も深い理解を寄せたのはルターだった。ジョスカンを高く評価し、自ら楽器を奏したルターは、それまでの教会音楽のあり方をいたずらに否定することはせず、そのまま引き継いだものも少なくなかった。その一方、音楽が教会において果たし得る役割を重視していたので、人々が十分に理解して歌うことができるドイツ語の聖歌が必要だと考えた。

カトリック教会のグレゴリオ聖歌に相当するものとして生み出されたのが、ドイツ語の単旋律教会歌のコラールである。コラールのレパートリーを整えるにあたり、いくつもの新たな旋律が生み出され、ルター自身も作曲に手を染めた。一方、人々がすぐに歌うことができるようによく知られた旋律を利用し、新たな詞をつける替え歌の手法も多用された。こうしたやり方はコントラファクトゥム（作り替え）と呼ばれ、ルネサンス期にはコラールに限らず様々なジャンルで多用され

第1部　西洋音楽史

た技法だった。コラールには今まで慣れ親しんできたグレゴリオ聖歌や民衆的な宗教歌のほか、人気のあるリートなど世俗歌曲の旋律も取り込まれた。

コラールは単旋律のままで歌われただけではなく、多声化された形も早くから見られた。ルターの宗教改革を音楽面で支えたヨハン・ヴァルターはコラールの編纂に大きく寄与するとともに、コラール旋律を多声化した作品をいくつも残している。ここではコラール旋律は複雑な模倣的ポリフォニーの網の目の中に取り込まれ、時には素材としてかなり自由な扱いを受けている。こうした曲はあくまで訓練された聖歌隊のための音楽であった。その一方、コラール旋律を最上声部に据えて、下声部がこれを単純な和音で支えるシンプルな形もあった。こうしたやり方はカンツィオナル様式と呼ばれ、一般会衆もともに歌うことが可能だった。このようにコラール旋律はグレゴリオ聖歌と同じく様々な音楽の核として用いられ、この後バロック時代にかけて、声楽曲だけではなく器楽曲においても重要な存在となっていく。

カルヴァン派教会では、音楽に対してルターよりも厳格な態度がとられた。教会の礼拝においては聖書からとられた言葉のみが単旋律で歌われるべきとされ、一切の楽器は排除される。ここで登場したのが詩篇歌である。フランスではクレマン・マロやテオドール・ベーズによるフランス語訳詩篇が出版されたが、これを受けて、新たに旋律を施した詩篇歌集が編纂された。公の礼拝においては詩篇歌の多声化は認められなかったが、私的な場で歌うためという名目で多声化された作品も残る。模倣的な手法も時には見

られるが、多くは和音を連ねた単純な様式のものである。

イギリスにおける英国国教会の成立は、もともとヘンリー8世の離婚問題に端を発した政治的な要因によるもので、カトリックの教義や教会の宗教的姿勢が直接問題視されたわけではなかった。その後メアリー1世治下、カトリックへの揺り戻しがあったため、英国国教会独自の礼拝や音楽はすぐには整わなかった。しかし、エリザベス1世即位後は徐々に国教会の基盤も固まり、英語による独自の礼拝の方式が定められた。ここで登場した英語による新たな教会音楽が、サーヴィスとアンセムである。

サーヴィスは朝の祈り、夕べの祈り、聖餐式からなる。これはカトリック教会の聖務日課中の朝晩の務め、そしてミサに相当する儀式と言える。これに合わせて、メリスマ豊かな旋律による大規模なグレート・サーヴィス、シラビックに歌詞を歌っていく比較的単純なショート・サーヴィスなどが書かれた。

アンセムは英語の詞によるモテットに類するもので、ラテン語のモテット同様に模倣技法を駆使したものはフル・アンセムと呼ぶ。また、独唱もしくは重唱と、合唱部分が交替し、器楽の伴奏を伴うヴァース・アンセムもあった。特にヴァース・アンセムは、新たな声楽様式として次代のバロックの響きを予感させるものがある。

多くの作曲家が国教会のための音楽を手がけており、後期ルネサンスを代表する音楽家の一人ウィリアム・バードも、優れたサーヴィス、アンセムを数多く残している。しかしバード自身は私的にはカトリックの信仰を守り、この時期のイ

ギリシでは類を見ないミサ曲や、ミサ固有文を歌詞としたモテットを多数書いている。

宗教改革の動きに対し、カトリック教会の側でも内部改革をめざす方向がとられた。トリエント公会議はこうした対抗宗教改革を具体的な形で示す場であり、教会のあり方そのものを根本から問う場でもあった。ここで打ち出された典礼改革によって、儀式における音楽のあり方に様々な変化が求められた。

そのひとつとして、儀式本来のあり方を追求する立場から、単旋律のグレゴリオ聖歌を重視し、そこにつけ加えられたものをできるだけ取り除こうとする傾向が見られる。このためトロープスは一切禁止され、続唱もごく一部を除きやはりミサから排除されることになった。また、ミサにおいて世俗歌曲を素材として用いることも不適切と見なされ、神に向けた大切な祈りの言葉を聴き取りにくくするような複雑なポリフォニーも禁止された。音楽様式に関しては、単旋律のグレゴリオ聖歌のみを認め、一切の多声音楽を禁止しようとする極端な立場もあった。

こうした極端な意見から教会でのポリフォニー音楽を守ったとする伝説を持つのが、ジョヴァンニ・ピエルルイジ・ダ・パレストリーナ（図1）の《教皇マルチェルスのミサ曲》である。彼は教皇直下のローマで様々な職を歴任した音楽家であり、その作品も、主なものはミサ曲やモテットなどの宗教曲である。《教皇マルチェルスのミサ曲》では、特に詞の聴き取りやすさに格段の配慮がなされ、多声でも言葉の聴き取りやすい楽曲が可能であることを十分に示している。縦の和音

図1　パレストリーナのミサ曲集第1巻　タイトルページ　自作を教皇ユリウス3世に献呈するパレストリーナ

の響きと横の旋律線とのバランス、巧みな不協和音の処理など、彼のポリフォニー技法はルネサンス期のひとつの頂点を示すものであり、その対位法の様式はその後長く手本として学ばれる絶対的な存在となる。

◆マドリガーレの隆盛

ルネサンス後半に入り、特に重要なジャンルとなってくるのが、イタリア語のマドリガーレである。文学的に優れた作品に旋律をつけるマドリガーレでは、特に音と言葉の関係が重視される。詩や言葉に音はどれだけ寄り添うことができるのか、様々な工夫が凝らされた。

たとえば、詞の中に「昇る」「天」等の

言葉があれば上行する音型、「下る」「地獄」等の言葉があれば下行する音型を用いたりしている。また、喜びなどの肯定的な感情や内容に合わせて長三和音の穏やかな響きを持ってきたり、苦しみや悲しみなど否定的な部分には短三和音の響きを合わせるなど、画一的で紋切り型ともとれる面もあるが、言葉と音との関係を様々な形で追及するあり方は、〈マドリガリズム〉と呼ばれる多様な表現を生んだ。中には「暗闇」に対して黒色の音符を用いたり、「十字架」という部分でシャープ記号を多用したり、譜面を見なくては分かりづらい表現もあった。これもマドリガリズムの一種で〈目の音楽〉とも呼ばれる。

16世紀初期のマドリガーレでは、まだこうした表現は目立たないものの、フロットラのように同じ旋律を繰り返しながら次々に新しい詩を歌う有節歌曲ではなく、詩への意識が十分に見て取れる通作歌曲が作曲された。当初マドリガーレの作曲家として重要だったのはイタリア人よりもフランドル出身の音楽家たちで、巧みな模倣技法を用いている。フランドル楽派の音楽家の中でも特に優れたマド

譜例2　ジェズアルドのマドリガーレ《私は死んでゆく》の冒頭。開始部では各声部が半音階的に進行し、歌詞「私は死んでゆく」の感情を表現している。その後は模倣的に展開するが、スペリウス声部が優位になっている。

リガーレの作曲家として名高かったのが、チプリアーノ・デ・ローレである。彼は、詩に沿った劇的な音楽表現を巧みにマドリガーレに盛り込み、その作品はパロディー・ミサ曲の原曲としても人気が高かった。イタリアのマドリガーレはヨーロッパ各地の音楽の動向に影響を与えるほどに発展し、イギリスでは英語のマドリガルが数多く書かれた。

ルネサンス期末に向かい、イタリアのマドリガーレの担い手は、徐々にフランドル出身の音楽家からイタリア出身の音楽家たちへと移る。16世紀後半、ルネサンスも終わりに近づく頃に最も注目されたマドリガーレの作曲家、ルカ・マレンツィオ、カルロ・ジェズアルド、クラウディオ・モンテヴェルディは、いずれもイタリア人であった。

この時期のマドリガーレではさらに劇的な表現をめざし、非常に大胆な不協和音や半音階的手法が用いられることが多かった。特に斬新な響きを用いたのがジェズアルドである。ナポリの有力貴族であったジェズアルドの《私は死んでゆく》では、冒頭から非常に思いきった半音階技法が使用され、中心音の定まらない不安定な響きを作り出している（譜例2）。

モンテヴェルディはルネサンスとバロックの両時期にまたがって活躍する非常に重要な音楽家だが、マドリガーレの中での不協和音の扱い方について、音楽の一般的な規則から外れるとの批判を当時は受けた。これに対しモンテヴェルディは反論し、音楽の作曲法には2つのやり方があるとの論を提唱した。モンテヴェルディの言う第1の作曲法では、音楽はそれ自体の規則に忠実に展開する。それに対し第2の作曲法では、音楽は言葉の

表現を優先し、あえてその規則を逸脱することもあるとされる。これがマドリガーレを始めとする作品での作曲法ということになる。この第1の作曲法と第2の作曲法という考え方は、バロック時代のスティレ・アンティーコ（古様式）とスティレ・モデルノ（現代様式）にそのままつながっていくものとして重要である。

◆器楽の発展

ルネサンス期の器楽の展開には目覚ましいものがあった。中世では器楽のための楽譜資料は非常に限られたものであるが、ルネサンスに入ると器楽のための楽譜の数は格段に増える。ここでも印刷楽譜の存在は非常に重要である。しかし、それでも声楽のための楽譜資料に比較するなら、器楽のためのものは少数であることも確かである。また、シャンソンやマドリガーレ、モテットなど声楽用の楽譜に「これは声にも楽器にも適する」といった付記があり、声楽曲の楽譜がそのまま器楽アンサンブルにも使われたことがわかる。この時代には、器楽のための様式と声楽様式とがはっきりと区別されていない証左である。

しかし、器楽のための楽譜であることが明確なものもあった。声楽曲を楽器で演奏する際に、合奏ではなく独奏の場合には、その楽器のための楽譜が用意されることが多い。当時の人気シャンソンなどをリュートやチェンバロなどで演奏するためのタブラチュア（奏法譜）がそれにあたる。こうした楽譜では、持続音が出せない楽器のために繊細な音色を活かした細かい装飾音、アルペジオなどが多用されている。声楽曲の編曲ということでは、単旋律聖歌や歌曲を定旋律として

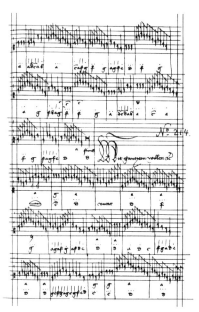

図2　ドイツ・オルガン・タブラチュアの例　右手は譜線に音符を連ねて図示するが左手は音名をアルファベットで示す

利用するオルガン作品も見られる。こうした例はドイツのオルガン曲に多く、華やかな装飾音で飾る（コローリング）手法が発展していった様子も窺われる(図2)。

声楽曲とは直接結びつかない器楽特有の形式の楽曲にも、様々なものがある。ひとつは舞曲で、パリのアテニャンやルーヴァンのファレーズなどは数多くの舞曲集を出版している。この時期に人気のあった舞曲には種々様々なものがあるが、パヴァーヌとガリアルド、パッサメッゾとサルタレッロのようにテンポの遅い舞曲と速い舞曲、2拍子型のものと3拍子型のものを組にした形も数多い。この対では、同じ旋律を変奏する技法も見られる。

他方、変奏そのものを楽曲構成の枠組みとする変奏曲の形式も、この時期に登場する。変奏にあたっては元の旋律に少しずつ手を加え、華やかな装飾を施していく形もあれば、元の旋律はなるべくそのままの形を保ち、対旋律が次々に変化していくものもあったが、いずれも鍵盤楽曲において多用される形式だった。

イギリスでは、16世紀後半から小型の箱形チェンバロであるヴァージナルが人気を集めた。ヴァージナル作品を手がけたジョン・ブルやバードなど多くの作曲家たちを、ヴァージナル楽派の名で呼ぶこともある。この時期に出版されたヴァージナル曲集では、若い女性が鍵盤に向かう姿が表紙に用いられ、ヴァージナル演奏が富裕な家庭の女性たちの間で素養として求められていた様子も窺われる。こうした曲集で変奏曲は重要なレパートリーであった。

16世紀にはスペインでも器楽の伸長がめざましく、中でもオルガン音楽の巨匠として重要な存在だったのがアントニオ・カベソンである。彼の作品集には、ティエントなどの即興的な楽曲に端を発する形式と並んで、ディフェレンシアと呼ばれる変奏曲が数多く収められている。

即興に由来する曲が徐々に書きとめられ、ひとつの形式を確立していったのもこの時期である。イントナツィオ、プレアンブルム、トッカータなどと題された楽曲は、多くはもともと聖歌隊に聖歌の歌い出しの音を示すために奏された前奏曲の類いである。したがって、続く聖歌の旋法と合わせるため、「第〇旋法の」といった形で旋法名が付記されるものが多い。トッカータなどは模倣技法を取り込みながら、次第に規模を拡大していった。

器楽のための楽曲の中には、声楽曲の

第４章　ルネサンス(2)

様式に準じる形で新たに登場したものも見られる。リチェルカーレ、ファンタジア、カンツォーナなどである。リチェルカーレやファンタジアは模倣的な動きを特徴とし、モテットなどの通模倣技法を適用している点が目を引く。これは、フーガに発展していくことになる。カンツォーナはシャンソンを意識した形で作られたものだが、模倣的部分と和弦的部分など、それぞれに特徴のある小部分が組み合わさった形をとる。これは、多部分形式のソナタに通じる楽曲として重視される。

リチェルカーレやファンタジア、カンツォーナといった形式を大きく発展させたのが、ヴェネツィア楽派の音楽家たちである。ヴェネツィアでは、サン・マルコ大聖堂を中心とした音楽活動から、注目すべき作品群が生み出された(図3)。

この大聖堂には向かい合うような形で２つのオルガンと聖歌隊席が設置されていた。この構造を活かして、聖歌隊を２つに分けて両者が交互に歌い交わすコーリ・スペッツァーティ（分割合唱）の技法が効果的に用いられることが多かった。こうした様式は声楽曲に限らず器楽曲にも応用され、数々の作品が作られた。

ヴェネツィアでの音楽活動が注目を集めるようになったのは、フランドル出身のアドリアン・ヴィラールトが大聖堂楽長職に就いてからで、その後、数多くの優れた音楽家たちが登場する。中でも注目されるのがアンドレア・ガブリエーリとその甥ジョヴァンニ・ガブリエーリである。彼らはともにサン・マルコ大聖堂でオルガニストとして活躍しながら、そこで演奏される様々な音楽を提供する作曲家としても重要な存在となった。

コーリ・スペッツァーティの技法を駆使したアンドレアのミサ曲は、1585年、天正遣欧少年使節がヴェネツィアを訪れた際に演奏されたとみられる。また、ジョヴァンニはコーリ・スペッツァーティの技法をさらに効果的に利用し、それぞれの音響群の間で響きに違いを持たせるために音域の異なるグループを用いたり、３つ以上のグループを対置させたりした。

彼の《弱と強のソナタ》は、ソナタと

図3　サン・マルコ大聖堂前の広場で行われた宗教的な祝祭行事を描いたもの

いう名称を用いた器楽曲の最初期の例で、楽譜に強弱の指示を初めて書き込んだものである。この曲は、各声部で用いる楽器を初めて指定した合奏曲としても注目される。ここでは音響群それぞれが、対比させられながら協調して響き合うコンチェルタート様式をとる。これが続くバロック時代の器楽様式を特徴づける要素ともなる。

ジョヴァンニ・ガブリエーリの没後、ヴェネツィアでは一時、音楽面での展開に停滞期もあったが、モンテヴェルディがサン・マルコ大聖堂の楽長職に就いた頃から再び音楽活動は活性化する。特にオペラ作品の隆盛を通じて、バロック期も重要な音楽都市としての発展を続けていくことになる。　　　　　（吉川　文）

© 2008 by Aya Yoshikawa

第5章　バロックの声楽

　16世紀末ごろから1750年ころまでの約150年間を、バロック時代と呼んでいる。〈バロック〉という語はポルトガルの真珠商人がいびつな形の真珠を指して呼んだ〈バロコ〉に由来し、最初は、大げさな、誇張した、歪んだなどの否定的な意味で用いられた。しかし19世紀末から20世紀初頭には、バロック時代はルネサンス時代とは対照的な性格をもったひとつの時代として認められ、バロックの固有の美と魅力は広く知られるようになった。

　バロック様式は、ルネサンス様式と同様にイタリアにおこり、その後ヨーロッパの美術、彫刻、演劇、文学、音楽などすべての芸術や文化に浸透していった。ルネサンス様式の均斉と調和に対して、それらを打ち破ってゆく躍動感と運動性、明白な対照とドラマ、芸術の根源としての人間の情緒の重視などがバロック様式の特徴である。

　音楽においては、歌詞のもつ情緒や感情の表現が重んじられ、独唱を通奏低音で伴奏するモノディー（注1）が生みだされた。また2つあるいはそれ以上の合唱隊や楽器群が掛け合いながら対比と調和を創ってゆく協奏様式（注2）が重要となった。

　16世紀末から17世紀初めにかけては、バロックの新しい音楽様式やジャンルの開発期にあたり、モノディー様式、通奏低音、劇的様式（スティーレ・ラップレゼンタティーヴォ）がおこり、声楽では

オペラやオラトリオ、カンタータが生み出されるとともに、器楽では、協奏様式を取り入れた作品が書かれた。17世紀後半には、組曲とトリオ・ソナタが完成され、コンチェルト・グロッソとソロ・コンチェルトが創出された。18世紀前半はこれまでに生まれた楽曲の成熟期であり、ヘンデルやバッハがバロック音楽の頂点を築くと同時に、オペラ・ブッファなどの、より自然な旋律と和声進行をもつ新しい音楽が人々に迎えられるようになった。

◆オペラの誕生

　ルネサンス時代のイタリアでは、ギリシアの古典や諸学問の研究、あるいは音楽と劇の振興を目的としてアカデミーが各地に設立された。16世紀末、フィレンツェに生まれたカメラータの人々の集まりもアカデミーのひとつであった。カメラータのメンバーは、歌手でありリュート奏者でもあったガリレイ、作曲家カッチーニ、宮廷音楽家であり作曲家兼歌手のペーリ、貴族の出でアマチュア作曲家のストロッツィ、ローマ出身の作曲家カヴァリエーリ、台本作家リヌッチーニなどであった。

　彼らの話題は、音楽をはじめとして、詩、ギリシアの古典、占星術、諸科学など多岐にわたっていたが、ローマ在住のギリシア古典学者メイとの交流を通して、ギリシア時代には悲劇が歌われ、演じら

（注1）モノディー：フィレンツェの理論家ドーニによって名付けられた独唱声楽曲の一種。歌詞のリズムや抑揚を尊重しながらその意味や感情の表現をめざした独唱声部を、通奏低音で伴奏したもの。ルネサンスの対位法の否定が発想の源にあり、その後のホモフォニー音楽の発展のきっかけとなった。

（注2）協奏様式（スティーレ・コンチェルタート）：複数の音響体（合唱、器楽群または両者の組み合わせ）が交互に掛け合ったり、多声曲の声部で同じモティーフを呼びかけあうように演奏して、対比と調和を生み出してゆく様式。

れていたこと、そこでは歌詞の意味と言葉のリズムが尊重されていたことを知った。さらに彼らは、ルネサンスの多声音楽が、まるで4人の人間が同時に演説をしているようで、歌詞を台無しにしているとし、そこから言葉に即した新しい音楽様式、〈スティーレ・ラップレゼンタティーヴォ〉または〈レチタール・カンタンド〉を開拓した。それは歌詞のリズムと内容を尊重し、歌いながら話しているような語りと歌の中間的性格の旋律を、通奏低音の和音で伴奏するもので、オペラはこのような音楽をもとに、合唱等を随所に組みこんで生み出された。

オペラの誕生にあたって、演劇上の母胎となったのは、ルネサンス時代の宮廷で発展したマスケラータ(仮面劇)、パストラーレ(牧歌劇)、インテルメディオ(幕間劇)(注3)などの劇であった。これらは宮廷の祝祭で上演され、その題材の多くはギリシア神話により、音楽もふんだんに盛りこまれていた。史上最大のインテルメディオは、行事責任者バルディ伯と音楽監督カヴァリエーリにより、メディチ家の婚礼の祭りで1589年に上演された(図1)。

最初のオペラ作品は、ペーリによる《ダフネ》(フィレンツェ、1598年)であるとされているが、その大部分が失われてしまった。楽譜の現存する最古のオペラは、ペーリとカッチーニが共同で作曲した《エウリディーチェ》(フィレンツェ、1600年)であり、二人は後にそれぞれ別々に全曲をオペラ化している(譜例1)。

図1　1589年にフィレンツェで上演された、インテルメディオ

(注3) インテルメディオ：ヴェネツィアで上演されたインテルメディオのなかには、1585年、日本からの少年使節団の歓迎のためのものもある。

第5章　バロックの声楽

◆ヴェネツィア派オペラ

　フィレンツェで生まれたオペラは、まもなくイタリア各地で作曲・上演されるようになった。1607年、マントヴァで初演されたモンテヴェルディの《オルフェオ》（台本：リヌッチーニ）は、この時期のオペラの傑作である。開幕前の序曲風トッカータ、リトルネッロつき有節アリア、登場人物を描き分ける伴奏楽器の割り振りや、エウリディーチェの死を告げる使者の歌の突然の転調、オルフェオの苦痛を表す下行半音階など、場面展開と登場人物の心理に密着した音楽表現は、以後のオペラに多くの影響を与えた。

　ヴェネツィアでは、モンテヴェルディがサン・マルコ大聖堂の楽長をつとめた時期、音楽活動の中心は、16世紀以来流行していた華々しい協奏様式の声楽や器楽のアンサンブルからオペラへと移行していった。東方貿易で富を貯めた貴族や市民たちが力をもち、ローマからの反宗教改革の波も届かなかったヴェネツィアでは、貴族の館のなかで育ったオペラが一般人の楽しみとして公開され、世界最初のオペラ劇場サン・カッシアーノをは

> **モンテヴェルディ**
>
> 　彼は1643年に没するまでの30年間をサン・マルコ大聖堂の楽長としてヴェネツィアで過ごしている。《オルフェオ》から最後の《ポッペアの戴冠》まで35年にわたってオペラを書き続け、特にヴェネツィアに公開オペラ劇場が生れてからは精力的にオペラに携わり、ヴェネツィアをイタリア・オペラの中心都市とすることに貢献した。モンテヴェルディは劇的表現にすぐれ、音楽史上最初のオペラの大家となったが、宗教曲やマドリガーレ等のオペラ以外のジャンルにも劇的表現を持ち込み、音楽表現を変革した。

じめ、サンティ・ジョヴァンニ・エ・パオロ、サン・モイゼなどのオペラ劇場が続々と建設された。豪華な舞台装置や機械仕掛けをもつこれらの劇場（図2）は桟敷席の予約料金と一般チケットの売上金で運営され、1700年までに約400曲におよぶオペラが上演されるほどの盛況をみせた。

　モンテヴェルディの没後は、カヴァッリが台本作家ファウスティーニと組んで名作を残した。その後の作曲家としては、ロッティ、カルダーラ、チェスティ、ヴ

譜例1　ペーリ作曲《エウリディーチェ》の中のレチタティーヴォ。歌手は《スティーレ・ラップレゼンタティーヴォ》の様式で、歌詞の内容を表出する。

第1部　西洋音楽史

図2　ヴェネツィアのグリマーニ劇場の舞台と観客席

ィヴァルディなどの名が挙げられる。

◆ナポリ派オペラ

　ナポリは18世紀前半にイタリア国内のみならず、ヨーロッパのオペラ界の中心的都市となった。A.スカルラッティの活躍した時代に音楽形式が整備され、ダ・カーポ・アリア、イタリア風序曲が確立され、レチタティーヴォとアリアの分化が決定的に推し進められた。レチタティーヴォは話し言葉に近づいて劇を進行させ、登場人物の内面の表現であるアリアは情緒的な性格を強め、歌手の声の魅力や技巧のみせ場となった。ダ・カーポ・アリアはＡＢＡの三部分からなり、Ａの反復では自由な装飾が加えられた。アリアには一般的な器楽伴奏に加えて、独唱声部に匹敵するほど重要な旋律を演奏したり、間奏を引立てたりするヴァイオリンやオーボエなどのオブリガート（必須

の独奏声部）が付けられることもあった。
　アリアの歌い手には美しい声とすぐれた技巧が求められ、ベルカント唱法が発達し、カストラート（図3、注4）の花形歌手がもてはやされた。序曲（シンフォニア）は A.スカルラッティのオペラ《災い転じて福となる》（1687年）以来、急－緩－急の3部分からなるイタリア風序曲が一般的となった。

◆フランスのオペラ

　16世紀末から1670年ころまでの間、フランス宮廷での楽しみの中心は宮廷バレー（バレー・ド・クール）であり、ルイ14世がリュリとともに踊った《夜のバレー》（1653年リュリ作曲）は有名である。宮廷バレーは、神話に由来する筋書き、舞台装置、豪華な衣装を特徴とし、独唱や合唱、フランス風序曲（注5）、器楽曲から構成され、舞踏が大切な教養のひと

(注4) カストラート：去勢男性歌手のこと。変声期前に手術を行い、ソプラノまたはアルトの音域を保つ。17～18世紀のイタリア・オペラで重要な役割を演じ、人気を博した。ファリネッリ、セネシーノなどが有名。

第5章　バロックの声楽

図3　衣裳をつけたカストラート

図4　《アティス》の舞台衣裳

つであったこの国では、国王や貴族も慣習的にその上演に加わった。国王が踊ることをやめた1670年ころから宮廷バレーは衰退し、オペラが宮廷の舞台の中心となった。ルイ14世の宮廷音楽の実権を手にしていたリュリは、王立音楽アカデミーを設立し、オペラの独占体制を固める一方、コルネイユ、ラシーヌの古典悲劇の朗唱法を作曲に応用し、フランス語を生かしたレシタティフ（叙唱）とエール（歌）を完成させ、これに宮廷バレーの伝統を重ねて新しいタイプのオペラである〈トラジェディ・リリック〉（叙情悲劇）を創造した。リュリのトラジェディ・リリックの代表作は、キノーの台本による《アルセスト》、《アティス》（図4）、《アルミード》などである。1730年代から活躍したラモーは、《イポリトとアリシ》などのオペラを作曲した。

　フランスのバロック・オペラの特色は、バレーを用いること、管弦楽をイタリアよりも重視したこと、カストラートが一般化しなかったこと、フランス語のアクセントを重んじ、朗唱法は明晰であったこと、フランス風序曲を用いたこと、歌手の名人芸的技法を追わなかったことなどである。

　17世紀末には、ロココ趣味による2～3幕のオペラ・バレーが、カンプラ、ドランド、ラモーらによって作られた。カンプラの《みやびなエウロペ》、ラモーの《優雅なインドの国》とがよく知られている。

　またリュリはモリエールと協力して、コメディ・バレーを1664年に生み出し、《町人貴族》などの作品を書いた。

(注5) フランス風序曲：フランス風序曲は付点リズムによる緩やかな部分の後、フーガ風のアレグロが続き、最後に冒頭の緩やかな部分が戻って終結する。リュリが、1650年代から宮廷バレーの序曲として作曲しはじめた。

57

第1部　西洋音楽史

◆ドイツとオーストリアのオペラ

　バロック時代にドイツとオーストリアで上演されたオペラの大部分はイタリア・オペラであった。とくにウィーンの宮廷はイタリア・オペラに席巻され、作曲家チェスティ、ドラーギ（注6）、ボノンチーニ、カルダーラ、台本作家メタスタージオなどイタリア人が活躍した。

　ドイツでは30年戦争（1618〜48年）による荒廃で人口の3分の2が奪われ、経済や文化が疲弊し、音楽も停滞した。

　シュッツの《ダフネ》（ドレスデン、1627年）（注7）に始まるドイツ語のオペラは、当初新たな流れを生むことはなかったものの、1678年にハンブルクに公開劇場が建設されると、ドイツ語の新しい台本によるオペラが市民に歓迎され、イタリア・オペラやその翻訳・翻案などもまじえて18世紀初めにハンブルク・オペラの最盛期を迎えた。中心的作曲家は、タイレ、クッサー、カイザー、マッテゾン、テーレマンであり、ヘンデルもここで最初のオペラを作曲した。一方、ドレスデン、ミュンヘンの宮廷はドイツにおけるイタリア・オペラの中心地となった。

　またイギリスのバラッド・オペラのドイツ語翻訳版が18世紀中ごろ上演されて好評を得、ジングシュピール（歌芝居）の完成に影響をあたえた。

◆イギリスのオペラ

　イギリスではルネサンス起源のマスク（宮廷仮面劇）（注8）があり、仮面をつけた俳優のパレードと全出演者の舞踏によるフィナーレの間に、パントマイム、舞踏、歌と合唱などを配したものであった。

またシェイクスピアをはじめとする演劇の上演には、リュート伴奏の歌曲や簡単な器楽曲などの付随音楽が用いられた。17世紀にはこのような演劇と結びついた音楽にイタリアで生れた独唱と通奏低音の様式が取り入れられ、イギリスでのオペラ作曲の下地となった。

　イギリス最初の本格的オペラは、タヴェナントの台本に5人の作曲家が音楽をつけた《ロードス島の包囲》（1656年）で、このオペラは、劇場が封鎖され宮廷の音楽家の職が解かれていたピューリタン革命に続く共和国時代に、劇場の復活を願って上演されたものである。

　王政復古（1660年）で劇場が再開され、演劇や大規模なマスクの楽しみが戻ってきた後のイギリスでは、パーセルが活躍し、音楽を多く含んだ劇であるセミ・オペラで人気を博した。彼のセミ・オペラの代表作には、シェイクスピアの劇に基づく《テンペスト》や《夏の夜の夢》等があり、彼の唯一の通作オペラ《ダイドーとイーニアス》（1689年)は、英語によるバロックオペラの傑作である。しかし17世紀のイギリスではもともとオペラより演劇への関心が圧倒的に高く、英語によるオペラやセミ・オペラは、パーセルの死後急速に衰退した。

　18世紀前半のロンドンではイタリア・オペラが流行する。ヘンデルは1711年ロンドンのオペラ界へのデビューを果たし、出世作《リナルド》から最後のオペラ《ディダミア》までの約30年間に数多くの傑作を作曲・上演して、バロック・オペラの頂上をきわめた（注9）。ヘンデルのオペラは、力強くのびやかな旋律、劇的効果にすぐれた合唱、繊細で大胆なレチタティーヴォ、簡潔かつ色彩豊かな和声な

（注6）チェスティ、ドラーギはともにウィーンの宮廷楽長を努めた。
（注7）シュッツの《ダフネ》は、イタリア語の《ダフネ》（台本：リヌッチーニ）をドイツ語に訳して、作曲したもの。音楽は消失。
（注8）ブロウの《ヴィーナスとアドニス》はマスクの代表作である。

58

第5章　バロックの声楽

譜例2　カッチーニの《新音楽》より〈ああ私は死なねばならぬのか？〉の一部

ど、聞き手を捉えて離さぬ魅力に充ちている。また彼は、レチタティーヴォ～アリアの機械的反復を避け、合唱、アンサンブル、伴奏つきのレチタティーヴォを巧みに配して劇的効果を高めることに成功した。

イタリア・オペラの隆盛と並んで1720年代～30年代のロンドンでは、英語によるバラッド・オペラが人気を集めた。歌詞には風刺や皮肉をきかせ、民謡風の旋律や馴染みの歌を使って作曲された。ヘンデルの商売敵となったペープシュの《乞食オペラ》（1728年、注10）もバラッド・オペラである。

◆オペラ以外の声楽曲

バロック時代にはオペラのほかにも、カンタータや歌曲（アリア、リート、エール、エア）などの声楽曲が好まれ、多くの作品が生み出された。

イタリアでは通奏低音つきモノディー様式の歌曲であるカッチーニの《新音楽 ヌオーヴェ・ムジケ》（1602年）（譜例2）が出版され、また、1640年ころからアリアとレチタティーヴォ（叙唱）を組み合わせてまとまった内容を表現する形式であるカンタータが作曲されるようになった。カンタータは劇場用の作品ではなく、衣装や演技も伴わず、独唱や重唱、トリオ・ソナタ程度の編成の器楽伴奏からなっていた。

これらの歌曲やカンタータには、オペラのアリアと同様に、2部形式、3部形式、ロンド形式、バス主題を反復するオスティナート形式、ダ・カーポ形式や舞曲風リズムが用いられた。

ドイツでは、有節形式のゲネラルバス・リート（1番、2番と同じ旋律を歌ってゆく通奏低音つき独唱歌曲）が好まれ、クリーガーやテーレマンの作品が人気を

（注9）ヘンデルのオペラの代表作には、《リナルド》、《ジュリオ・チェーザレ》、《セルセ》などがある。
（注10）ペープシュが作曲したのは序曲だけで、それ以外は、当時の馴染みの曲に伴奏をつけ直したもの。

呼んだ。

　フランスにおいても通奏低音つき歌曲（エール・ド・クール）が作曲され、リュートの伴奏によるものが好まれた。フランスのカンタータの作曲家では、イタリアでカリッシミに学んだシャルパンティエが知られている。

◆宗教音楽

　宗教改革以後、カトリックとプロテスタントのいずれの宗教も独自の音楽の伝統を築いていったが、バロックの新しい流れは、早々と17世紀初めのイタリアのカトリック教会音楽のなかに認められる。ミサやモテットでは、ルネサンス時代の対位法による古い様式が尊重されたが、バロック音楽の新様式である通奏低音つき独唱や重唱、協奏様式、複合唱なども取り入れられ、また教会で演奏される器楽として、教会ソナタが誕生した。フランスのカトリック教会音楽では、カンタータ形式のモテットが用いられ、シャルパンティエ、ドラランドが多くの作品を残した。

　プロテスタントが主流となった中・北部ドイツでは、教会カンタータが典礼の重要な部分を占めた。これは通常、アリア、重唱、レチタティーヴォ、合唱、器楽から構成され、ルター派のコラール（衆賛歌）の歌詞や旋律が借用されることも多い。コラールを作品の骨格としたり、終曲の合唱などの重要な部分に用いたカンタータは、コラール・カンタータと呼ばれる。教会カンタータの初期の作曲家には、シュッツ、シャイン、シャイトが、中・後期の作曲家には、トゥンダー、ベーム、ブクステフーデ、クーナウ、テーレマンがいる。教会カンタータの最高の巨匠である大バッハは200を越える作品を残した。なお教会での主要な器楽曲にはオルガンで奏されるコラール前奏曲がある。

　英国国教会の礼拝に使われたアンセムは、カンタータと同様に独唱、合唱、器楽からなり、フーガ形式のアレルヤが最後に置かれた。おもな作曲家には、ブロウ、パーセル、ヘンデルがいる。

　礼拝に用いられない宗教音楽で重要なものに、オラトリオがある。

　オラトリオの起源は中世の神秘劇や典礼劇に遡るが、直接には、16世紀後半の反宗教改革の波のなか、ネーリがローマの修道院のオラトリオと呼ばれる祈禱所で行った私的な祈禱集会で歌われたラウダや宗教的対話に始まる。ラウダは歌手がある登場人物（美徳や悪徳など）の役割を演じて、対話の形で歌われた。カヴァリエーリの《魂と肉体の劇》（ローマ、1600年）は、最初のオラトリオとされている。

　イタリアではカリッシミ、ストラデッラ、スカルラッティらがオラトリオの作曲家として知られ、ドイツではシュッツや大バッハが作曲した。イギリスでは、ヘンデルによってバロック・オラトリオの最高峰が築かれた。彼のオラトリオは、慣例によってオペラの上演が控えられる四旬節に演奏するために作曲された。

（岸　啓子）

© 1996, 2008 by Keiko Kishi

第6章　バロックの器楽

◆**器楽**

　ルネサンス時代までの音楽は声楽を中心に発展してきたが、バロック時代になると、器楽はソナタ、コンチェルト、組曲、フーガなどの独自のジャンルを生み出し、声楽に匹敵する重要性を獲得するようになる。また声楽と器楽の総合された楽曲（オペラ、カンタータ、オラトリオなど）においても器楽は多様な役割を期待されるようになった。通奏低音はほとんどすべての器楽曲や器楽伴奏で使われた。

◆**ソナタ**

　ソナタ（注1）はイタリア語のソナーレ（鳴り響く、演奏する）を語源とし、カンタータ（声楽曲）に対して器楽曲を表わす言葉として、16世紀に使われ始めた。その音楽的起源は、16世紀イタリアで愛好されたフランスの多声声楽曲シャンソン（カンツォーナ・フランチェーゼ）の鍵盤楽器またはリュートのための独奏用編曲（注2）と、その後それらと同じスタイルで新しく作曲された器楽曲（カンツォーナ、複数形はカンツォーネ）である。カンツォーナは声楽に適した長音符を細かく分割したり、華やかな装飾を施すなど器楽独自の語法を用いて、器楽曲としての性格を確立していった。同時に原曲のシャンソンにもともと含まれていた速度や拍子の異なる部分の対比を一層強め、それらの部分を拡大し、楽章として独立させることで、17世紀前半に多楽章形式のバロック・ソナタが生み出された。

　この時代の一般的なソナタは、編成の点からトリオ・ソナタ（2声＋通奏低音）とソロ・ソナタ（1声＋通奏低音）に分けられる。チーマは1610年にヴァイオリン・ソナタを作曲して、これらに先鞭をつけた。

　また、楽章構成の点からソナタは教会ソナタと室内ソナタに分けられる。教会ソナタは緩－急－緩－急の4楽章で、第2楽章はフーガ、第3楽章は緩やかな3拍子であった。室内ソナタは速度や拍子

譜例1　コレッリのソナタ、作品5－3より第1楽章アダージョ。上段の小さな音符は、当時の即興的装飾の例。

（注1）ソナタの用語は厳密なものではなく、トッカータ、コンチェルト、シンフォニア、パルティータなどがソナタと呼ばれることもあった。
（注2）インタヴォラトゥーラと呼ばれた。声部が別々の譜表を持つ多声声楽曲から鍵盤楽器用楽譜やリュート・タブラチュアに書き直すことで、声楽曲を器楽様式に適合させる意味も実質的には含んでいた。

の異なる同一調（または同主調）の舞曲からなり、アルマンド、クーラント、サラバンド、ジーグなどを含んでいた。教会ソナタと室内ソナタは1700年ころイタリアで定型化されたが、以後両者の区別は曖昧になっていった（譜例1）。

コレッリは、2本のヴァイオリンと通奏低音のためのトリオ・ソナタによる教会ソナタと室内ソナタの名曲を残した。ソナタの作曲家には、イタリアではヴェラチーニ、アルビノーニ、ヴィヴァルディ、フランスではクープラン、オトテール、ルクレール、ドイツではピゼンデル、テーレマン、ヘンデル、バッハらがいる。ソナタの楽器としては、ヴァイオリンのほか、オーボエ、フラウト・トラヴェルソ、リコーダーなどが好まれた。

◆コンチェルト（協奏曲）

バロック時代のコンチェルト（注3）には、コンチェルト・グロッソとソロ・コンチェルトがある。コンチェルト・グロッソは、複数のソリスト（コンチェルティーノ）とリピエノ・オーケストラが協奏する様式で作曲された。コンチェルティーノはふつうトリオ・ソナタ風の3声部であり、コンチェルト・グロッソはもとは大きなアンサンブル、すなわちリピエノ・オーケストラを指し示す言葉であった。コレッリの《作品6》が始まりとされ、バッハの《ブランデンブルク協奏曲》が有名である。

ソロ・コンチェルトはトレッリの《コンチェルト・グロッソ　作品8》のなかの6曲のヴァイオリン・コンチェルトが始まりである。これらの曲は、バロック・コンチェルトの基礎形式である急―緩―急の3楽章構成とリトルネッロ形式（注4）

をすでに備えていた。華麗な演奏技巧が人々の心を捉えたこともあって、ヴァイオリン・コンチェルトはこれ以後コンチェルトの中心的ジャンルに成長した。トレッリの没後はヴェネツィアのヴィヴァルディのほか、ロカテッリ、テーレマン、ピゼンデル、バッハ、タルティーニらがヴァイオリン・コンチェルトを作曲した。

コンチェルトの発展のなかでさまざまな楽器がソロとして登場したが、オルガンとチェンバロのためのコンチェルトは、意外なことにもっとも遅い時期まで現れなかった。これはこの2つの楽器が通奏低音楽器としての役割に強く縛られていたためであると考えられる。チェンバロ・コンチェルトはバッハが、オルガン・コンチェルトはヘンデルがそれぞれ創始者である。

通奏低音

通奏低音（バッソ・コンティヌオ）（譜例1）はバロック時代に広く普及した。通奏低音パートには、バス旋律と和音を示す数字や記号が記され、チェンバロやオルガン、テオルボなどの和音楽器の奏者は、その数字記号に従って即興的に上声の和音を補充しながらバス旋律を演奏した。さらにガンバやチェロなどの低音の旋律楽器がバス旋律を重ねて演奏する場合も多かった。ルネサンス時代の多声音楽が全声部の均質性を理想としているのに対して、通奏低音を含む音楽は、各声部の役割分担を前提としている。最上声はメロディーであり、バスはそれを支えて和音を決め、内声は響きのための充填声部となる。通奏低音の出現は中世からルネサンス時代までの音楽を支配した教会旋法から、長調・短調の和声的な世界に音楽が移り変わってきたことを示している。

（注3）コンチェルトの語源は、イタリア語のコンチェルターレ（共働する）とも、ラテン語のコンケルターレ（競争する）であるともいわれている。17世紀はじめ、コンチェルトは、声と楽器のアンサンブルを指した。

第 6 章　バロックの器楽

譜例 2　フローベルガーの組曲の開始部分。自筆譜では、サラバンドが最後であったが、17 世紀末の出版（没後）で、このように配列が変更された。

◆組曲（スイート、パルティータ）

　組曲は調が同じで速度や拍子の異なる舞曲を集めたもので、16 世紀のリュート音楽やイタリア、フランスのバレー組曲にその初期の形が認められる。17 世紀なかごろにフローベルガーの組曲においてアルマンド－クーラント－サラバンドの配列とジーグを含む形が定着し、その後サラバンド－ジーグの順序で定型化された（譜例 2）。

　アルマンドはドイツ起源でやや緩やかな 2 拍子または 4 拍子、クーラントはフランス起源で 3 拍子または 6 拍子、サラバンドはスペイン起源で緩やかな 3 拍子、ジーグはイギリス起源で 3 分割された拍を特徴とする（6／8、9／8 拍子など）急速な舞曲である。

　これら以外にメヌエット、ガヴォット、ブーレ、パスピエ、リゴドン、ポロネーズなどの舞曲や、前奏曲、エアなどが加わることも多かった。組曲はバロック時

(注 4)　リトルネッロ形式：オーケストラで奏するリトルネッロ（R）の間に、ソロのエピソード（E）がはさまれ、ロンド形式のように R－E－R と繰り返される形式。

63

代にたいへん好まれたジャンルであり、チェンバロやリュートのほかにも、管弦楽、ヴァイオリン、ガンバなどで作曲された。

◆クラヴィーア音楽

チェンバロやオルガンは通奏低音楽器としてだけでなく、独奏楽器としても活躍し、独自の重要なジャンルと音楽語法を形成した。チェンバロはフランス語でクラヴサン、英語でハープシコードと呼ばれていた。ドイツ語のクラヴィーアは、チェンバロをはじめとして、ピアノ・フォルテやクラヴィコード、時にはオルガンまでも含んだ呼称であった。

ローマで活躍したフレスコバルディは、バロック初期に開発された多彩な表現法を鍵盤音楽に応用して、トッカータ、パルティータ（変奏曲）などの名作を残した。

D.スカルラッティの作曲した600曲近いソナタは単一楽章からなるが、イタリアの2楽章ソナタの伝統により、急─緩の2曲が一対として演奏されたとする説もある。なお彼の仕えたスペイン宮廷には数台のピアノ・フォルテがあり、彼のソナタの一部はピアノ・フォルテのために書かれたとされている（注5）。

フランスのクラヴサン音楽は独特の魅力溢れるジャンルを形成した。その中心はオルドルと呼ばれる組曲で、舞曲と性格的小品からなり、詩的なあるいは気の利いた標題がつけられている。優美な旋律、繊細な表現をもつこれらの作品の演奏では即興性が重視され、イネガル奏法（不均等奏法──均等な長さで記譜された音符を、微妙な長短または短長で奏すること）が用いられた。リュートに由来す

るノン・ムジュレ（音高だけが記された楽譜を奏者がリズムやフレーズをつけて奏する。譜例3）のプレリュードもフランスの伝統となっている。

シャンボニエール、ダングルベール、L.クープラン、F.クープラン（大クープラン）、ラモーらがこの分野で活躍したが、大クープランの4巻のオルドルはクラヴサン音楽の白眉である。

ドイツでは、フレスコバルディに学びウィーンの宮廷オルガニストを務めたフローベルガーが、リュート組曲の伝統やフランスのクラヴサン音楽を取り入れ、クラヴィーア古典組曲の成立に貢献した。フィッシャーはバッハの《平均律クラヴィーア曲集》に先駆けて、20の調による前奏曲とフーガ《音楽のアリアドネ》(1713年）を作曲した。ライプツィヒの聖トーマス教会のバッハの前任者であるクーナウは、イタリアのトリオ・ソナタをチェンバロに移し、ドイツのクラヴィーア・ソナタの生みの親となった（《新鮮なクラヴィーアの果実》）。彼の《聖書ソナタ》では、旧約聖書のなかの物語の場面が音楽で表現されている。

なおチェンバロは17世紀にオランダのリュッカース一族によって楽器として完成され、2段鍵盤が普及した。フランスではブランシュ一族とタスカン一族によって名器が作られた。

◆オルガン音楽

初期バロックのオルガン音楽の作曲家は、イタリアのフレスコバルディとネーデルランド出身のスヴェーリンクである。スヴェーリンクの弟子のシャイト、シャイデマンはラインケン、ブクステフーデらとともに北ドイツオルガン楽派を築き、

(注5) ピアノ・フォルテ：イタリアのクリストフォリが1709年、チェンバロを基礎に開発した楽器。強弱の音が弾き分けられたことから、《グラヴィチェンバロ・コル・ピアノ・エ・フォルテ》と呼ばれた。現在のピアノの前身。

第6章 バロックの器楽

譜例3 ルイ・クープラン《プレリュード》:大クープランと呼ばれるフランソワはこのスタイルのプレリュードを残していないが、叔父ルイのプレリュードは基本的に全音符によるノン・ムジュレで書かれている。奏者はプレリュードの様式の範囲内での自由なリズムと速度で、音のまとまりを記したフレーズの指示を手がかりに演奏する。

フレスコバルディに学んだフローベルガーはウィーンを中心に南ドイツのオルガン音楽を発展させ、2つの流れはともにバッハとヘンデルに受け継がれた。ファンタジー、トッカータ、変奏曲のほか、プロテスタントにおいては、コラール編曲(注6)が作曲された。フランスではクープラン一族、マルシャン、シャルパンティエによってオルガン音楽はドイツに劣らぬ高みに至った。

この時代オルガンは、ストップの開発が進んで大規模化し、音色・音量ともにルネサンス時代のものよりはるかに豊かになった。シュニットガーやジルバーマンはドイツのバロック・オルガン製作の頂点を築いた。

◆ヨハン・セバスティアン・バッハ

バッハは中部ドイツの音楽家の家系の出身で、アイゼナハの町楽師であった父

(注6) コラール編曲:ルター等が唱道した、単旋律の宗教歌曲(コラール)の旋律を用いて作曲したもの。コラール・プレリュード、コラールモラット、コラール・ファンタジー、コラール・パルティータ等がある。

65

第 1 部　西洋音楽史

から職人的音楽教育を受けた。1694年に相次いで両親を失ったため、オルガニストの長兄のもとに身をよせ、1700年からはリューネブルクの高等学校の給費生となって音楽の勉強を続けた。彼の職業音楽家としての生涯は次の4期に区分される。

1．アルンシュタット／ミューハウゼン時代(1703～08年)：教会オルガニスト
2．ヴァイマル時代：(1708～17年)：宮廷礼拝堂オルガニスト、14年から楽師長
3．ケーテン時代(1717～23年)：宮廷楽長
4．ライプツィヒ時代(1723～50年)：聖トーマス教会カントル(合唱長)

アルンシュタットの教会オルガニストとして頭角を現し始めた1705年、バッハはブクステフーデのオルガン演奏を聴くためにリューベックに赴き、彼の演奏に感銘を受けた。有名なニ短調のトッカータとフーガ (BWV565) をはじめこの時期のオルガン曲にはブクステフーデの影響が強く認められる。

ヴァイマルでバッハはオルガン曲の大半を作曲するとともに、ヴィヴァルディをはじめイタリアの作曲家の協奏曲を熱心に研究し、オルガンやハープシコードのための作品に編曲した。この時代に学んだイタリアの新しい音楽様式は、後に《ブランデンブルク協奏曲》などの器楽作品として実を結ぶことになる。

ケーテンの宮廷楽長時代には音楽好きの領主レオポルト公の厚遇を得て、バッハは恵まれた環境のなかで音楽に専念することができた。彼の世俗曲の多くがこの時代に作曲され、そのなかには、《無伴奏ヴァイオリン・ソナタ》と《無伴奏ヴァイオリン・パルティータ》、《無伴奏チェロ組曲》、《管弦楽組曲》、《ブランデンブルク・コンチェルト》などの名曲が含まれている。《インヴェンションとシンフォニア》、《フランス組曲》《平均律クラヴィーア曲集第1巻》(注7、譜例4) などのクラヴィーアのための傑作は、弟子や子供たちの音楽の教育をきっかけとして生まれたものである。

聖トーマス教会のカントルおよび市の音楽監督として1723年にライプツィヒに赴任したバッハは、教会音楽を中心に作曲を行い、最初の7年間に140曲以上の教会カンタータや《マタイ受難曲》などを作曲した。しかし市参事会や聖職者会議との度重なる衝突のなかで、バッハは教会音楽への情熱を失っていった。

1729年から彼は大学生の演奏団体コレギウム・ムジクムの指揮者に迎えられ、1740年にその職を辞するまでの間、多くの世俗カンタータやチェンバロ・コンチェルトをこの団体のために意欲的に作曲した。教会音楽の創作に代わってバッハが情熱をかたむけたもうひとつの活動は、旧作の改訂といくつかの曲をまとめた総合的な作品の作曲と出版であり、《ゴルトベルク変奏曲》、《平均律クラヴィーア曲集第2巻》などが生み出された。晩年の大作《音楽の捧げもの》、《フーガの技法》(未完) でバッハは高度な対位法技法と芸術性によってこれまでにない音楽的境地を開拓した。

バッハはオペラを除くほとんどすべてのジャンルの音楽を作曲した。しかもそれらの作品はバッハが育った中部ドイツの音楽の伝統的様式をはじめ、南北ドイツの音楽様式、さらにイタリアとフラン

(注7) 24の調をすべて用いた《平均律クラヴィーア曲集》でバッハがどのような音律を想定していたかは、議論の分かれるところである。原題は《Das wohltemperierte Clavier》(ほど良く調律されたクラヴィーア) であり、必ずしも12等分平均律を意味する言葉ではない。

第6章 バロックの器楽

譜例4　バッハの《平均律クラヴィーア曲集　第1巻》第1番 ハ長調 プレリュードとフーガ：プレリュードは後にフランスの作曲家グノーが自作の《アヴェ・マリア》の伴奏に用いた。フーガはストレットを多く用いている。ストレットは主題（応答）が終わらないうちに、別の声部が入りを行い、主題（応答）の一部が同時に演奏されること。フーガの主題は14個の音（タイの後の音符は数えない）からなっているが、14はバッハの名前の文字を数に置き換えた（B＝2、A＝1、C＝3、H＝8）合計で、バッハ自身が自分の数として意識していた。この曲集へのバッハの署名であると理解されている。

スの音楽様式をも取り入れた総合的なものであった。イタリアの歌謡性、明快な和声、ダ・カーポ・アリアと協奏様式、フランスの色彩的な管弦楽法、鍵盤音楽の優美な書法と繊細な装飾法、北ドイツ楽派の大胆な表現法と重厚な対位法などが、バッハという天才の卓抜な個性によって比類ない芸術的価値をもつ作品のなかにまとめあげられた。しかし彼の作品は晩年には時代遅れとみなされ、人々の音楽の趣味の移り変わりとともに彼の死後、急速に忘れられていった。

◆ゲオルク・フリードリヒ・ヘンデル

　ヘンデルはバッハと同年にドイツのハレで生まれた。一族に音楽家はいなかったが、少年時代から音楽の才能を発揮し、8歳でツァハウに師事し、オルガン、チェンバロ、ヴァイオリン、オーボエと作曲を学んだ。ハレ大学で法律を専攻した後、1703年からハンブルク・オペラのヴァイオリニストと通奏低音奏者を務めた。ハンブルクでは彼の最初のオペラ《アルミーラ》が初演された。

　1706年から10年にかけてイタリアに滞在し、コレッリ、スカルラッティ父子と会い、イタリア語のカンタータ、およびオラトリオを作曲・上演した。

　1710年にヘンデルはドイツに戻り、ハノーヴァーの宮廷楽長に任ぜられた後、休暇をとってイギリスに渡った。ロンドンで彼はオペラ《リナルド》初演を行い、12年からはイギリスを本拠としてオペラを次々に作曲・上演した。1714年にハノーヴァー選帝侯がイギリス国王ジョージ1世となると、ヘンデルは再度この国王から年金を受ける身分となった。1719年にオペラの上演団体であるロイヤル・アカデミー・オヴ・ミュージックを貴族達が設立すると、ヘンデルは音楽監督的な立場となり自作のオペラを中心に上演した。しかしイタリア人の花形歌手の出演

67

第1部　西洋音楽史

料がかさんだうえに競争相手のペープシュによる《乞食オペラ》に聴衆の人気を奪われたため、1728年には運営が行き詰まり、アカデミーは経営の変更を迫られた。

　1732年ヘンデルは、自作のオラトリオ《エステル》を改作して舞台にのせた。これがロンドンの劇場での、ヘンデルのオラトリオ演奏会の始まりである。これ以後彼のオラトリオとオペラは平行して上演されたが、聴衆の好みがイタリア・オペラから離れた1741年からは、ヘンデルも英語のテキストによるオラトリオに集中した。オラトリオで彼はイギリス人歌手を積極的に起用し、イギリスの音楽的伝統の形成に貢献した。1751年に失明するまでにヘンデルは《エジプトのイスラエル人》、《サウル》、《メサイア》など多くのオラトリオを作曲した。また、彼のそのほかの作品には、オラトリオの幕間に彼自身が演奏したオルガン・コンチェルトをはじめ、コンチェルト・グロッソ、アンセムやチェンバロ組曲などがある。

　ヘンデルはドイツに生まれ、イタリアに滞在してイタリア音楽を学び、ヨーロッパ各地の多様な音楽と音楽家の集まる当時の大都市ロンドンで成功を収めた国際的な作曲家であった。彼の音楽は壮麗で明快であり、分かりやすいものであったために、当時の聴衆に喜ばれ、人気を博した。バッハが精緻な対位法を極め、フーガにおいては厳密な声部書法を守ったのに対して、ヘンデルは旋律と和声を重視し、彼のフーガは、ポリフォニックな部分と和声的部分との交替からなっている。また聴衆との関係においては、都市の市民を相手に予約金と入場料の収入で音楽会を運営するという次の時代の形を先取りしていた。　　　（岸　啓子）

© 1996, 2008 by Keiko Kishi

第7章　前古典派

◆前古典派

　前古典派とは、バロック音楽に代わってイタリアから新しい音楽が響き、やがてはウィーン古典派の音楽がヨーロッパの各都市で聴こえ始めるまでの時期をいう。年代的には地域的な差はあるものの、1720年代から80年代までである。

譜例1　J.Chr.バッハ、ピアノ・ソナタ作品5-3より。上声部はカンタービレな旋律で、伴奏は分散和音である。旋律と和声の流れは小節ごとに区切られている。2小節目冒頭の2分音符の不協和音は効果的である。

　音楽史のこの時期はヨーロッパの政治社会の状況と同様に過渡期にあたり、新旧の傾向が交差し、各地域によってその変化の程度も異なった。17世紀から18世紀にかけてヨーロッパやアメリカは市民革命を成功させ、政治の主導権は絶対君主から都市のブルジョアジーに移りつつあった。音楽文化の担い手も王侯貴族から都市市民に代わり、とくにロンドン、パリでは都市市民のための演奏会がさかんに行われた。こうした多くの聴衆の参加する演奏会では、オペラ序曲や交響曲、ピアノ・フォルテのための独奏曲や協奏曲、弦楽四重奏曲といった新しいジャンルの曲が演奏された。また民衆的な表現、すなわち「わかりやすさ」を求める傾向は宮廷と結びつきの強かったオペラ・セリアに代わって、幕間で演じられる喜劇インテルメッツォやオペラ・ブッファ（注1）の台頭を促した。演奏形態や楽器さらに聴衆の好みの変化に伴って、上旋律の優位な、民謡のように単純明快な構造の旋律や、ホモフォニー様式すなわち〈ギャラント様式〉（譜例1を参照）が好まれた（そのため通奏低音も次第に必要でなくなった）。強弱表現やクレッシェンド・デクレッシェンドも好んで使われた。曲の構造は和声の原理に従って作られるようになり、主調から属調（平行調）への転調と主調への回帰を基礎にした二部分形式（ソナタ形式）が支配的となった。ジャンル、様式、形式の変化に伴って、オペラ序曲や交響曲の管楽編成も、初期のオーボエとホルン（＋ファゴット、トランペット／ティンパニー）の編成から、フルート、クラリネットが常時参加するようになり、バロックのリピエノ・コンチェルト（注2）の様式から古典派の交響様式へと次第に成長していった。

　過渡期である前古典派の音楽のこれら特徴は、個々の作曲やその作曲家の創作

> **ギャラント様式**
>
> 　バロック時代のポリフォニー様式に対して、華麗に装飾された単純な構造の上声部に、簡素なホモフォニーの伴奏のつけられた様式を指す。クラヴィーア音楽で好んで用いられた伴奏の分散和音は〈アルベルティ・バス〉と呼ばれる。わかりやすく、また直接感情に訴える音楽を好む時代の趣味の典型である。

（注1）オペラ・ブッファ：18世紀ナポリで生まれた喜歌劇。世紀の後半にはオペラに取って代わった。チマローザ、パイジエッロ、ピッチンニ、そしてロッシーニが代表的な作曲家である。
（注2）リピエノ・コンチェルト：バロック時代の協奏曲の一種で、独奏声部をもたない弦楽合奏曲。初期の交響曲の、とくに作曲様式の起源となった。

時期や扱われたジャンル、また個々の都市によってさまざまな様相を呈して現れた。またグルックやハッセのような当時の国際スターはいくつかの音楽都市で活躍した。以下では都市ごとにその音楽状況と音楽家の活動を概略する。

◆ナポリ

ナポリの音楽活動は16世紀なかごろに設立された4つの音楽学校と宮廷劇場、サン・バルトロメオとサン・カルロの両劇場でのオペラが特徴である。この時期これらの学校に学びナポリや他の都市のオペラ劇場で活躍する音楽家が多く輩出し、〈ナポリ楽派〉と呼ばれている。早くにはスカルラッティ、ドゥランテ、ポルポラ、フェオが、1720年以降には、ヴィンチ、レオ、ペルゴレーシ、ペレツ、ヨメッリ、マンナ、ドイツ人のハッセがいた。

1724年にはサン・バルトロメオ劇場でメタスタージオ(注3)の最初の劇作品《見捨てられたディドーネ》が上演された。以後彼の劇作品は多くの作曲家によって競って作曲され、広くヨーロッパで上演された。その結果ナポリ楽派のオペラもヨーロッパ中で演奏された。3幕もののオペラ・セリアを基本としたこのオペラは、2回ある幕間に上演される幕間(喜)劇(インテルメッツォ)の成立を促した。とくに1733年サン・バルトロメオ劇場で、《尊大な囚われ人》の幕間劇として初演されたペルゴレーシの《奥さま女中》(譜例2を参照)は人気を博し、ヨーロッパでのオペラ・ブッファの流行の口火を切った。

18世紀後半にはヨメッリ(ウィーン、シュトゥットガルト)、トラエッタ(パルマ)、マーヨ(マンハイム)らがナポリ以外で活躍し、当地ではピッチンニ、パイジエッロ、チマローザがフランス・オペラやオペラ・ブッファの影響を受けつつもナポリ派オペラの発展に寄与した。フランス革命下のナポリ共和国の成立と崩壊、フランスの支配と政情不安のなか、その後もナポリはオペラの中心地として存続し、ロッシーニやドニゼッティの活躍の舞台となる。

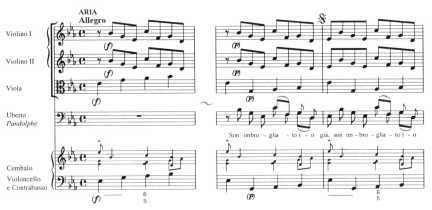

譜例2　ペルゴレーシ《奥様女中》より。歌唱の旋律は器楽の細切れの旋律を模倣している。旋律や和声の進行もきわめて簡潔である。

(注3) メタスタージオ、ピエトロ：オペラの台本作家として有名。荒唐無稽なだけのオペラを、理性と感情の葛藤劇へと高めた。レチタティーヴォは劇の展開を、アリアは人物の感情表現を担った。とくにアリアでは華麗な歌唱が求められ、カストラートが活躍した。

第 7 章　前古典派

◆ミラノ

　1708年スペインの支配から解放されハプスブルク家の支配下に入ったミラノでは再び音楽活動がさかんになった。レジオ・ドゥカール劇場が1717年、ガスパリーニのオペラ《コスタンティーノ》で始まったが、同時にオペラ・ブッファという新しいジャンルが誕生し、劇場で独立して上演されるまでになった。ナポリと並ぶオペラの中心地であったミラノにはグルックやJ.Chr.バッハが学び、また自作のオペラを上演している。1778年にはウィーンの宮廷楽長となっていたサリエリの《気に入られたエウローペ》で、スカラ座劇場が開場する。やがてロッシーニが活躍し、19世紀を通じて現在まで、イタリア・オペラの中心的な位置を占める。

　この時期ミラノで活躍した作曲家としては、グルックやバッハに影響を与えたサンマルティーニがいる。彼は当地の教会の楽長を務めたが、とりわけ交響曲の作曲家として知られた（譜例3を参照）。当地では教会や貴族の私邸でオーケストラ音楽がさかんに演奏され、サンマルティーニ以外にも多くの作曲家を生んだ。

1758年にはアカデミア・フィラルモニカが設立され、ハプスブルク家の統治者（カウニッツやフィルミアン）が音楽を愛好したこともあって、ミラノの音楽活動はイタリアのどの都市よりもさかんなものとなった。

◆ヴェネツィア

　ヴェネツィアの音楽活動の重要な供給源となっていたのが、オスペダーレと呼ばれた4つの女子孤児院であった。ここには楽長をはじめすぐれた教師が雇われた。オスペダーレ・デラ・ピエタの楽長には、ヴィヴァルディ、ポルポラ、サルティが、オスペダーレ・デリ・インクラビーリの楽長にはしばしばガルッピ、ハッセ、ヨメッリが名を連ねた。しかしながらヴィヴァルディやアルビノーニ以後この地で活躍した音楽家は少なく、ガルッピのオペラ・ブッファが注目される程度である。その後もデラ・ピエタ以外の孤児院の倒産と国営化、さらに1797年ナポレオンによる共和国の解体によって音楽活動は低迷をきわめた。そのなかで唯一1792年に開場したラ・フェニーチェ劇場が国際的な名声を保ち、1812年にロッシーニがオペラ・デビューする。

譜例3　サンマルティーニ《交響曲ト長調》より。ヴァイオリンの最初の和音連打は、この時代の交響曲の特徴のひとつ。楽節は基本的に2声部で、オペラ序曲のように音楽は軽快に進行する。

◆トリノ、ボローニャ

　トリノはこの時期に注目すべき最盛期を迎える。ヴァイオリンの名手として知られたソミスの門下から、ルクレール、ジャルディーニ、プニャーニなど、パリ、ロンドンなどで活躍する国際的な音楽家が育った。そのためかクヴァンツ、ベンダ、そしてモーツァルト父子などドイツ人音楽家がしばしばこの地を訪れている。1710年にはカリニャーノ劇場が開場し、ヨメッリ、ハッセ、ピッチンニの作品、そしてJ.Chr.バッハ（図1）の最初のオペラ《アルタセルセ》も上演された。

　ボローニャの音楽活動はサン・ペトロニオ教会とアカデミア・フィラルモニカに多く関係した。サン・ペトロニオではカザッティを楽長に迎え、ヴィターリ、トレッリといった作曲家を生み、〈ボローニャ楽派〉と呼ばれた。しかし1696年にオーケストラが解体され、ヴェネツィアにその主導的な地位を譲った。1666年に設立されたアカデミーは作曲家、演奏家、そして理論家に音楽活動の場を提供し、なかでもサン・フランチェスコ教会の楽長で1758年に会員となったマルティーニ神父は内外に名声をとどろかせ、彼の下にはJ.Chr.バッハ、グルック、グレトリ、ヨメッリ、そしてモーツァルトが対位法を学んだ。またボローニャではコムナーレ劇場が1763年グルックの《クレリアの勝利》で開場し、その後中心的な役割を演じた。

◆パリ

　1715年ルイ14世が他界しフランスの絶対王制は衰退に向かい、啓蒙主義思想の普及は1789年の革命を準備した。音楽家たちはヴェルサイユ宮殿から再び都市パリに戻った。1725年には作曲家のフィリドールが中心となって、オペラ劇場が閉鎖される四旬節などに、パリ市民に最初は宗教音楽を、後にはそれ以外の音楽をも提供する演奏会シリーズ〈コンセール・スピリテュエル〉（注4）がチュイルイー宮殿のスイスの間で始められた。このシリーズは革命まで続き、特に外国人音楽家にとってはパリ・デビューの場となっていた。イタリア人ヴァイオリニストのボノンチーニ、マンハイム宮廷のシュターミツ、そして1778年にはモーツァルトが自作の交響曲《パリ》を披露した。そのほかドイツ人のショーベルトやエッカルトらがクラヴィーアや室内楽の分野で活躍した。

　パリではペルゴレーシの《奥様女中》がパリで上演されてから、ラモーの抒情悲劇に代表される、言葉を重視するフランス・オペラと旋律が優位のイタリア・

図1　J.Chr.バッハの肖像

（注4）コンセール・スピリテュエル：本来は宗教曲のみを演奏する演奏会であったことは、この名称から明らかである。

オペラとで、両者の優劣を論じる〈ブフォン論争〉が起こった。このような機運のなかオペラ・コミックが誕生し、グレトリがヴォルテールの小説を下にした《ユロン》を1768年に作曲して話題を呼んだ。さらに1774年にウィーンからパリに来たグルックのオペラも、停滞したフランス・オペラに新風を吹き込んだ。パリでの第1作は《オーリドのイフィジェニー》であった。イタリア人ピッチンニはこのオペラに対抗して同名のイタリア・オペラを上演し、オペラ論争を再燃させた（グルック・ピッチンニ論争）。器楽の分野ではマンハイム楽派の影響下に、ゴセックやメユールがフランスの交響曲の発展に寄与し、室内楽ではルクレール、モンドンヴィルが注目できる。

パリではフランス人音楽家よりもイタリア、ドイツの音楽家が大いに活躍し、フランス革命期の混乱がこのような状況をさらに悪化させた。ベルリオーズが《幻想交響曲》を初演するのはようやく1830年のことである。しかしこの間、1790年7月14日バスチーユ襲撃1周年を記念した第1回の〈連盟祭〉（注5）ではノートル・ダム寺院でゴセックの《テ・デウム》が演奏され、1795年には〈パリ国民音楽院〉が開校し、その後世界中に開設されるコンセルヴァトワールの模範となった。1828年からは〈パリ音楽院演奏会〉が開始されたが、ここではもっぱらモーツァルトやベートーヴェンの音楽が演奏された。

◆ロンドン

イギリスではパーセル亡き後は国民的作曲家は生まれず、首都ロンドンでは外国人音楽家が活躍した。オペラ界を支配

したイタリア人音楽家はもとより、オペラそしてオラトリオで人気を博したドイツ人のヘンデルは有名である。ヘンデルが1759年に世を去ってからその3年後には、自作のオペラをトリノやナポリで上演し成功したJ.Chr.バッハがキングス劇場の専属作曲家としてやってきた。翌年にはオペラ《オリオーネ》を上演、ロンドンでの第1歩を踏み出した。その後はオペラのほか、交響曲やクラヴィーア曲などを出版し、ギャラント様式の発展と普及に大きく貢献した（後掲譜例4を参照）。バッハ以外でここロンドンで活躍した音楽家としては、1759年ドレスデンの宮廷楽団から来たガンバ奏者のアーベルがいる。彼はバッハと共同で1765年から〈バッハ・アーベル演奏会〉を主催したことで知られる。さらに1766年からはイタリア人ピアニスト、クレメンティがここを拠点にヨーロッパ各地で活躍した。彼の練習曲集《グラドゥス・アド・パルナッスム》は有名だが、多くの弟子を育て、楽譜出版やピアノ製造も手掛けるなどした。

ブフォン論争

本来はオペラ論争であったが、フランス・オペラを支持したのは〈国王派〉、イタリア・オペラを支持したのは〈王妃派〉と、党派争いの一面ももった。この論争にルソーは「フランス音楽に関する書簡」(1753)を発表し、イタリア音楽を擁護し、フランス音楽、とくにラモーを批判した。論争そのものは1754年《奥様女中》を上演したイタリアのバンビーニ座の強制退去によって終わるが、以後フランスの宮廷歌劇は衰退の一途をたどった。ブフォンとはオペラ・ブッファの道化役者の意味。

（注5）連盟祭：1789年7月14日のバスチーユ襲撃を記念する革命祭。1790年以降毎年行われ、現在は〈パリ祭〉となっている。

第1部　西洋音楽史

◆マンハイム

　ファルツ選帝侯カール・テオドールが在任中（1743〜78）のマンハイムにはヨーロッパ各地から音楽の名手が集められ、総勢50〜60人の宮廷楽団は当時もっとも優秀なオーケストラへと成長した。シュトゥッツガルトの宮廷楽長ヨメッリが使った強弱効果を利用して、交響曲の発達に大いに貢献した。作曲家としてはボヘミア出身のシュターミツ、リヒター、ウィーン出身のホルツバウアー、イタリア出身のトエスキが、また次世代の作曲家としては、シュターミツの2人の息子カールとアントン、カンナビヒなどがいた（譜例5を参照）。

　オペラにおいてもヴェラーティという優れた宮廷詩人を擁し、ハッセ、ヨメッリなどのイタリア・オペラをさかんに上演した。J.Chr.バッハのオペラ《テミストクレ》、《ルツィオ・シッラ》はマンハイムのために作曲され、当地で初演された。ドイツ語のオペラ、ジングシュピール（注6）も上演され、その後の発展を準備した。しかし君主テオドールがバイエルン選帝侯となってミュンヒェンに居城を移したことで、マンハイムの音楽家の一部はミュンヒェンにまた一部はヨーロッパ各地に離散してしまった。

◆ドレスデン

　ザクセン選帝侯国の首都ドレスデンにも優れた音楽家がいた。このカトリックの国の首都ではイタリア文化が花開き、音楽もその例外ではなかった。ヴァイオリンのピゼンデル、フルートのビュファルダンとクヴァンツ、ガンバのアーベルらがおり、楽長にはハッセをはじめロッティ、ゼレンカ、ハニヒェンが名を連ね、イタリア・オペラがドレスデンの花形であった。またヴィヴァルディに学んだピゼンデルはヴィヴァルディ、アルビノーニ、タルティーニなどの協奏曲を紹介

譜例4　J.Chr.バッハ、交響曲ト短調　作品6 – 6より。前古典派の時代には珍しい短調の交響曲。モーツァルトの2曲ある短調交響曲の初期の作品に似ている。ト短調という調の音楽的性質を知るうえで興味深い。

（注6）ジングシュピール：ドイツ語による喜歌劇。歌や合唱のはかに、地で台詞が語られる。18世紀なかごろからイギリスのバラッド・オペラの翻訳劇として発達した。モーツァルトの《魔笛》（1791）といった名作が生み出された。

し、ドレスデンさらにはベルリンにイタリア・バロック音楽を伝えた。またこのころバッハの長男ヴィルヘルム・フリーデマンがこの町のソフィア教会のオルガニストとなっていた。

7年戦争やプロイセンによる占領によってザクセンの政治・経済状態は極度に悪化し、その後オペラ劇場は閉鎖され多くの音楽家が解雇された。フリードリヒ・アウグスト3世によってオペラは再開されるが、もはやかつての繁栄を取り戻すことはできなかった。ベルリンと並ぶドイツ・ロマン派オペラの中心地となるのは、1817年ヴェーバーが登場してからである。

◆ベルリン・ポツダム

プロイセン王国の方はこのころ大いに成長していた。フリードリヒ・ヴィルヘルム1世は〈軍人王〉の異名をもち、その子フリードリヒ2世は〈フリードリヒ大王〉と呼ばれ、王国の領土を拡大し、ヨーロッパの列強の一員となった。このフリードリヒ2世は自身がフルートを奏する音楽愛好家で、若いころドレスデンでみたオペラが忘れられず、1742年ベルリンにオペラ劇場を建設した。イタリアから8人の歌手が調達され、楽団には近隣の宮廷楽団から優れた音楽家が集められていた。カール・ハインリヒとヨハン・ゴットリープの2人のグラウン、フランツとヨハン・ゲオルクの2人のベンダ、大王のフルート教師のクヴァンツ、そしてチェンバロ奏者にはJ.S.バッハの次男カール・フィーリプ・エマーヌエルがいた。上演されるオペラはもっぱらハッセやグラウンのイタリア風のオペラであった。これらの音楽家たちは、ベルリン近郊の夏の離宮が建つポツダムでも、室内楽などを演奏していた。1747年にJ.S.バッハが訪れたことはよく知られている。

またベルリンではクヴァンツやバッハ

譜例5 シュターミツ、交響曲ホ長調《ラ・メロディア・ゲルマニカ》第3曲より。オーケストラの冒頭の和音連打は、マンハイム交響曲の特徴のひとつ。続く第1ヴァイオリンの旋律はカンタービレで美しく、他方、伴奏声部は同音を反復する。このような様式は前古典派の典型的なテクスチュアである。

第 1 部 西洋音楽史

の演奏論が出版され、キルンベルガーや
マールプルクなどの理論家が活動した。
しかし1757年〈7年戦争〉が始まり劇
場は閉鎖され、1764年には再開された
がかつての勢いはなかった。そのためイ
タリア・オペラに代わって、イタリアの
オペラ・ブッファ、イギリスのバラッ
ド・オペラ、そしてとりわけドイツのジ
ングシュピールがさかんに上演され、来
るべきドイツ・ロマン派オペラの隆盛の
土台となった。

◆ザルツブルク

　大司教が統治したザルツブルクには宮
廷楽団と大聖堂などの教会があり、この
時期宮廷楽長にはエーベルリーン、宮廷
オルガニストにはその弟子のアードゥル
ガッサーがいた。またレオポルト・モー
ツァルトも1743年から宮廷楽団でヴァ
イオリンを弾き、やがて宮廷作曲家、副
楽師長となった。

　1762年には楽師長としてヨーゼフ・
ハイドンの弟ミヒャエルが迎えられ、
1781年にはウィーンに行ってしまった
W.A.モーツァルトの後任として大聖堂
オルガニストとなった。モーツァルトは
終生このハイドンを尊敬した。しかし
1806年宮廷楽団は解散され、すぐれた音
楽家はウィーンの宮廷楽団に移った。

◆ウィーン

　ウィーンを都としたハプスブルク帝国
の歴代の皇帝は音楽愛好家として知ら
れ、宮廷楽団も18世紀初頭には107人の
メンバーを数えた。この時期皇帝の座に
あったカール6世は宮廷楽長のフックス
に対位法を学び、宮廷副楽長のカルダー
ラのオペラを指揮した。1730年にはメタ
スタージオがウィーンに呼ばれ、女帝マ

演奏論

　18世紀の〈3奏法〉と呼ばれているのは、
クヴァンツの『フルート奏法』(1752)、C.P.
E.バッハの『クラヴィーア奏法』(第1巻
1753、第2巻1762)、L.モーツァルトの『ヴァ
イオリン奏法』(1756)である。最初の2つは
ベルリンで、最後はアウクスブルクで出版さ
れた。これらは叙述形式において類似し、こ
の時代の演奏法や音楽観を知る重要な資料
となっている。

リア・テレジアの時代には内政改革が断
行されたが、ハプスブルク家の威光を示
すべくイタリア・オペラは重視され続け
た。ハッセそして父親がボヘミア人であ
ったグルックのオペラが人気を呼んだ。
また次の皇帝ヨーゼフ2世が国民劇を奨
励したことで1760年ころからジングシ
ュピールがさかんとなり、ウムラウフ、
ディッタースドルフ、そしてモーツァル
トがこの種の作品を書いた。

　この時期ウィーンで活躍した音楽家に
は、1739年から宮廷作曲家となっていた
ヴァーゲンザイル、ボヘミアに生まれイ
タリアで活躍し、1772年から宮廷楽長と
なったガスマン、そしてガスマンがイタ
リアから連れて来たサリエリは74年に
宮廷作曲家、88年からは宮廷楽長とな
り、ウィーン音楽界を支配した。このほ
か宮廷とは関係なかったが、カール教会
のオルガニストのモンは交響曲の成立に
貢献した。ここウィーンではイタリアか
らの影響が顕著であるが、対位法を重視
するウィーンの伝統と融合して、やがて
ハイドンやモーツァルトの創作の土壌が
育まれていた。　　　　　（久保田慶一）

© 1996, 2008 by Keiichi Kubota

第8章　古典派

◆古典派の音楽

　古典派とは一般的にはくウィーン古典派〉、すなわちウィーンで活躍したハイドン、モーツァルト、ベートーヴェンの3人の作曲家を意味する。しかしより狭い意味では、ハイドンの円熟期の作品（たとえば《ロシア弦楽四重奏曲》作品33など）がウィーンのアルタリア社から本格的に出版され、同時にモーツァルトがウィーンで定住生活を始める1780年ころから、ベートーヴェンが晩年の円熟した特異な様式に至る1820年ころまでを意味する。従ってモルツィン伯・エステルハージ侯両家の楽長時代のハイドンや故郷ザルツブルクを本拠にヨーロッパ各都市で活躍した時期のモーツァルトは前古典派に含め、同様に1820年以降のベートーヴェンは、同じころウィーンにいたシューベルトがすでに交響曲《未完成》を作曲していることから、ロマン派に含めなくてはならないだろう。

　ベートーヴェンが1827年に、その翌年にシューベルトが亡くなると、ウィーンは創造的な音楽都市であることをやめてしまう。それを考えるとこれら3人のウィーンでの活動は、彼らの創作の芸術的価値の高さとともに実に特筆すべきものであったといわざるを得ない。しかしウィーン古典派のこの芸術的な高みからのみ18世紀の音楽をみることは、18世紀から19世紀初頭までの音楽史の流れを見誤ってしまう。というのも前章でみたように、各地域の前古典派の音楽活動は

1780年代以降も続き、19世紀のロマン主義へと直接つながっていったからである。音楽史におけるウィーン古典派の重要性が、実はこれら3人の作曲家の作品が19世紀から今世紀までのコンサート・ライフにおいて演奏され続けてきたという事実に拠っていることは忘れてはならない。

　ウィーン古典派の音楽は、前古典派の音楽の延長として理解できるが、ウィーンの文化史的・社会的な条件によって、そしてなによりも3人の作曲家のきわめて個性的な創作によって、独自な形式と内容を獲得した。ウィーンではパリやロンドンでのような聴衆の成立は遅く、古典派の時代の宮廷はイタリア・オペラやジングシュピールを保護し、貴族たちが作曲家を保護した。作曲家は声楽曲より交響曲、ピアノ協奏曲、弦楽四重奏曲などの器楽曲をさかんに作曲し、作品は演奏会で演奏され、また出版されてヨーロッパ各都市に普及した。前古典派の上声部優位の平板なホモフォニー様式は、対位法様式と融合され、各声部は対等になりく主題動機労作〉（注1）によって緊密に関係しあった。音楽形式はソナタ形式が中心となるが、ベートーヴェンは新しい作曲法でソナタ形式を拡大し、ダイナミックな展開を可能にした。オーケストラの編成も2管編成（注2）が標準となり、ベートーヴェンはさらに多彩で大規模な編成を要求した。また管楽器のパートは楽曲の構成に欠かせないオブリガート（注3）声部となった。

(注1)　主題動機労作：作曲技法の一種。主題旋律をいくつかの旋律またはリズム動機に分割し、楽曲展開に活用する方法。おもにソナタ形式の推移部、展開部などで用いられる。これによって楽曲全体が主題または主題に由来する動機によって統一された。(後掲譜例1、2、3を参照)

77

◆ハイドンの生涯

ヨーゼフ・ハイドンは1732年3月31日オーストリアのドナウ河畔、ハンガリー国境に近いローラウに、車大工職人の長男に生まれた。後にザルツブルクに行くミヒャエルは4男であった。

(1) 幼年時代（1732～40ころ）についてはあまり多くは知られていないが、5歳になって近郊の町ハインブルクにいる遠縁のフランクに引き取られ音楽の手ほどきを受けた。7歳の時ウィーンの聖シュテファン大聖堂の聖歌隊員となった。
(2) ウィーン時代（1740～58ころ）ヨーゼフは聖歌隊員として教会のミサなどに参加し、一般の学校教育と音楽教育も受けた。しかし変声期を過ぎたヨーゼフは1749／50ころには聖歌隊を去らなくてはならず、モルツィン伯爵家の楽長になるまでの7～8年間は、手近な仕事で生計を立て、宮廷詩人のメタスタージオを知り、作曲家ポリポラの下に身を寄せた。そこではグルックやヴァーゲンザイルに会い、C.P.E.バッハのクラヴィーア・ソナタやフックスの対位法を学んだ。(3) モルツィン伯爵家の楽長時代（1758～60ころ）　居城はボヘミアのルカヴィツェにあったが、冬の時期はウィーンに住んだ。しかし伯爵家の楽団はまもなく財政上の理由から解散される。(4) エステルハージ侯爵家の副楽長時代（1761～66）　かねてからハイドンを迎えたいと考えていたパウル・アントン侯によって副楽長として雇われ、ウィーンの南アイゼンシュタットの居城に行く。62年にパウル・アントンが他界し、弟のニコラウス・ヨーゼフが統治した。そして66年ころからはノイジーデル湖畔の離宮エステルハーザ

フックスの対位法

フックスはウィーンの宮廷礼拝堂楽長や聖シュテファン大聖堂の楽長になるなど、ウィーンにおける宗教音楽の大家。しかし彼はとりわけ音楽理論書『グラドゥス・アド・パルナッスム』(1725)の著者として知られる。この対位法の教則本は各国語にすぐさま翻訳され、またウィーン古典派の作曲家や19世紀ウィーンの対位法理論（ゼヒターやブルックナー）にも多大な影響を与えた。

で1年の半分を過ごすことになる。楽長職にはすでにヴェルナーがおり、ハイドンには教会音楽以外の仕事、すなわち演奏・指揮・作曲、楽員や楽譜の管理など、楽団の一切の仕事が任された。この時期彼は楽団員のための協奏曲、行事用のカンタータを作曲するほか、交響曲も継続的に作曲する。(5) エステルハージ侯爵家の楽長時代（1766～90）　1766年ヴェルナーが他界して、ハイドンが楽長となり、教会音楽、オペラの作曲・演奏という仕事が加わった。1780年代になるとハイドンの作品がウィーンのアルタリア社から出版されるようになり、1785年ころからはモーツァルトとも親交を持ち、弦楽四重奏曲を献呈された。1790年ニコラウス侯が他界。後を継いだアントンは教会と野外に必要な音楽家を除いて楽団を解散し、ハイドンはウィーンへ移った。
(6) ロンドン滞在時代（1791～95）　ヴァイオリニストでありながらロンドンではオーケストラ興行で成功していたザロモンの勧めで、ハイドンは2年間のシーズン中に6曲の新作交響曲とオペラ1曲を作曲・指揮する契約を結んだ（〈ザロモン演奏会〉）。90年12月にウィーンを発ち、

（注2）2管編成：オーケストラ編成の種類。各1対の木管楽器とこれに合う金管楽器、打楽器、弦楽器を備えた編成。
（注3）オブリガート：声部が予め作曲家によって記譜され、任意に付加・削除できないこと。

92年に7月にウィーンに帰った。帰途ボンではベートーヴェンに会った。そしてこの最初のザロモン演奏会の成功によって再度94年と95年のシーズンの演奏会も開催された。(7) ウィーンの晩年時代(1796～1809) エステルハージ家では侯爵位がニコラウス2世に代わり、再びハイドンが楽長となった。しかし職務はわずかであった。96年からオラトリオ《四季》を、99年からは《天地創造》を作曲し、一連の弦楽四重奏曲の完成をもってハイドンはおもな作曲活動を終えた。

◆ハイドンの交響曲

モルツィン伯爵家の楽長となる1757／58年ころから2度めのロンドン滞在すなわち1795年までハイドンは一貫して交響曲を作曲し、106曲を残している。

モルツィンの楽長時代の曲は5曲と推測され(第1～5番)、2オーボエと2ホルンそして弦楽という、前古典派の標準的な編成である。

エステルハージの楽長時代以降の創作は1761年から84年までの期間と、1786年から95年までの期間とに分けられる。前者はエステルハージ家の楽団のために作曲された作品で、第6番から第81番までの76曲が含まれる。24年間におよぶこの創作において、古典派の交響様式は確立された。《朝》《昼》《夕》の標題をもつコンチェルト・グロッソ様式の最初期の交響曲(第6～8番)、1765年から72年の間に作曲され〈シュトルム・ウント・ドランク〉(注4)を表現する7曲の短調交響曲(第34、35、39、44、45、49、52番)を経て1755年以降ではメヌエットを第3楽章とする4楽章制が確立され、楽器編成も1フルート、2オーボエ、2ファゴット、2ホルン、弦楽が定型となり、作曲の形式や様式も堅固なものとなっていった。

後者は外部からの依頼によって作曲されたもので、曲集をなしている。ここには、《パリ交響曲》(第82～87番)、《トスト交響曲》(第88～89番)、《ドーニ交響曲》(第90～92番)、そして12曲の《ザロモン交響曲》(第93～104番)(注5)の23曲が含まれる。作曲様式はより精巧となり、とくに第88番は少ない素材から楽章を構成し、第90番以降では古典派の交響様式が完成に至る。とくに第92番《オックスフォード》は有名。オーケストラ編成も《ザロモン交響曲》ではフルートは2本となり、第2期ではクラリネット2本が加えられ、いわゆる2管編成の様式が確立される。

図1　ハイドンの肖像

(注4) シュトルム・ウント・ドランク：〈疾風怒濤〉と訳され、フランス啓蒙主義思想の合理性追求に反対して、18世紀の後半ドイツで起こった文学運動。人間の自然の感情やその発露を重要視し、ゲーテの『若きウェルテルの悩み』は代表的な作品。音楽においても同様な傾向が1760～70年代のハイドンやC.P.E.バッハの交響曲に指摘できる。

(注5) ザロモン交響曲：通算4年に及んだザロモンの演奏会で初演された12曲の交響曲(第93番から104番)。エピソードやニックネームをもつ曲が多い。《驚愕》(第94番)、《奇蹟》(第96番)、《軍隊》(第100番)、《時計》(第101番)、《太鼓連打》(第103番)、《ロンドン》(第104番) がある。

第1部　西洋音楽史

◆ハイドンの弦楽四重奏曲

　交響曲と並んで重要なジャンルである弦楽四重奏曲は67曲である。

　作品1と2の10曲は1757〜59年（もしくは1760〜62年）の作品で、2つのメヌエットをもつ5楽章のディヴェルティメントである。1770〜72年に作曲された作品9、17、20では曲はエステルハージの楽団の優れたメンバーを念頭に書かれており、声部書法も精巧さを増した。とりわけこの作品20でもってハイドンはこの分野での古典的な様式を完成させた。

　これよりおよそ10年後に作曲されアルタリア社から出版されたのが《ロシア弦楽四重奏曲》(1781)である。ハイドン自らが「まったく新しい特別の方法によって作曲した」と語ったこれら6曲は、ウィーンに定住し始めたばかりのモーツァルトに大きな影響を及ぼした（譜例1を参照）。以後《プロイセン》(作品50)、《第1、2トスト》(作品54〜55、64)、《アポニー》(作品71、74)までが、エステルハージ時代からロンドン時代の作品で、ロンドンの演奏会でも演奏された。2回のロンドン旅行を終えてからの作品が《エルディーディ》(作品76)、《ロプコヴィッツ》(作品77)で、楽章内や楽章間の調構成などには新しい試みがなされている。

◆ハイドンの声楽曲

　ミサ曲は12曲あり、うち6曲はエステルハージ時代の作品。残り6曲はロンドン旅行以後の1796〜1802年、エステルハージ侯妃の命名祝日のミサ用に作曲されたもので、《戦時のミサ》《ハイリヒ・メッセ》《ネルソン・ミサ》《テレジア・ミサ》《天地創造ミサ》《管楽ミサ》の異名で知られている。また同じ時期、ロンドンでヘンデルのオラトリオを聴いたことから、

　譜例1　ハイドン、弦楽四重奏曲作品33−2より。第1ヴァイオリンが奏する主題旋律の2小節目のリズム動機が楽章の展開においては、積極的に活用されている。すべての声部に配置され、対位法的なテクスチュアとなっていることに注意したい。

　(注6) 1763年9月から66年11月までモーツァルト一家が行ったパリ、ロンドン方面の旅行。ドイツではヨメッリやマンハイム楽派の面々に、パリではシューベルトやエッカルト、ロンドンではJ. Chr.バッハとアーベルに会い、多くの影響を受けた。この間作曲もし、パリでは《ヴァイオリン伴奏付クラヴィーア・ソナタ》(K6〜9)を出版し、ロンドンやオランダでは交響曲を作曲した。

オラトリオ《天地創造》と《四季》が作曲された。台本はいずれもスヴィーテン男爵の訳・編によった。ミサ曲およびオラトリオは、ウィーン古典派の交響様式を基礎に、独唱、合唱の声楽様式を巧みに結合し、古典派の宗教音楽の典型となった。

エステルハージ時代には宮廷行事に際してイタリア語のオペラ12曲が作曲された。またザロモンとの契約で《哲学者の魂》を作曲したが、作曲者の生前には上演されなかった。

◆モーツァルトの生涯

ヴォルフガング・アマデーウス・モーツァルトは1756年1月27日ザルツブルクに生まれた。父レオポルトは姉のナンネルルとともにヴォルフガングの優れた才能を認め、神から授けられたこの神童を大成させることを使命とした。

モーツァルトの生涯は2つの時期に分かれる。前半は家族ともども、あるいは父親や母親とヨーロッパの各都市を旅した時期である。1762年から81年まで、彼が6歳から25歳までの時期にあたる。後半はザルツブルクの宮廷音楽家の職を辞し、ウィーンで〈自由音楽家〉として活動した時期で、1781年から没年の91年まで、彼が25歳から35歳までの時期にあたる。

ザルツブルク時代の旅行の目的は神童を披露するための演奏会の開催（1762年のミュンヒェン、ウィーンへの旅行、1763年から66年までの〈西方への大旅行〉［注6］）、オペラの上演（1769年から73年までの3回のイタリア旅行）、就職探し（1777年のマンハイム・パリ旅行）と、ヴォルフガングの成長とともに変わった。またレオポルトが綿密に計画した旅行ルートには、当時すなわち前古典派時代に重要な音楽都市のすべてが含まれていた。少年モーツァルトがその土地々々で活躍する音楽家たちから多くを吸収したことはいうまでもない。

〈自由音楽家〉としてのウィーンでの生活は、ピアノを教え、自作品を披露する演奏会を開催し、また出版もした。1782年にはかつての恋人アロイジアの妹コンスタンツェと父親の反対を押し切って結婚した。84年にはハイドンと知り合い、多大な影響を受ける。またハプスブルク帝国の外交官で音楽愛好家のスヴィーテン男爵との交友も重要であった。ベルリン駐在中にバッハやヘンデルの楽譜を収集し、ウィーンではこれら2人の音楽だけを演奏する私的演奏会を毎日曜日に開いた。モーツァルトはこの演奏会でドイツのバロック音楽に接した。1784年12月には秘密結社フリーメーソン（注7）のウィーン・ロッジに入会し、結社のために作曲もした。《魔笛》もフリーメーソン劇であるといわれている。

1787年には《フィガロの結婚》と《ドン・ジョヴァンニ》を成功させ、11月にはグルックが他界したことで、宮廷作曲家の称号を得た。だがこのころからモーツァルト家の収入が激減していく。89年には北ドイツ旅行を試み、90年には新皇帝レオポルト2世の戴冠式がフランクフルト・アム・マインで行われるとあって自費で参加したが、さしたる成果を得ることもできなかった。ロンドン旅行の誘いもあったが実現せず、ロンドンに出発するハイドンを見送った。翌年3月最後となる公開演奏会でピアノ協奏曲変ロ長調を披露したが、その後はアウフ・デ

（注7）フリーメーソン：18世紀初頭イギリスで創設され、「自由、平等、博愛」を掲げる団体。位階制度をもち、多くの知識人が入会した。

第1部　西洋音楽史

ア・ヴィーデン劇場の興行主シカネーダーの依頼によるジングシュピール《魔笛》、プラハでのレオポルト2世のボヘミア王戴冠式の祝賀用オペラ・セリア《ティトゥス帝の慈悲》、さらにシュトゥパハ伯爵からの《レクイエム》と作曲に追われたが、レクイエムの完成をみぬまま、12月5日病死した。

◆モーツァルトの声楽曲

　宗教曲の多くはザルツブルク時代に作曲され、《孤児院ミサ》（K139）、《戴冠式ミサ》（K317）などのミサ曲（18曲）、典礼小品約20曲、宗教的ジングシュピールなど4曲がある。ウィーン時代の作品では教会音楽を作曲する義務から解放された結果、未完のミサ曲ハ短調、《アヴェ・ヴェルム・コルプス》、《レクイエム》、そしてフリーメーソン結社のためのカンタータ4曲のみである。しかしながら1788年ころから没年にわたってモーツァルトがかなりの程度教会音楽に関心をもち、作曲に従事していたことも最近明らかにされた。作風はホモフォニーの様式を背景にオペラ風の華麗な旋律をくり広げる古典派ミサ曲の典型であるが、ウィーン時代の作品では対位法様式の展開に優れている。

　11歳から没年に至るまでモーツァルトは劇音楽を作曲し、およそ20曲がある。イタリア語のオペラ・ブッファとしては若いころの《みてくれの馬鹿娘》、ウィーン時代の《フィガロの結婚》、《ドン・ジョヴァンニ》、《コシ・ファン・トゥッテ》があり、同じくイタリア語のオペラ・セリアとしては、イタリアで初演した《アルバのアスカーニオ》と《ルチオ・シッラ》、さらに《クレタの王イドメネオ》と

スヴィーテン男爵

　父はマリア・テレジアの侍医。自身は外交官としてヨーロッパ各都市を回る。70年からベルリン大使となり、77年からウィーンに帰り、宮廷図書館長などを歴任した。音楽家とのつながりも多く、C.P.E.バッハに弦楽交響曲の作曲を依頼したり、ハイドンのオラトリオ《四季》《天地創造》の歌詞を翻訳・編集した。さらにベートーヴェンは交響曲第1番を男爵に献呈している。

《ティトゥス帝の慈悲》がある。ドイツ語のジングシュピールとしては《バスティアンとバスティエンヌ》、ウィーン時代の《後宮からの誘拐》と《魔笛》がある。

　そのほか、演奏会用アリア（約60曲）、重唱曲／合唱曲（約20曲）、歌曲（約30余曲）、カノン（約30曲）がある。

◆モーツァルトの器楽曲

　器楽のなかでもっとも重要なジャンルは交響曲である。8歳ごろロンドンでバッハやアーベルを手本にしてから1788年の〈3大交響曲〉（注8）まで、およそ50曲が作曲された。ウィーン時代の曲は6曲と少ない。大半を占めるザルツブルク時代の曲は旅行の先々の様式を反映し（たとえば最初のイタリア旅行で作曲された5曲［注9］）、楽章構成においてもオペラ序曲のシンフォニア型（3楽章）とメヌエット楽章を含むドイツ・オーストリア風の交響曲（4楽章）が混在し、交響曲の成立過程を反映している。交響曲ときわめて近いジャンルがセレナード、ディヴェルティメント、カッサツィオンで、楽章数は多く、祝祭や娯楽を目的に作曲された機会音楽である。約20曲ほどあるが、後に交響曲に転用された《ハ

（注8）3大交響曲：1788年に作曲された最後の交響曲。第39番変ホ長調（K543）、第40番ト短調（K550）、第41番ハ長調《ジュピター》（K551）の3曲である。
（注9）最初のイタリア旅行で作曲された5曲：K81、97、95、84、74

フナー・セレナード》、ウィーン時代の作となる《アイネ・クライネ・ナハトムジーク》が有名である。このほか行進曲や舞曲も多数ある。

協奏曲はピアノ以外の楽器のための曲（約20曲）とピアノのための曲（約25曲）に分かれ、前者は特定の演奏家のために、後者は主に作曲者自身のために作曲された。前者ではザルツブルク時代の7曲のヴァイオリン協奏曲、マンハイム・パリ旅行中のフルートやハープのための協奏曲、ウィーン時代の4曲のホルン協奏曲が知られている。これに対してピアノ協奏曲はザルツブルク時代は有名な《ジュノム協奏曲》を含む6曲のみで、ウィーン時代の1782～86年に多い。ハイドンが交響曲の成立に果たした役割をモーツァルトはこのピアノ協奏曲において果たしたといわれるように、形式・表現において古典的な完成に達している。

室内楽では弦楽四重奏曲が重要である。約23曲あるうち、13曲がイタリア旅行期ならびに1773年のウィーン旅行で作曲され、残りはウィーン時代の作である。ハイドンに献呈された《ハイドン・セット（注10）》6曲、時のプロイセン王フリードリヒ・ヴィルヘルムに献呈された《プロイセン王》（3曲）が有名である。ハイドンの弦楽四重奏曲作品33の影響を受けたウィーン時代の作品では、それまでの上声部優位のホモフォニー様式を脱し、4つの声部が均等に主題や主題に由来する素材を展開する（後掲譜例2を参照）。そのほか五重奏曲、三重奏曲、二重奏曲、ヴァイオリン・ソナタなどさまざまなジャンルで作曲が行われ、とくにピアノが重要な役割を果たしているのが特徴的である。

モーツァルトが生きた時代はピアノの改良期にあたり、次々により優れたピアノが製作されていた。モーツァルトはこの新しい楽器のために、ソナタ、変奏曲、幻想曲、ロンドなどを作曲した。《ザルツブルク・ソナタ》（K279～84）、マンハイム・パリ旅行中のソナタ（K309～11）を除いて、残り約14曲はすべてウィーン時代の作品である。

◆ベートーヴェンの生涯と作品

ベートーヴェン（図2）は1770年12月16日、ボンの選帝侯宮廷のテノール歌手を務めるヨハンと妻ライムの子として生まれた。彼の生涯と創作はまず、ボン時代（1770～92）とウィーン時代（1792～1827）に大別される。

ボン時代には父親から音楽を教わり、早くから音楽の才能を発揮した。1778年には「6歳」と偽って、初めて演奏会に出演した。このころの音楽教師としては

図2　ベートーヴェンの肖像

(注10) ハイドン・セット：ハイドンに献呈された6曲の弦楽四重奏曲。K387、421、428、458（《狩》）、464、465（《不協和音》）。

宮廷オルガン奏者のネーフェが重要で、彼は作曲の手ほどきをし、またJ.S.バッハやC.P.E.バッハの音楽を教えた。84年には無給ながら宮廷オルガン奏者の助手となり、87年に初めてウィーンに行った。おそらくモーツァルトに会ったであろうが、教授を受けるには至らなかった。母親の危篤の知らせがボンから届き、滞在は2週間足らずとなった。

89年にはボン大学に入学し、劇場ではヴィオラを弾いた。90年にはロンドンに向かうハイドンがボンを訪れたが、ベートーヴェンが会ったかどうかはわからない。しかし92年のウィーンへの帰途ではベートーヴェンは2年前に作曲した声楽曲を見せ、ウィーンのハイドンの下で学ぶ許可を得た。マクシミリア・フランツ選帝侯も1年間の滞在を認めた。このボン時代の作品としては、マンハイムの作曲家やC.P.E.バッハの影響が色濃いクラヴィーア用の《選帝侯ソナタ》（3曲）、演奏家としてのベートーヴェンを想起させる《リギーニのアリエッタによる24の変奏曲》、モーツァルトのヴァイオリン・ソナタをモデルに作曲された《クラヴィーア四重奏曲》（3曲）があり、《皇帝ヨーゼフ2世の死を悼むカンタータ》と《皇帝レオポルト2世の即位を祝うカンタータ》の2曲のみが大作であるが、ここにもモーツァルトやホルツバウアーの影響がみられる。ボン時代のベートーヴェンはまだ交響曲やピアノ協奏曲などウィーン古典派のジャンルを作曲するには至っておらず、彼のウィーン行きを支援したひとりヴァルトシュタイン伯爵が彼に贈った次の言葉は意味深い。「不断の努力によって、ハイドンの手からモーツァルトの精神を受け取り給え」。

ヴァルトシュタイン伯爵

マリア・テレジアの末息子で1784年からケルン選帝侯となったマクシミリアン・フランツ大公に、ウィーンから随行してボンに来ていた伯爵。早くからベートーヴェンの才能を認め、ウィーン行きを支援した。ウィーンに行ってリヒノフスキー公、ロプコヴィッツ公などの貴族たちとの知己をすぐさま得られたのも伯爵に負うところが大きい。ベートーヴェンはピアノ・ソナタハ長調（作品53）を献呈している。

ウィーン時代の生涯と創作は前期（1792〜1801）、中期・前半（1802〜08／09）、中期・後半（1808／09〜12）、後期（1813〜27）の4時期にまず分けることができる。ベートーヴェンにあっては、伝記上の出来事と創作区分とが一致しているのが特徴で、1802年には有名な〈ハイリゲンシュタットの遺書〉（注11）が書かれ、1808／09年にはヨゼフィーネ・ダイムとの失恋、10年にはテレーゼ・マルファッティとの失恋が続く。そして1812年には〈不滅の恋人〉アントニエ・ブレンターノとの失恋に至り、これら日常の出来事がベートーヴェンの創作上の転換をもたらした。

ウィーン時代前期では、ハイドン、シェンク、アルブレヒツベルガーの下で対位法を2年半ほど学ぶが、同時にピアノ演奏家として活躍する。95年初めて公開演奏会に出演し、《ピアノ三重奏曲》（作品1）、《ピアノ・ソナタ》（作品2）を出版した。これらの作品は交響曲のような4楽章をもち、コーダ部分は充実し、メヌエットはスケルツォに代えられるなど、ギャラントな傾向は完全に克服された。さらには交響曲第1、2番、弦楽四重奏

（注11）　1802年10月6日と10日に、ベートーヴェンが2人の弟にあてて書いた遺書。この年の5月からウィーンの近郊のハイリゲンシュタットにいて作曲に専念しており、その地の名前にちなんでこのように呼ばれている。しかし内容は本来の遺書ではなく、すでに4、5年前から彼を悩ませていた難聴の危機を乗り越え、作曲家としての使命を全うすることを決意している。

第 8 章 古典派

譜例 2　モーツァルト　弦楽四重奏曲《ハイドン・セット》第 1 曲より。楽章の展開において、主題の一部を活用する方法は、ハイドンからの影響が大きい。

譜例 3　ベートーヴェン　交響曲第 6 番《田園》より。標題交響曲においても、主題の動機の活用は古典派の音楽の本質的な特徴である。特にベートーヴェンは、動機を一貫して連続的に用いることで、ダイナミックな展開を創造した。

譜例 4　ベートーヴェン　ピアノ・ソナタ第 31 番より。本来声楽の歌唱法であったレチタティーヴォが器楽で用いられている。異名同音の転調や表出的な旋律、さらに前後との不連続な展開が、彼の後期様式の特徴のひとつとなっている。

85

第1部　西洋音楽史

曲（作品18）といった古典派の中心的ジャンルでの創作を試み、モーツァルトやハイドンの伝統を越え、形式や様式面での新しい領域の拡大が模索されている。例えばピアノ・ソナタ（作品26）では本来の第1楽章が省略されていたり、有名な《月光ソナタ》を含む2曲のピアノ・ソナタ作品27は、《幻想風ソナタ》と題され、ソナタとファンタジーの融合が試みられている。

　中期・前半においては〈ハイリゲンシュタットの遺書〉以後、ベートーヴェンの作風は劇的・英雄的な様式へと変わり、次々と新しい作品が生み出された。この時期の代表作が交響曲第3番《エロイカ》（1803〜04）とオペラ《フィデリオ（第1稿）》（1804〜05）である。たとえば《エロイカ交響曲》の第1楽章では、冒頭に提示される主題、すなわち主和音の分散和音は限りなく変奏され、性格の異なる主題を導く。音楽は枠組としてのソナタ形式に従って音楽は形式化されるのではなく、持続する経過のなかで生成・発展した。その結果ひとつの楽章は今までになく拡大された。この後、交響曲では第4、5、6番、ピアノ協奏曲第4番、ヴァイオリン協奏曲などが作曲され、とり

わけ《運命》《田園》の交響曲では動機的主題による楽章の展開（前掲譜例3を参照）が実現された。中期・後半は特異な〈後期様式〉への移行期とみなすことができる。ここでは楽章の主題性が再び確保され、歌謡的で叙情的な旋律が主題として用いられる。交響曲第7、8番、ピアノ協奏曲第5番《皇帝》、ピアノ・ソナタ《告別》、ピアノ・トリオ《大公》、弦楽四重奏曲の《ハープ》や《セリオーソ》がこの時期の代表作である。

　後期のベートーヴェンの様式は来るべきロマン派音楽と共有する傾向と対位法や変奏を好む傾向という、相反する傾向をもつ。そのため音楽の部分は極度に表現性を高め、急激な転調、テンポやテクスチャーの変化が曲の連続性を中断する（譜例4を参照）。この〈後期様式〉に属する作品としては、《ハンマークラヴィーア・ソナタ》を含む6曲のピアノ・ソナタ（作品90、101、106、109、110［前掲譜例4を参照］、111）と《ディアベッリ変奏曲》、《大フーガ》を含む6曲の弦楽四重奏曲（作品127、130、131、132、135、133）、交響曲第9番、《ミサ・ソレムニス》などがある。

（久保田慶一）

© 1996 by Keiichi Kubota

第9章　ロマン主義前期

◆ロマン主義音楽の時代

　音楽におけるロマン主義は19世紀に入ると間もなく始まった。このころ、フンメルやヴェーバーといったロマン主義の最初の作曲家たちが、それぞれ個性的な作品を発表し始めたのである。1800年代の最初の約30年間にはまだベートーヴェンが活躍していたが、彼の後期の作品のなかには、ロマン主義音楽の特徴とされる要素の多くを認めることができる。

　ロマン主義的傾向の音楽は18世紀にもみられた。もっとも顕著なのは、エマヌエル・バッハに代表される〈シュトゥルム・ウント・ドラング〉である。またモーツァルトの、とくに後期の作品は明らかにロマン主義的である。しかしこれらはあくまでも先駆的な現象ないしは18世紀音楽の特別な一側面とみなすべきである。

　一方、ロマン主義時代の終わりは1910年前後と考えることができよう。このころ、マーラーが最後の交響曲を完成させ、シェーンベルクが無調の作品を書き始めるからである。R．シュトラウス、ドビュッシーやラヴェルはこれ以後も作曲を続けるが、彼らの活動と並行してストラヴィンスキーの《春の祭典》やベルクの《ヴォツェック》など、新しい時代を象徴するような作品が次々と生まれていく。

　1800年ころから1910年ころまでの間には、単純に〈ロマン主義〉と見なすことができないような音楽もある。しかしここでは、この時代の音楽を〈ロマン主義〉という標題のもとで扱うことにしたい。

◆ロマン主義の語源と意味

　〈ロマン主義〉あるいは〈ロマン的〉という言葉は、〈ロマンス〉という言葉に由来する。ロマンスは、ラテン語から派生した古い言語〈ロマンス語〉で書かれた詩や物語のことであり、奇想天外な冒険物語や空想的な内容を特徴としていた。このことから〈ロマン的〉という形容詞は〈不思議な〉〈現実離れした〉というような意味で使われるようになった。

　〈ロマン主義〉という用語は、歴史的には18世紀とは対照的なひとつの時代を意味している。18世紀が啓蒙主義的な考え方に基づき、理性や普遍性、規範的な秩序、形式的均衡を尊重する時代だったのに対して、ロマン主義の時代は感情と直感、強烈な表現力と想像力、偉大な主観性と個性を重視した。

　ロマン主義芸術の諸要素のなかでもっとも特徴的なもののひとつは〈無限への憧れ〉である。〈無限〉とは永遠であり、過去であり、未来でもあり、はるか遠い国々でもある。いずれにせよロマン主義者たちは、現実の世界を超えることによって、現実の世界に密着したままでは捉えることのできない超越的なもの、宇宙の真理、人間の生の本質への予感あるいは理解を獲得し、芸術作品のなかで表現しようとした。

◆ロマン主義時代の一般的特徴

　ロマン主義時代においては、様々な芸

87

術分野のなかで、音楽がもっとも根源的な芸術であるとされた。音楽は非物質的な音という素材を用い、具体的なものの描写という手段からもっとも遠い芸術であるから、ほかのどの芸術よりも無限なるものの表現に適していると評価されたのである。また音楽は時間のなかに存在し、時間とともに展開する芸術であるから、人間の精神や感情の様々な段階、変化や運動を体現することができると考えられた。

そのような音楽のなかでも、とくに器楽作品にはもっとも高い地位が与えられた。器楽作品は言語や絵画的イメージなどの音楽以外の手段を借りずに、音と作曲家の創造力だけによって、無限なるものの源泉から汲みとった霊感を表現することができるからである。こうした純粋な器楽の最高段階は、〈絶対音楽〉と呼ばれた。

音楽家と聴衆の関係という面で、19世紀には大きな変化を認めることができる。18世紀以前において、ほとんどの音楽家は王室や貴族、教会などの保護下におかれていた。ところが、18世紀後期にブルジョアジーが社会の富と実権を握ると、保護制度は衰退し、音楽家の多くは、コンサートなどに集まってくる不特定多数の聴衆を相手に活動するようになった。このような社会状況のなかで、作曲家が自らの存在意義を社会に認めさせ、収入を得るためには、大衆に強くアピールする独創性をもたなければならない。したがって19世紀は強烈な個性の時代になった。

演奏の分野では、きわめて高度な技能を身につけた名人芸的演奏家、すなわち〈ヴィルトゥオーソ〉が多くの聴衆から絶大な人気を集めた。ヴィルトゥオーソがヨーロッパ中で持てはやされるという現象の発端になったのはパガニーニである。彼はリスト、シューマン、ショパンをはじめとする19世紀の多くの作曲家に大きな影響を与えた。

19世紀には歴史主義と呼ばれる思潮が一般化した。社会や文化、そして音楽は歴史的に発展する存在であり、歴史的な観点から理解・評価されなければならないとする考え方がそれである。また過ぎ去った時代の音楽作品の歴史的意義を、学問的に解明しようとする気運が高まった。

民族意識の高揚も重要な側面であり、さまざまな民族において、それぞれに固有の文化が探求された。音楽の分野では民謡や民族舞曲などが各民族の音楽的ルーツとして意識され、その旋律やリズム、雰囲気などが、芸術音楽のなかで活用されるようになっていった。

◆ロマン主義音楽の様式

ロマン主義時代は個性的な音楽様式が対立し合いながら併存した時代だった。したがってこの時代全体の統一的な様式をまとめることは難しいが、さまざまな個性にある程度共通の特徴を拾い上げてみることはできる。

この時代は古典派時代から様式や形式の多くを受けついている。旋律は音楽のいろいろな要素のなかでもっとも優位なものとされ、4小節や8小節を単位とする楽節構造が基本とされた。リズムは小節線で区切られた拍子が基礎である。音組織は調性に基づいている。形式においてはソナタ形式・2部形式・3部形式などを、また交響曲・弦楽四重奏曲・ソナ

第9章　ロマン主義前期

タなどさまざまな形態をとった多楽章形式を引き継いでいる。ジャンルも古典派と共通するものが少なくない。

◆ロマン主義の旋律

しかしロマン主義独特の現象もある。古典派に比べて、一般にロマン主義の器楽作品の旋律は抒情的で長く、歌うような性格が強い。もともと歌曲の旋律であったものが器楽曲の旋律素材になっている例も少なくない（シューベルトの《さすらい人幻想曲》やブラームスのヴァイオリン・ソナタ第1番など）。きわめて幅広い音域や跳躍進行を用いた旋律もある（譜例1）。19世紀後半には、楽節の区切りや対照性が弱く、長々と紡ぎ出されるような旋律が増えてくる。

旋律は個性や情緒表現がもっとも伝わりやすい要素であるため、どの作曲家も表現豊かで魅力的な旋律を創り出すことに苦心した。また旋律は作品を統一したり劇的に形成したりするために有効な手段となるので、多楽章作品においては、明白なやり方でひとつの動機から幾つもの旋律を生み出したり、ある楽章の旋律を別の楽章に再登場させたり、終楽章で先行楽章の旋律を回想したり、劇的に復活させたりといった方法が、たびたび用いられた。

◆ロマン主義のリズム

ロマン主義のリズムが変化に乏しく、単調に陥りやすいことは、たびたび指摘されてきた。シューベルトの弦楽四重奏曲第15番の終楽章はその一例である。舞曲の特徴をもつパターン化したリズムが使われることも多い。特定のリズム型を好む作曲家もいる（たとえばブルックナーの ♩♩♩♩ というリズム・パターン）。分割の種類が異なるリズム・パターンを混ぜあわせたり、シンコペーションを多用したりというようなリズムの手法は、時代の経過とともに複雑化した（次ページの譜例2）。

◆ロマン主義の和声

調性は初期から拡大傾向をはっきりとみせる。調の選択や使用の幅が広がったことは、その一側面である。短調の比率が目立って増え、楽譜でシャープやフラットを多く必要とする調が用いられ、遠い関係にある調への転調が頻繁に起こるようになる。そうした転調の手段に、半音階的進行とエンハーモニック（異名同音）的な転調がある（後掲譜例3）。

多楽章作品において、楽章の調が遠い関係で設定されていることもある。たとえば譜例3の変ロ長調ソナタでは、第2

譜例1：メンデルスゾーン、弦楽八重奏曲変ホ長調（1825）から第1楽章の第1主題。音域が3オクターヴ以上にわたる。

第1部　西洋音楽史

譜例2：ブラームス、ヴァイオリン・ソナタ第1番(1879)から第1楽章、Vivace ma non troppo、4分の6拍子。
(a) 11〜13小節。ヴァイオリンとピアノは実際にはたがいに異なる拍子で動いているだけでなく、どちらもこの楽章の基本拍子である4分の6拍子からずれている。

(b) 118〜120小節。ヴァイオリンとピアノの右手パートは基本の4分の6拍子からはずれ、2分音符を基本の拍として動く。しかもピアノの右手パートの方がヴァイオリンより半小節遅れて、小節線を無視した動きになっている。

譜例3：シューベルト、ピアノ・ソナタ変ロ長調(1828)から第1楽章、44〜48小節。

第 9 章　ロマン主義前期

譜例 4：シューベルト、弦楽五重奏曲ハ長調（1828）から第 1 楽章、1～9 小節。

譜例 5：(a)はスクリャービンが 1900 年代はじめごろから使った神秘和音。(a')は(a)を増 4 度上に移し替えたもの。
(b)は《アルバムのページ》作品 58（1910）の冒頭、(a')が使われている。

楽章が嬰ハ短調である。調関係においては 3 度関係の調が近親調として用いられ、同主調どうしが頻繁に交替する現象がみられる。

　和声に関しては借用和音（一時的に近親調の和音を用いること）、減七の和音、変化和音（とくに増六の和音）がさかんに使われるようになる。減七の和音は遠隔転調の軸として役立つほか、ドミナントの強調や微妙な音色表現の手段としても利用された（譜例 4）。こうした和音を多用すると、半音階的進行が増加するだけでなく、転調やそれに準じた効果が頻発して、調の中心が曖昧になる。

　そのもっとも極端な例のひとつがヴァーグナーの楽劇《トリスタンとイゾルデ》である。この作品では、1 幕の間、完全終止による調の確立がほとんど行われず、声部の半音階的進行にともなって和音が変化し、連続的に転調する（次章の譜例

1）。このような和声は 20 世紀へ向けて調性の崩壊を加速させる誘因になった。また和音構造の複雑化もみられる。スクリャービンの神秘和音はその一例である。（譜例 5）。

◆ロマン主義の形式

　古典派時代と同様、ロマン主義時代においても、もっとも重要な形式はソナタ形式だった。この時代にはベートーヴェンの作品を手本として、「提示部（第 1 主題と第 2 主題）―展開部―再現部」という図式に則ったソナタ形式が数多く作曲された（注 1）。

　一方この図式とは異なる個性的なソナタ形式も少なくない。とくにロマン主義の作曲家たちが得意とする長くて抒情的な旋律は、主題を短い部分に分解して処理したり対位法的に扱ったりする展開という技法になじみにくかった。作曲家は

（注 1）　ソナタ形式：19 世紀前半に書かれた作曲法に関するいくつかの手引書のなかで、上述の図式を用いた作曲の方法が説明されている。〈ソナタ形式〉という用語が初めて使われたのも、こうした作曲法の教科書においてだった。

この問題に頭を悩ませ、それぞれ独自に工夫をこらした技法によってその解決を得ようとした。

二部形式や三部形式はおもに抒情的な小曲や歌曲、舞曲的な楽曲などに使用された。複合3部形式には、その変形として中間部（トリオ）を2種類ももつものがみられる。多楽章作品においては、ひとつの楽章のなかに遅いテンポの主部と速いスケルツォ風のトリオを組み合わせ、緩徐楽章とスケルツォ楽章を兼ねる例もある。比較的規模の大きな2部形式などには、ソナタ形式の図式の影響が認められることがある。

◆ロマン主義のジャンル

いろいろなジャンルのなかでは、とくに歌曲が著しい発展をみせ、性格的小品（キャラクター・ピース）が流行し、標題音楽が新たに開拓されたことが目をひく。

ピアノ伴奏歌曲はすでに前古典派時代に生まれ、発展してきていた。ロマン主義の時代になると、歌曲は表現に繊細さを加え、ピアノ・パートの表現力が増し、さまざまな国や民族の特色が反映されて、質的にも量的にも中心的なジャンルになった。

歌曲はドイツでは〈リート〉と呼ばれたが、フランスでは19世紀前半に〈ロマンス〉と呼ばれることが多く、後半には〈メロディ〉という名称が生まれた。オーケストラを伴奏にした歌曲も書かれた。

性格的小品はピアノ用に作曲された抒情的な小曲であり、器楽の分野において、声楽における歌曲と同じような位置をしめる。曲の規模はさまざまであるが、一般にあまり大きくなく、印象的なイメージや感情を繊細なタッチあるいは情熱的

な調子で表現していて、個人的な表出の性格をもっている。いろいろな個性的な題名がつけられていて、2部形式や3部形式などの単純な形式が多く、独立した1曲として作曲されることもあるが、組曲のかたちでまとめられたものもある。舞曲や練習曲なども性格的小品の一種とみなすことができる。

標題音楽は、詩や物語、歴史上の事件、絵画的なイメージ、海や川などの風景、哲学的な思索などと密接に関連した音楽である。作品の着想のもとになった詩や物語の要約、イメージを記述した文章などを楽譜に印刷している場合もある。

19世紀における標題音楽の先駆けとなったのはベートーヴェンの《田園交響曲》だと考えられる。またロマン主義音楽は初期の段階から標題音楽的な傾向をもっていたともいえよう。ロマン主義における標題音楽の創作が本格化するのはベルリオーズの《幻想交響曲》からである。リストの作品集《巡礼の年　第1年・スイス》は、ピアノのために作曲された標題音楽である。また彼は〈交響詩〉を創始し、多くの作曲家がこれを手がけることになった。

「交響詩」

標題音楽の一分野で、オーケストラのために作曲した音楽作品をいう。ふつうは1楽章形式であり、複数の楽章からなるものは「標題交響曲」と呼ばれることがある。交響詩は1850年ころリストが創始した。その後、スメタナやボロディンなどの国民主義の作曲家、サン＝サーンスやフランクなどのフランスの作曲家がこの分野に作品を残した。ドイツ系の作曲家では、R.シュトラウスが19世紀末に《ドン・フアン》など、7曲を作曲した。

第9章　ロマン主義前期

◆シューベルト

　ロマン主義最前期の作曲家のなかでもっとも重要な人物が、作品の質の高さと後世への影響の点でシューベルトであることは疑いない。シューベルトはウィーンで生まれ、活動し、亡くなったが、その価値が広く認められることは、生前はほとんどなかった。彼の音楽の特色は、何よりも自然な抒情性をそなえた旋律の美しさにある。和声的な色彩感覚にすぐれていることも彼の特徴である。

　シューベルトの業績の中心は600曲をこえる歌曲にある。歌曲の作曲を始めたのは10代半ばのことであるが、すでに17〜18歳のときに《糸を紡ぐグレートヒェン》《魔王》などの代表作が生まれた。後期には《美しき水車小屋の娘》(1823)と《冬の旅》(1827)という連作歌曲の傑作がある。

　シューベルトは歌曲において有節形式、変奏有節形式、通作形式、3部形式、前半と後半に分かれる形式、それらの変化形など、歌曲として考えられるあらゆる形式を、歌詞の形式と内容に合わせて用いた。彼の歌曲の重要性は、旋律の魅力はもちろんのこと、ピアノに音楽表現の大きな役割を担わせたことにある。彼が書いたピアノ伴奏には有名な《野ばら》(1815)のように単純なものもあるが、絵画的なイメージを描く音型や多様な和声的手法によって、詩の深い情緒内容を表現したものが多い。

　器楽作品では、古典派の形式に基づきながら、抒情性にあふれたシューベルト独自の境地を確立した。とくに後期の作品が傑作として知られる。ロ短調の《未

図1　シューベルトを囲む音楽の夕べ〈シューベルティアーデ〉の様子

完成》交響曲とハ長調の大交響曲、第13番以降の弦楽四重奏曲(イ短調、ニ短調、ト長調)と弦楽五重奏曲、遺作となった3つのピアノ・ソナタ(ハ短調、イ長調、変ロ長調)などがそれである。

◆メンデルスゾーン

　ロマン主義の次の段階は1810年ごろに誕生した作曲家、メンデルスゾーン、シューマン、ショパンによって代表される。

　メンデルスゾーンはハンブルクに生まれ、作曲ばかりでなく指揮や教育においても大きな足跡を残した。彼の作風の特徴は、古典派の伝統を受けつぐバランスのとれた形式でロマン的な情感を表現したことにある。また旅行先でみた風物から受けた感動や絵画的な情景を音楽的表現にうつしかえることにとくに優れていた(交響曲第4番《イタリア》[1831〜33]や交響曲第3番《スコットランド》[1842]など)。

93

第1部　西洋音楽史

管弦楽曲には交響曲5曲、協奏曲6曲などのほかに演奏会用序曲（《フィンガルの洞窟》〔1832〕など）が数曲ある。これはのちの交響詩を先どりしたものだといえよう。ピアノ曲《無言歌》8巻48曲は1820年代末から45年にかけて折々に作曲された性格的小品であり、ほとんどが単純な2部形式や3部形式によっている。声楽曲にはヘンデルやハイドンの伝統をひくオラトリオ2曲のほか、宗教曲や歌曲などが多数ある。

◆シューマン

シューマンはドイツのツヴィッカウで生まれた。シューマンの音楽は、つきることのないロマン的精神の燃焼を特徴とする。彼の精神は矛盾する傾向を合わせもち、自分でそれを衝撃的なフロレスタン、夢想家のオイゼビウス、成熟した大家のラロという3人の人物像によって言い表している。シューマンはホフマン（注2）の評論や小説から大きな影響を受け、器楽曲には暗示的な題名をもつものが多いが、それらを単純に〈標題音楽〉とみなすことはできない。シューマンの作品は、音楽的なものと文学的なものが混じり合った精神の深みから湧き上がる、創

造力の所産なのである。

彼の創作は、一定の時期にひとつのジャンルがまとめて作曲された点でも特徴的である。1839年まではピアノ作品が集中し、1840年は〈歌曲の年〉であり、1840年以降に代表的な管弦楽曲や室内音楽が書かれている。

シューマンの独自性がもっとも端的に現れているのはピアノの小品集である。たとえば《謝肉祭》（1833～35）は20の性格的小品の集まりである。その1曲1曲は一見まとまりが感じられないほど個性的で、極端に短いものや断片的なものもある。しかし、全楽章がひとつながりのものとして作曲されていることは明らかである。《謝肉祭》全体は一定の音列に関連づけられており、その音列は「スフィンクス」という題名がつけられた楽譜によってはっきりと示されているのである。

歌曲においてシューマンはシューベルトのあとを継ぐもっとも重要な作曲家であるが、その形式はいっそう凝縮され、感情表現は繊細さを加えている。ピアノの表現力は著しく増し、前奏・間奏・後奏が重要な意味をもつ。たとえば連作歌曲《詩人の恋》（1840）では、最終（第16）曲の後奏で第12曲の後奏が回想され、なんともいえないロマン的な余韻が添えられている。

交響曲や室内楽曲などの多楽章の器楽作品に関して、シューマンはベートーヴェンを理想とした。しかしそれらは古典派の伝統をそのまま受けつぐものではなく、いずれも独特の想像力と情念にあふれる世界を形づくり、ソナタ形式の扱いひとつにしても独創的な発想にみちている。

過去の音楽の再評価

19世紀には音楽の歴史主義的研究がさかんになった。歴史的遺産の集成も進み、パレストリーナ、バッハ、ヘンデル、モーツァルト、ベートーヴェンなどの作品全集が刊行され始めた。1829年にはメンデルスゾーンの指揮で、バッハの《マタイ受難曲》が復活演奏されるなど、歴史的な意義をもつ演奏会も活発になった。

（注2）ホフマン：19世紀初頭に活躍した小説家、作曲家、音楽批評家。1808～09年にバンベルク歌劇場の音楽監督をつとめ、オペラ《水の精》(1816)を作曲してヴェーバーから高く評価された。ライプツィヒの音楽新聞に書いた音楽批評や「ベートーヴェンの器楽」などの音楽論を通して、ロマン主義的音楽観の形成に決定的な影響を及ぼした。文学作品には『カロー風の幻想曲』(1814)、『牡猫ムルの人生観』(1821)などがある。

第9章　ロマン主義前期

◆ショパン

　ショパンはポーランドに生まれたが、1831年パリに出て活動するようになり、その後二度とポーランドに帰ることはなかった。彼は第一級のピアニストであり、作品の大部分はピアノ独奏曲（ソナタ、スケルツォ、ノクターン、バラード、前奏曲、即興曲、練習曲など）であって、その様式はピアノという楽器の特性と深くかかわっている。

　ポロネーズやマズルカというポーランドの民俗舞曲に基づくピアノ曲を多く残したが、これは彼の祖国愛の現れといえよう。とくにマズルカには、4度音を半音高くした音階（作品68の2）や5度のドローン（作品17の4）など、民族的な音の使い方がみられる。彼の音楽には、華麗な外見や抒情的な表現など、聴衆の人気を集めやすい特質がある一方、独創的で革新的な側面があり、同時代や後世の作曲家に大きな影響を与えた。

　彼の作品には3部形式やその自由な変形として理解できるものが多い。4曲のスケルツォもこれにあたり、主部とトリオからなる伝統的な型を踏まえながら、それを独自のやり方で発展させている。たとえば第2番変ロ短調ではトリオに展開の手法が取り入れられ、この部分が全体の4割以上を占める大規模なものになっている。

　協奏曲やピアノ・ソナタ（3曲）の第1楽章はソナタ形式であるが、古典派のそれとは異なっている。たとえばソナタ第2番や第3番では第1主題の再現が省略され、第1番では第1主題の再現が主調のハ短調ではなく変ロ短調で始まる。伝統的な見方では分類できない形式もあ

音楽ジャーナリズム

　19世紀には音楽雑誌の創刊があいつぎ、音楽の普及と研究に役立てられた。また作曲家が著述活動を行った例も少なくない。シューマンはその代表である。彼は1834年『音楽新報 Neue Zeitschrift für Musik』を創刊するとともに自らペンをとり、ショパン、ベルリオーズ、ブラームスを広く聴衆に紹介した。

る。

　和声が斬新であることもショパンの特徴である。付加音や変化和音を頻繁に使ったり、借用和音を連続的に用いたりする。減七の和音は転調の軸になるだけでなく、解決なしに連続してクライマックスを形づくることがある。遠隔調へと大胆に転調したり、一時的にそれたりする手法がめくるめくような効果をあげているほか、ソナタ第2番やスケルツォ第3番などの冒頭では、調性がきわめて曖昧にされている。

　ロマン主義音楽は、19世紀を通じて徐々に完成されたのではなく、以上のような個性的な作曲家たちによって、一挙に花開いたのだといってよい。　　（長野俊樹）

© 1996, 2008 by Toshiki Nagano

> コラム
もうひとつの音楽史

その3：音楽の職業について

　音楽は誰でも聴いて楽しめるが、他方で、創作や即興の演奏などでは専門的技能が必要とされる。古代世界で音楽を担ったシャーマンはまさに霊的な人間であったが、各地を放浪する楽師などは、差別され疎外される職業人であった。

　中世では、教会音楽の担い手は聖職者であり、楽譜の伝承を担った。そのため今日まで伝えられた音楽の多くが宗教音楽なのである。また複雑な楽器であるオルガンを演奏できるオルガニストは学識ある音楽家とみなされた。一方、宮廷では騎士歌人が、都市では職業音楽家ではなかったが、ゴリアールと呼ばれた放浪学生や学僧が、世俗的な音楽を提供したが、今日まで伝えられた音楽はごくわずかである。

　ルネサンスからバロックにかけては、王侯・貴族が音楽家を雇い、各種の行事で音楽を提供することで、自らの権威を示した。ハプスブルク家の主都ウィーン、フランス王国の主都パリ、イタリアでは各地の都市で、宮廷音楽が開花した。一方ヨーロッパ各地の教会では宗教音楽が高度に発達し、とりわけネーデルラント出身の音楽家が活躍したことで、ルネサンス時代には宗教音楽の汎ヨーロッパ的な様式が普及した。

　16世紀にドイツではじまった宗教改革では、ルター派が礼拝音楽を重視したことで、オルガニストやカントル（合唱長）の地位が向上した。他方、イタリアなどでは反宗教改革の運動が起こり、人々の心を揺さぶる芸術が求められ、音楽家はオラトリオなど、劇的な宗教音楽を提供した。

　17世紀になって、オペラ劇場が大きな宮廷や都市に建設されるようになると、オペラを上演するために必要な、楽長（指揮、作曲を兼ねる場合も多い）、楽師や歌手たちが雇われた。オペラがイタリアで誕生し当初はほとんどのオペラがイタリア語で歌われていたため、オペラ劇場に従事する音楽家もイタリア出身が多く、それがまたイタリアで多くの音楽学校が設立される背景となった。さらに18世紀になると、都市ではオペラ以外にも、音楽家たちが自主的にコンサートを開催し、収入を得るという制度も確立されてくる。特にパリやロンドンではこうしたコンサートが多数開催され、外国から多くの音楽家がこの地に集まってきた。またアマチュア音楽家が自らで音楽を楽しむこともあった。

　フランス革命によって王侯・貴族は没落し、さらに啓蒙思想の普及で宗教の世俗化が進んだことで、これまで音楽活動を支えてきたパトロンが消えてしまう。そのため19世紀になると、音楽家の職業は、フリーで演奏活動をするひとにぎりの演奏家を除いて、各都市にあるオペラ劇場、オーケストラや音楽学校での雇用に限定されてくる。日本では19世紀中頃からヨーロッパの音楽が導入されたが、西洋音楽に関係する職業状況もそのまま移入された。これによって当時の日本の伝統音楽の担い手が置かれた社会的状況も激変した。

　このような音楽家の職業事情は21世紀の今日でも、日本のみならず欧米でもあまり変わっていない。しかしインターネットが発達することによって、オペラ劇場やオーケストラのみならず、今日では大手のレコードや興行の会社に頼ることなく、自身の演奏を広く世界発信できるようになり、音楽家と社会の関わりを大きく変化しつつあるといえる。（久保田慶一）

第10章　ロマン主義の諸相

◆ドイツにおける革新的傾向

　メンデルスゾーンやシューマン、ショパンの作曲活動とならんで、ロマン主義中期の革新的傾向の強い動きがリストやヴァーグナーによって開始された。

　リストはハンガリーに生まれ、10歳にもならないころから天才ピアニストとして名をはせ、全ヨーロッパの聴衆を魅了した。リストのピアノ作品目録には自分の演奏技術を誇示するような練習曲、オペラや管弦楽曲のピアノ編曲などが多いため、彼を単なるヴィルトゥオーソ兼作曲家と誤解する見方があったこともある。しかし彼の主要な作品が、考えぬかれた緻密な構成と時代を先取りするような革新性をもつことは広く認められてきている。

　ロ短調のピアノ・ソナタ（1852～53）は、最初の15小節間に現れる3つの主題動機の変容によって組み立てられており、単一楽章形式をとるが、そのなかでふつうのソナタがもつ4楽章の構成とソナタ形式を統合している。ピアノ曲集《巡礼の年・第3年》の第4曲《エステ荘の噴水》（1877）は、九の和音の連続や、平行5度、平行和音（注1）を使ったり、和音をその機能にとらわれず音色的なニュアンスを表出するために用いたりするなどの手法によって、のちの印象主義音楽に大きな影響を与えた。彼がヴァイマルの宮廷楽長を務めた1848～61年には《ファウスト交響曲》や12曲の交響詩など、主要な管弦楽作品が作曲された。晩年には調性から離れようとする傾向の作品も見られる。

　ヴァーグナーはライプツィヒに生まれ、さまざまな理由で各地を転々としたのち、バイエルン国王ルートヴィヒ2世の庇護を受け、晩年にはバイロイトに自分の作品専用の祝祭劇場を建設した。彼の作品はほとんどがオペラであり、台本はすべて自分で書いた。彼の影響はドイツだけにとどまらず全ヨーロッパに広がり、音楽だけでなく文学や政治などの分野にもわたって、20世紀に及んでいる。

　ドイツのロマン主義オペラは《魔弾の射手》（1820）などのヴェーバーのすぐれた作品によって出発を飾ったが、その後はきわ立った作品が生まれなかった。ようやくヴァーグナーの《ローエングリン》（1846～48）にいたる前期の作品が、このロマン主義オペラの伝統に新しく輝かしいページを加えたのである。しかし彼は満足せず、オペラをより次元の高い総合芸術へ昇華させようとした。彼独特の音楽観や芸術思想は『芸術と革命』『未来の芸術作品』『オペラとドラマ』など、多くの著作のなかで展開されている。

　ヴァーグナーの考えによれば、芸術は人間総体の表現でなければならず、そのためにさまざまな芸術分野が個別にではなく、総合的に作品を形づくることが求められる。この理念に則った根源的な芸術が彼にとってはく楽劇〉だった。彼は自らの作品にドラマとしての一貫性を与えるために、従来の番号オペラ（注2）の作り方やレチタティーヴォとアリアの区

（注1）この場合は和音の平行使用を意味する。和音の構成音すべてが平行進行するように和音を連続させること。本章の譜例5を参照。

別を廃止し、音楽が1幕の間終止せず、たえまなく発展しつづける〈無限旋律〉という書法を用いた。《ニーベルングの指輪》4部作の第1部《ラインの黄金》(1853〜54)からあとの作品が、この楽劇にあたると考えられる。

ヴァーグナーの台本には古代や中世の神話や伝説を題材にして、成就されない愛と魂の救済をテーマとするものが多い。作品全体の音楽的連関は〈示導動機(ライトモティーフ)〉の手法によって形づくられる。これは、特定の登場人物、重要な役割を果たす事物や観念などにそれぞれ一定の動機を割りあて、そうした動機をドラマの展開にそって用いるという方法である。和音は半音階的に拡大され、調性の臨界にまで達した(譜例1)。管弦楽は大規模になり、音量を誇るだけでなく、楽器どうしが複雑にからみ合って精妙な響きの織地を作り出す。

彼の音楽は、理性を超えた圧倒的な力と甘美な官能性をもって、聴き手をその世界に引きずり込まずにはおかない。だからこそ、多くの人々を熱狂的に共鳴させたり、反発させたりすることになったのである。

◆新古典主義と絶対音楽

リストやヴァーグナーの革新的傾向に対して、19世紀後半には新古典主義が台頭した。その特徴は、過去からの伝統に重きをおく考え方にある。ここでいう〈過去〉とは古典派にとどまらず、バロック時代以前にまでさかのぼる。ブラームスが交響曲第4番(1884〜85)の第2楽章で中世のフリギア旋法を用い、第4楽章でバロック時代のシャコンヌに基づいたこ

とはその一例である(譜例2)。

また過度の感情表現に流されることを制限して、ソナタ形式などの伝統的な形式を守り、その古典派的なバランスや明晰さを維持しようとした。機能和声を尊重するが、これは半音階的和声の単純な否定ではなく、リストやヴァーグナーによる和声法の経験を踏まえたうえでの、全音階主義への復帰である。こうした伝統の重視は、19世紀の特徴のひとつである歴史主義の現れである。

新古典主義の代表とされるのがブラームスである。彼はハンブルクの生まれだが、1862年からはウィーンに住み、この地の音楽界の中心人物として活躍した。彼はあくまでも古典派的な形式的枠組を基礎として、交響曲や室内楽、協奏曲、変奏曲などを作曲し、標題音楽や舞台作品に手をつけなかった。彼の交響曲はある意味でシューマンよりも保守的であり、室内楽において彼は19世紀最高の作曲家だった。また彼は徹底した主題動機労作を楽曲形成のおもな手段とした。管弦楽の規模は、ベートーヴェンに準じた2管編成がとられた。

しかしブラームスは本質的にはロマン主義の作曲家だった。歌曲ではシューマン以来のもっとも注目すべき作曲家であり、魅力的なピアノ小品も数多く書いた。交響曲のなかにさえ、驚くほどロマン的な表情が現れることがある。

ブラームスの和声法は、単純に「伝統的」として片づけることができない。たとえば《間奏曲》作品118の6(1892)の主調は、調号や終止和音をみると変ホ短調のはずであるが、長くのばされた変ロ短調の属七の和音で始まるなど、変ロ短調の特徴が持続して、なかなか主調が確立

(注2)　番号オペラ：イタリア・オペラを起源とする伝統的なオペラの形式。一連のレチタティーヴォやアリア、重唱、合唱などをひとつにまとめて小さな単位とし、それぞれがひとつの場面として完結するように作曲する。この小単位には初めから順に番号が付けられ、それらがいくつも集まって全体が構成される。

譜例1：ヴァーグナー《トリスタンとイゾルデ》(1857～59) から〈愛の動機〉第1幕への前奏曲冒頭

譜例2：ブラームス、交響曲第4番 (1884～85)。
(a) 第2楽章冒頭。楽章の主調はホ長調であるが、冒頭と最後の部分はフリギア施法に基づいている。
(b) 第4楽章冒頭。楽章全体がこの8小節の低音主題に基づく変奏になっている。

されない。20世紀の革新的作曲家シェーンベルクは、ブラームスを「革新主義者」として再評価した（注3）。

ブラームスとほぼ同時期にオーストリアで活躍していた作曲家にブルックナーがいる。彼はオーストリアの小さな町に生まれ、1868年ウィーン音楽院の教授に登用されたのち、ほとんどこの地を離れなかった。ブルックナーは、標題音楽や舞台作品に手を染めず、長大な交響曲（9曲と習作2曲）と宗教曲の分野で数々の傑作を残した。彼は、その作品に関してくり返し激しい批判にさらされたため、自信を失い、たびたび自作に変更を加えた。とくに75～80年と87～91年には大改訂を集中的に行った。また弟子が勝手に手を加えた楽譜も出まわった。20世紀に入ると、作曲者本来の意図を復元する目的で原典版が編纂され、1925年からハース版が、第2次大戦後にノーヴァク版が刊行された（注4）。

ブルックナーの交響曲は、ベートーヴェンとシューベルトの影響を強く受けている。とくにベートーヴェンの第9交響

(注3) シェーンベルクは1933年、ブラームスの生誕100年を記念して「革新主義者ブラームス」と題した講演を行った。
(注4) ノーヴァク版では、初稿版やブルックナー自身による種々の改訂版も出版されている。

曲は彼の交響曲すべての着想の土台になっており、それはたとえば第1楽章の開始の仕方や緩徐楽章の性格にはっきりとみることができる。楽章構成は伝統的な4楽章制をとる。第1楽章と第4楽章は伝統的なソナタ形式の枠組に従っているが、提示部では主題部が3つあり、それぞれの主題部間の推移部がほとんどないことが多く、各主題は複数の動機の組み合わせからなる複合主題のかたちをとっている。展開部では、主題や動機がゼクエンツなどによって延々とくり返される。緩徐楽章は深遠な抒情性をたたえている。スケルツォ楽章の主部はエネルギッシュに運動し、ときに荒々しくもなるが、トリオはまったく対照的に素朴であったり、抒情的であったりする。和声法や規模の大きな管弦楽の用法にはヴァーグナーの影響がみられる。和声は半音階的であり、たえず複雑に転調し、楽章の開始直後から遠隔調の一時的な借用がおこる。ブルックナーの作品は宇宙を感じさせるような広がりと俗世を超越した崇高さをもち、その意味で他に類をみない偉大な音楽である。

◆ イタリア

19世紀のイタリア音楽史を強く支配しているのは、この国に特有のオペラの伝統である。外国からの影響はフランスのグランド・オペラからのそれが認められる程度で、ドイツを中心にしたロマン主義の理論や音楽はわずかの例外を除いて影響力を及ぼすに至らなかった。

まず19世紀初頭に登場したのはロッシーニだった。1810年のデビューから29年にオペラの筆を折るまでの20年間に、彼は40曲近くのオペラを作曲した。

彼の作品は18世紀オペラの流れを受けつぎ、オペラ・セリアには《オテロ》(1818) や《セミラーミデ》(1823) など、オペラ・ブッファには《アルジェのイタリア女》(1813) や《セビリャの理髪師》(1818) などがある。最後の《ギヨーム・テル 〔ウィリアム・テル〕》はフランス流のグランド・オペラである。

これに続くのがドニゼッティとベッリーニである。ドニゼッティは70曲におよぶオペラを残した。彼の《ドン・パスクアーレ》(1843) は、オペラ・ブッファの精神を受けついだ最後の傑作とされる。オペラ・セリアでは《ルクレツィア・ボルジャ》(1833) や《ランメルモールのルチア》(1835) がとくに有名である。

ベッリーニは夭折のため10年間の活動だが、10曲のオペラを残した。《ノルマ》(1831) と《清教徒》(1835)、変わった趣向の《夢遊病の女》(1831) が有名である。彼はロマンティックな抒情性に満ちた美しい旋律を書くことにすぐれ、その点ではショパンにも影響をあたえたといわれる。

その後をつぐヴェルディはイタリア・オペラの伝統を最高度に完成させた作曲家であり、その音楽的発展は19世紀なかごろから末に至るイタリア音楽そのものであるといってよい。彼は1842年《ナブッコ》が熱狂的に迎えられて、オペラ作家としての地位を確立したが、これには政治的な背景があった。

当時イタリアはオーストリアの圧政下で分裂国家の状態にあり、民衆は国家の独立と統一を望んでいた。《ナブッコ》にはこうしたリソルジメント(イタリア統一運動)の気運と通ずるものがあったのである。そのなかの合唱曲《行け、思い

第10章　ロマン主義の諸相

楽器の改良

ロマン主義時代は一般に充実した豊かな音響を好み、いっそう広い音域を求めたので、その方向に合わせた楽器改良が進められた。木管楽器にはベーム式と呼ばれるキー・システムが導入され、金管楽器は差し替え管式から、ピストン式やバルブ式に変わった。ピアノも数々の改良が加えられ、19世紀後半には近代的なピアノの完成期を迎えた。

よ、黄金の翼に乗って》は第2の国歌として広く歌われた。中期には《リゴレット》(1851)や《椿姫》(1853)、後期には《アイーダ》(1870)、《オテロ》(1887)、《ファルスタッフ》(1892)といった傑作がある。

ヴェルディのオペラは26曲あるが、大部分は悲劇である。彼の音楽は直截な表現と情熱にあふれ、旋律は輝かしく力強い。彼はイタリアの伝統にしたがって声の表現力に信頼をおいたが、ただ表面的な声の響きの美しさを求めるのではなく、登場人物の強烈な個性をかりて、人間の心理を鋭く表出しようとした。また彼は和声や対位法、管弦楽など、あらゆる音楽上の手段を駆使して、鮮やかな劇的表現を作り上げている。

19世紀末になると自然主義文学の影響を受けて、〈ヴェリズモ〉(現実主義)と呼ばれる運動が生まれた。これは日常生活のなかに起こる刺激的な事件をありのままに描き出そうとするオペラである。代表作としてはマスカーニの《カヴァレリア・ルスティカーナ》(1890)やレオンカヴァッロの《道化師》(1892)がある。

プッチーニはこれと前後して人気を集めた。代表作には《ラ・ボエーム》(1896)、《トスカ》(1900)、《蝶々夫人》

(1904)などがある。その音楽は甘美な感傷味をおびており、通俗的と評されることもある。しかし彼は、当時の現代的な和声語法を巧みに取り入れたし、劇的効果を上げることにもたけていた。

◆フランス

19世紀前半のフランスではブルジョア階級の台頭とともにオペラが人気を集め、自国の作曲家とならんで外国出身の作曲家たちが影響力をふるった。その例としてスポンティーニ、ケルビーニ、ロッシーニなど、イタリア人の名前をあげることができる。

またグランド・オペラというフランス独特の新しいオペラのかたちが生まれた。これはリュリ以来の音楽悲劇の伝統を受けつぎつつ、バレーや合唱の場面を多く取り入れ、視覚効果を重視したものであり、ドイツ出身のマイヤベーアが《ユグノー教徒》(1836)などでその様式を確立した。

18世紀末に成立したオペラ・コミックも引き続き作曲された。これはグランド・オペラと違ってレチタティーヴォを用いず、普通に話す台詞によって劇を進行させ、英雄的で大げさな題材を扱わず、直截な表現を特徴とする。グノーの《ファウスト》(1852～59)は、オペラ・コミックから派生した抒情オペラの代表作である。ビゼーの《カルメン》(1873～74)も初めはオペラ・コミックとして作曲された。(注5)。

この時期、フランスで異彩をはなっているのがベルリオーズである。彼はパリ音楽院に学んで作曲家となったが、その音楽があまり個性的だったために国内では認められなかった。今日、彼の名前と

(注5) グノーの《ファウスト》もビゼーの《カルメン》も、のちに作曲者自身の手によってレチタティーヴォ付きのかたちに書き直された楽譜がある。

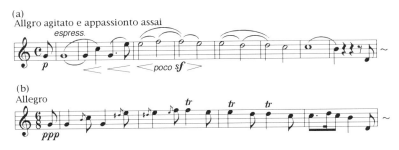

譜例3：ベルリオーズの幻想交響曲における固定楽想。(a)は第1楽章72小節でそれが最初に登場する箇所。(b)は最終楽章21小節から現れる固定楽想の変形。

もっとも強く結びついている作品は《幻想交響曲》（1830）である。これは「ある芸術家が失恋の悲しみのあまり自殺をはかるが死にきれず、奇怪な夢を見る」という物語をともなった標題音楽であり、恋人の幻影を象徴する〈固定楽想（イデー・フィクス）〉と名づけられた旋律が5つの楽章すべてに形を変えながら現れる（譜例3）。その技法と表現の独創性は、シューマン、リスト、ヴァーグナーなどのドイツの作曲家に影響を与えた。

しかし、ベルリオーズには純粋な管弦楽曲よりも声楽をともなう作品の方が多く、劇的交響曲《ロミオとジュリエット》（1839）や劇的物語《ファウストの劫罰》（1845～46）、オペラ《トロイアの人々》（1856～58）、管弦楽伴奏による歌曲《夏の夜》（1840～41）などの優れた作品がある。彼の著作『近代楽器法と管弦楽法』は管弦楽技法に関する画期的な業績であり、同時代と後世に大きな影響を及ぼした。

オペラの流行とは別に、19世紀後半におけるフランスの新しい潮流を準備する動きも始まっていた。1828年に創設されたパリ音楽院管弦楽団の指揮者アブネックなどによるベートーヴェンの交響曲や室内楽の啓蒙活動、1860年代から知識人や音楽家にヴァーグナー崇拝が広がったこと、1871年にサン＝サーンスらが〈国民音楽協会〉を設立し、新しいフランス音楽の普及に努めたことなどがそうである。サン＝サーンスは器楽・声楽を問わず幅広い分野で質の高い作品を作曲し、自らフランス音楽の発展に大きな貢献をした。

こうした流れのなかで、フランクが地味だが着実な業績を残した。彼の音楽はひたむきな精神性につらぬかれ、ヴァーグナーの影響を受けた半音階的な和声と、多楽章の器楽作品に明確な動機的関連によって一貫性を与える〈循環形式〉（注6）と呼ばれる方法を用いた。その作品には交響曲ニ短調（1886～88）や5曲の交響詩、ヴァイオリン・ソナタ（1886）をはじめとする室内楽などがある。彼はなかなか聴衆の理解を得られなかったが、彼を熱烈に崇拝するダンディ、ショソンなどの後継者を得た。

19世紀後半には、新しい芸術歌曲〈メロディ〉の作曲もさかんになる。フォーレはその代表的な作曲家のひとりであり、メロディをドイツのリートと肩をならべる水準に高めた。フォーレの音楽は

（注6）交響曲やソナタなど、多楽章形式の作品において、ある楽章で用いた主題や動機を他の楽章にも登場させることによって、作品全体の統一性を強化したり、特別な表現上の効果を生み出したりする手法。フランクの交響曲ニ短調はその顕著な例のひとつである。

第10章　ロマン主義の諸相

図1　19世紀のパリで活躍したピアノ演奏の巨匠たち。前列右端がリスト、後列中央がショパン。

上品で優雅な抒情性と洗練された味わいをもち、半音階的傾向と旋法的傾向をあわせもつ和声や美しい旋律を特色とする。彼は100曲近くの〈メロディ〉のほかに、ノクターンや即興曲といったピアノ曲、室内楽などを作曲した。

◆国民主義

　民族的特色は芸術に古くから認めることができるが、自覚的に自らのルーツを探求し、その特徴を芸術表現にもり込むという方向をもった民族意識の高揚が世界的な広がりをみせるという現象は、19世紀前半に始まる。民族主義的傾向はロマン主義の特徴のひとつであり、広い意味ではドイツにおけるシューマンやヴァーグナーなどの民族的自意識、イタリアにおけるヴェルディとリソルジメントの結びつき、フランスにおける国民音楽協会の設立、ショパンにおけるポーランドへの帰属意識などもその現れといえよう。

　しかしわが国の音楽用語では、ロシアや東ヨーロッパ、北ヨーロッパなどにおいて、ドイツ、フランス、イタリアからの影響を受けつつ、それぞれの民族音楽の特徴を生かすかたちで芸術音楽を発展させようとした運動のことを、とくに〈国民主義〉あるいは〈国民楽派〉と呼ぶ。音楽において〈民族主義〉という語を用いる場合には、20世紀に入って非ヨーロッパ民族を中心に隆盛し、政治的・文化的な独立運動と結びついた音楽を意味することが多い。

　ひとくちに〈国民主義〉といってもさまざまな水準がある。もっとも単純なの

103

は民謡の旋律や民俗舞曲のリズム、また
はそれらに似た素材を用いて作曲し、民
族的色彩を作品のなかに織り込むもので
ある。より高度なレベルでは、古典的な
作曲技法を基礎としながら民族に固有の
音階や旋律法などを処理して用いた作曲
家がいる。もっとも徹底した方法は、厳
密な分析を通して民族音楽に独特の原理
をひき出し、それを西ヨーロッパ的な音
楽語法と融合させようとするものであ
る。

　国民主義の例は数多い。ロシアの〈五
人組〉は批評家スタソフが指導した作曲
家グループであり、ボロディン、キュイ、
バラキレフ、ムソルグスキー、リムスキ
ー＝コルサコフがメンバーである。この
うちムソルグスキーがもっとも徹底して
国民主義的信条を貫き、それを独自の様
式に昇華させて、ドビュッシーなどに影
響を与えた。同じロシアのチャイコフス
キーは〈五人組〉よりも洗練された作風
を示し、ロシアの特色を普遍性の高い様
式で表現した。

　チェコはスメタナとドヴォルジャーク
に代表される。スメタナはオペラや標題
音楽的な器楽曲に才能を示した。ドヴォ
ルジャークは《スラヴ舞曲集》第1集
（1878）によって国際的名声を確立し、
交響曲や室内楽に傑作を残した。

　そのほか、ノルウェーのグリーグ、デ
ンマークのネルセン（ニールセン）、フィ
ンランドのシベリウス、南ヨーロッパで
はスペインのアルベニスやグラナドスな
どをあげることができる。

◆時代の終わり

　19世紀後期になると、ロマン主義音楽

娯楽音楽と家庭音楽

　市民階級を対象にした娯楽音楽がさかん
になったのも、ロマン主義時代の一側面であ
る。パリではオッフェンバックのオペレッタ
が人気を集め、ウィーンではヨハン・シュト
ラウス父子などによるワルツやポルカが大
流行した。またアマチュアが家庭で演奏して
楽しむための独奏曲、室内楽、歌曲なども数
多く作曲された。

の終末をはっきりとしめす兆候が現れ
る。転調や和声の複雑化が進んだこと、
あるいは調性の体系にない音階や和声が
頻繁に使われるようになったことによっ
て、調性が著しく曖昧になり、ロマン主
義音楽の様式や形式がもつ表現の可能性
を限界までくみつくすような作品が生ま
れ、音楽美に対する新しい考え方が芽生
え始めたのである。

　オーストリアでは2人の作曲家がこの
時期を代表する。そのひとりがマーラー
である。彼は巨大な規模の交響曲と管弦
楽伴奏つき歌曲の分野で個性的な作品を
書いた。完成された交響曲は9曲あり、
そのうち4曲（第2〜4番と第8番）は
独唱や合唱を用いている。マーラーの場
合、交響曲と歌曲は創作の根底で深く結
びついていた。交響曲第1番は歌曲集《さ
すらう若人の歌》と、第2〜4番は《子
供の魔法の角笛》と、第5番は《リュッ
ケルトの詩による歌曲集》と関連しあっ
ていて、たがいに共通の動機や主題を用
いたり、歌曲の1曲をそっくり交響曲の
ひとつの楽章にしたりする。《大地の歌》
（1908〜09）においては、ジャンルとして
の交響曲と歌曲がひとつの作品に統合さ
れている。

彼の交響曲の楽章構成はそれぞれに個性的である。ソナタ形式は動機のたえまない変容・発展のなかで解体してしまいそうなところまで変形され、スケルツォ風の楽章にはおどけた身振りとグロテスクなアイロニーが混在し、緩徐楽章は現世に対する諦めと永遠への憧れの感情に満ちている。マーラーの音楽は主観的な感情表現を極端なまでに推し進め、社会と人間存在の不条理を根源的に表出して、20世紀初頭の表現主義の先駆けとなった。

もうひとりはヴォルフである。彼の業績の中心はピアノ伴奏による歌曲にある。それらは1875〜97年に作曲され、総数300曲をこえるが、このうち《メーリケ歌曲集》《ゲーテ歌曲集》などの重要な作品200曲以上が1888〜91年に作曲された。

ヴォルフの歌曲では、歌の旋律が詩の朗読の調子を最大限に尊重する様式で書かれている。一方ピアノ・パートは半音階的な和声法を用い、言葉と声の表現の限界をこえた深い内面的な意味を表出する。そして歌とピアノが対等の資格で協力しあいながら、きわめて幅広く多様な人間感情を描き出してゆく。ヴォルフは、シューベルトからシューマン、ブラームスを経て発展してきたロマン主義ドイツ歌曲の最後を飾る作曲家である。

同じころ南ドイツのミュンヒェンに生まれたR.シュトラウスは、交響詩とオペラに数々の傑作を残した。交響詩は7曲あり、リストやヴァーグナーの流れをくむ様式と大規模な管弦楽によって書かれ、叙事詩的性格が強い。最後の交響詩《英雄の生涯》(1897〜98)は自伝的な作品であり、ほかの交響詩から主題の引用

がなされている。1898年以降は交響詩の作曲をやめ、オペラに力をそそぐようになる。彼は交響詩やオペラ《サロメ》(1904〜05)と《エレクトラ》(1906〜08)において表現主義的で革新的な技法を示したが、オペラ《ばらの騎士》(1909〜10)ではモーツァルトを回顧するような作風に転じた。

フランスでは〈印象主義〉と呼ばれる音楽様式が生まれた。その創始者で代表的作曲家とされるのがドビュッシーである。〈印象主義〉という言葉は、もともとモネの絵画《印象─日の出》にちなんで誕生した美術用語が音楽に転用されたものである。この言葉がドビュッシーの音楽を名づけるのにふさわしいかどうかは議論の余地があるが、彼が以前とはまったく異なる傾向の音楽様式を創造したこ

図2　マーラー

とは確かである。

　ドビュッシー独特の様式は、歌曲集《艶なる宴》第1集（1891）や管弦楽曲《牧神の午後への前奏曲》（1892～94）などにおいて確立された。その特徴には、教会旋法・5音音階・全音音階など長調・短調以外の音階の使用（譜例4）、付加音のついた和音の多用、不協和音を解決させずに連続的に用いること、平行和音や平行音程の使用（譜例5）、さまざまなパターンのリズムを併用し、リズムの輪郭をぼかして漂うような感じを出すこと、繊細な色彩的ニュアンスをもった楽器法な

どをあげることができる。

　ドビュッシーの音楽はきわめて微妙なニュアンスにあふれている。彼の音楽を理解するためには、伝統的な理論に寄りかからず自分の感受性をとぎすませて、瞬間瞬間に生まれては消える音響の表情をとらえつづけることが必要である。つまり、聴き手は音楽を〈きく〉ということの原点に立ち戻らなければならないのである。

　ドビュッシーは声楽・器楽を問わずさまざまな分野で独創的な作品を残したが、なかでもオペラ《ペレアスとメリザンド》（1893～1902）は象徴主義的手法を用いた作品であり、20世紀のオペラにおける最初の傑作とされる。彼が同時代と20世紀に及ぼした影響の大きさは計りしれない。

　ラヴェルはドビュッシーと並んで印象主義のひとりと見なされることが多い。確かにこの2人の様式には共通点が少なくないが、相違点もかなりある。ドビュッシーに比べると、ラヴェルの音楽は旋律線がはっきりしており、形式の面でも構成が明確でバランスがとれている。彼は職人的で安定した腕前をもち、その作品はどれも細部まで精密に仕上げられている。ときには過去のいろいろなジャンル・形式・手法などを換骨奪胎して新鮮な効果を生み出す技の冴えをみせるが、こうした点でラヴェルは古典主義的傾向をもっているといえよう。

　1900年をはさんで活動したこれらの作曲家たちは、19世紀音楽の最後の輝きであり、その特徴をさまざまなかたちで反映しているが、現在からふり返ってみれば、彼らのなかですでに20世紀音楽が助走を開始していたともいえるのである。

（長野俊樹）

図3　ドビュッシー《ペレアスとメリザンド》のメリザンド役

© 1996, 2008 by Toshiki Nagano

譜例4：ドビュッシー、前奏曲集第1巻（1909～10）から第2曲《帆》の冒頭部分。

譜例5：平行和音の例。ドビュッシー、前奏曲集第1巻から第4曲《音と香りは夕べの大気のなかに漂う》から。

コラム
もうひとつの音楽史

その4：記譜法について

　音楽は限られた時間内で、さまざまな音を配置する芸術である。音は目に見えないばかりか、時間の経過とともに消えてしまう。しかし和音が永遠に鳴り響き続けるだけでは、音楽にはなりえない。そのために音楽を記号等によって固定し、保存し、伝え、さらに新しい音楽を創作する手段となるのが、記譜法である。記譜法には、時代、地域、文化、そして楽器や演奏法によって、これまで様々な種類のものが考案されてきた。ここでは、主に西洋音楽の記譜法（演奏譜を除く）について説明しておこう。

　記譜によって明確に示されなくてはならないのは、まず音の高さ（＝音高）で、次に音の長さ（＝音価）である。古代ギリシャでは、フェニキア文字やギリシャ文字で音高を、点や線で音価を示したが、その後に使用されることはなかった。ヨーロッパでは中世になって、修道士たちがグレゴリオ聖歌の忘備のために、音の並びをネウマと呼ばれる記号で示した。やがてこれら進行するネウマの上下に水平線が引かれて、音高を示すようになった。点などの記号で音の伸ばしや区切りを示すことがあったが、音価を正確に示すことはできなかった（ネウマ記譜法）。

　13世紀のノートルダム楽派では、接合されたネウマ（リガトゥラ）の形で、リズム・パターン（モード）を示す方法が考案された（モード記譜法）。しかしこの方法ではパターン化されたリズムしか表記できなかったことから、ケルンのフランコやフィリップ・ド・ヴィトリなどによって、音符の形状でもって音価を表記する方法が提唱された。この方法では基本となる音符とその音価が決められていて、この音符と音価を倍加したり、分割したりすることで、さまざまなリズムが表記できるようになった（計量記譜法）。最初は黒塗りの音符が中心であったが、やがて白抜きの音符が使用されるようになった（前者は黒譜計量記譜法、後者は白譜計量記譜法と呼ばれる）。

　計量記譜法は基本的に現代に用いられている五線記譜法と同じである。大きな相違は、計量記譜法では音符の分割が3分割と2分割の双方で同等に行われたこと、また基本となる音符と音価が一定であったことから、テンポを変更するのには、音符の分割方法を変更しなくてはならなかったことである。しかし演奏家たちの要求から音価の小さな音符が導入され、その結果テンポが次第に遅くなり、基本となる音符と音価が定められていることが、あまり重要ではなくなった。このためにアダージョやアレグロなどの速度標語でもってテンポが示されるようになり、テンポによって音符の音価も変化するようになった。また2分割が一般的になり、3分割するときにのみ、記号を付けるようになった。

　こうした近代的な記譜法は17世紀から18世紀にほぼ現代の形になり、その後大きく変化することはなかった。もっとも20世紀以降に、作曲者が多様な表現を追求したことで、シュプレッヒシュティンメや微分音程を表記するために、新しい付加的な記号などが導入されたりした。さらには、譜線と音符によって音の高さと長さを示す方法そのものが否定され、図形楽譜や言葉による表示だけの「楽譜」も登場した。また、テープ音楽や電子音楽では、演奏（再現）のための保存や伝承という機能のために、従来の楽譜そのものが必要とされなくなり、電子的に記録されるようになった。インターネットが発達したことで、楽譜も紙媒体から電子媒体で、伝達されるようになり、ステージ上の演奏家が電子機器の画面を見て演奏するようにすらなった。「モノ」としての楽譜は消えたことで、音楽作品の在り方も変化した。

（久保田慶一）

第11章　20世紀（1）

◆第2次世界大戦まで

第11章と第12章で扱う音楽を、総称して〈20世紀の音楽〉とする。〈古典派〉や〈ロマン派〉のように、ひとつの様式によって特徴づけられる時期をひとつの時代として述べてきた、これまでの区分と異なっているのは、20世紀の音楽がそれまでにない独特の展開をみせたためである。

〈20世紀の音楽〉は一般に1901年以降の作品が対象となるが、ここでは印象主義の反動として生じた表現主義の試みから紹介したい。およそ300年あまりにわたって音楽を支えてきた調性や機能和声が崩壊していった背景には、〈モダニズム〉の芸術思潮が、ほかのジャンルの芸術と同じく、音楽においても高まりをみせたという事情がある。過去よりも優位に立つ、つまり、過去から切り離された、まったく新しい創造を夢みる衝動につき動かされて、〈モダニズム〉を標榜した作曲家たちは、つねに新しい発明の瞬間をくり返さなければならなくなったのである。

その結果、20世紀には稀にみる速さで、ひとつの音楽様式が古びていった。これまで数十年から百年単位で生じていたことが、数年から十年ぐらいの短期間に起こり、複数の様式が競い合って、めまぐるしい変貌を遂げた。さらに情報伝達のスピードが増したことから、国や地域による音楽のちがいはかつてよりも小さくなり、同じ美学や同じ作曲法で創作している作曲家が、遠く隔たった国々に散らばって活動しているという状況が生まれ

た。また多くの地域を巻き込んだ2つの世界大戦が20世紀音楽の流れにおよぼした影響も大きい。

◆新ウィーン楽派 (1) ── 表現主義

印象主義が自然とその変容から受けとめた心象風景を、そのまま音で表そうとしたのに対して、人間の内部の、ふだんは表に現れないような追い詰められた感情、たとえば不安や恐怖、罪、死、狂気といった生々しい情感をことさらに強調しようとしたのが、表現主義である。ロマン派・後期ロマン派の流れをくんで、創作をはじめたシェーンベルクやその弟子のベルクがこの傾向を代表していて、そのような極度の緊張をはらんだ内容を表すために、彼らは無調による作曲を推し進めたのである。

〈新ウィーン楽派〉と呼ばれているのは、シェーンベルクとその弟子であるヴェーベルンとベルクの3人で、いずれも初期には後期ロマン派風の大編成のオーケストラ作品を残している。しかし、シェーンベルクは妻マチルデが若い画家と駆け落ちしたあげく、相手のゲルストルが自殺してしまうといった陰惨な体験をはさんで、《2つの歌曲》(1908) から無調の作品を書き始める。第4楽章に無調の部分をもつ《弦楽四重奏曲第2番》では、第3楽章と第4楽章に象徴主義の詩人ゲオルゲのテキストによる歌が入っていて、シェーンベルクが当初、歌の言葉を手がかりに機能和声や調性からときはなたれた音楽を組み立てていたことがわ

(注1)《月に憑かれたピエロ》：ベルギーの詩人A・ジローの表現主義的な詩を、O・E・ハルトレーベンが独訳したテキストによって書かれた室内楽伴奏によるメロドラマ。全21曲。青色の月夜に浮かれ出て、ピエロが歌う内容で、女優のA・ツェーメに捧げられている。

かる。彼は半音階や4度和音、あるいは増3和音といった不協和な音群を単独で使い、テキストと対位法的に組み合わせることによって、その展開を支えていたのである。

無調の時代に書かれたシェーンベルクの代表作のひとつが《月に憑かれたピエロ》（注1）で、ここでは言葉が感情のゆれ動きにそって、台詞に近い響きで歌われる〈シュプレッヒゲザング（シュプレッヒシュティンメ）〉という技法が考えられた。この歌い方は、のちに未完の歌劇《モーゼとアロン》でもみごとに生かされている。ベルクは歌劇《ヴォツェック》（注2）でこの技法を応用して、生々しい感情の表出に成功している。

古い時代の多声音楽に関心をもち、音楽学の博士論文を書いたのちに作曲をはじめたヴェーベルンは、ほかの2人のように表現主義的な傾向をもつ作品は少ない。しかしシェーンベルクと相次いで無調の曲を書きはじめていて、とくに《弦楽四重奏のための6つのバガテル》や《管弦楽のための5つの小品》では、数小節から40小節ぐらいまでのごく短い、アフォリズム風の表現がなされている。「ひとつの身振りで一篇の小説を表す」と、シェーンベルクが述べた凝縮された世界がここにある。こうした楽想の断片化も表現主義の音楽にみられる特徴のひとつで、シェーンベルクは《ピアノ曲》作品11の第3曲で、主題のない音楽を追求した。

無調による創作、あるいは表現主義が生まれた背景には、第1次世界大戦にいたる不安定な社会情勢があった。戦争が終わるころまで続いた新ウィーン楽派の

無調音楽は、1920年代に入って、システマティックに無調の響きを作りだす十二音技法へと発展していく。

◆周縁の音楽 ── 原始主義

印象主義の時代にはフランスを中心として異国趣味の傾向が強まり、中央ヨーロッパ以外の地域の音楽に興味をもつ作曲家たちがぐっと増えた。さらに表現主義的な欲求とも結びついて、それまで文明の影に隠れていた、人間のもっている本来の激しい力、原始的な強さを音楽の上で表現しようとする作曲家たちが現れた。これが〈原始主義〉である。

原始主義は、そのころの〈フォーヴィズム（野獣派）〉の絵画や彫刻と同じ美学の上に立っている。ゴーギャンがタヒチ島で描いた、大地にしっかりと根を張った人びとのおおらかな表現は、この時期のストラヴィンスキーやバルトークの音楽に通じるものがある（図1）。

原始主義の音楽の代表作として、まず最初にあげられるのは、ストラヴィンスキーがロシア・バレエ団（注3）のために作曲した初期の三大バレエ音楽、《火の鳥》と《ペトルーシュカ》、《春の祭典》である。いずれもロシアの民話や民謡に取材し、ロシアを舞台としている。とくに、1913年のパリ初演がスキャンダラスな騒動となった《春の祭典》では、激しく刻まれるリズムの構造がユニークで、のちに第2次世界大戦後の新しい時代を築いたブーレーズが、この曲を詳細に分析している。複調（2つの調を重ね合わせること）によって、伝統的な調性の世界を乗り越

(注2)《ヴォツェック》：無調によるオペラの代表作。3幕15場からなる。台本は実在の人物に取材したビュヒナーの未完の戯曲から、ベルク自身が再編した。貧しい兵士ヴォツェックが情婦マリーと鼓手長との不義に苦しんだあげく、彼女を殺して自らも溺れ死ぬという物語である。
(注3) ロシア・バレエ団：S・ディアギレフが主宰したバレエ団で、1909年のパリ初公演から29年に解散するまで60あまりの新作を上演した。ニジンスキーやフォーキンら斬新な振付家とストラヴィンスキーを始めとする前衛作曲家や画家が組んで、歴史に残る傑作を残している。

える手法も新古典主義をとなえるフランスの作曲家たちに受け継がれていく。また原色を思わせるオーケストレーションにも野趣があって、太古の人間がもっていた生命力を感じさせる。

1910年前後にはバルトークも原始主義に近づいている。ハンガリーとその周辺地域の民俗音楽を採集して研究することによって独自の作風をつくりあげてきた彼は、ピアノ曲《アレグロ・バルバロ》(1911)や第1番と第2番の弦楽四重奏曲で、エネルギッシュな和音の連打を用いて原始主義に接近した。

原始主義は、たとえば、ジョリヴェのピアノ協奏曲《赤道》やメシアンの《トゥランガリラ交響曲》といった第2次世界大戦後の作品にいたるまで、その流れをたどることができる。しかし新しい音楽語法の誕生をうながすのに、原始主義がもっとも力をもっていたのはおよそ1910年ごろからの数年間だったと思われる。ストラヴィンスキーは三大バレエ音楽の後、作風を大きく転換する。

◆**イタリア未来派 ── 機械時代の音楽**

新ウィーン楽派が無調の音楽を書きはじめたころ、マリネッティを中心にイタリアのミラノで未来派の運動がはじまる。未来派というのは、文学から音楽、演劇、美術、建築、映画、モード、料理など、あらゆる方面で19世紀の枠組みを破壊しようとした総合的な芸術・政治運動だった。「未来派宣言」(1909)(注4)を皮切りに、機械文明を賛美しながら、未来への楽天的な展望をつぎつぎに宣言文として、新聞や雑誌で発表した。また街頭でプロパガンダを行ったり、劇場で〈未来派の夕べ〉を開いては、毎回、警察ざたの騒動を引き起こした。

演劇とコンサート、政治集会といった内容を組み合わせた〈未来派の夕べ〉で、とくに重要な役割を果たしたのが音楽である。音楽家としては、1910年に「未来派音楽宣言」を発表したプラテッラと、

図1　ゴーギャン《テ　レリオア》(夢)

(注4) 未来派宣言：マリネッティが1909年2月20日付けのフランスの新聞『フィガロ』紙に発表した「未来派設立宣言」の一部で、「すべての生きた人間たち」に命じる11箇条の宣言文として認められている。速度、破壊、暴力、危険、騒音などへの偏愛がみられる。

1913年に「騒音芸術」という声明文をあらわしたルッソロの名前があげられる。

未来派の人たちは、あらゆる芸術を現代生活や機械のダイナミズムに向かって開かれたものにしようと主張していた。ルッソロはピアッティの協力を得て騒音を再生したり演奏するための楽器イントナルモーリを製作し、泣き叫ぶ声のような音、ぶつぶつとした感触の音、パチパチという音、きぬずれの音、爆発音を鳴らして、騒音による新しい作品を書いた。たとえば、《都市の目覚め》(譜例1)は楽譜にして見開き2ページの短い曲だが、そこでは高さの異なるノイズが轟いている。《自動車と飛行機のランデヴー》や《カジノのテラスでの夕食》といった突飛なタイトルの音楽も、騒音で満たされた作品である。

譜例1　ルッソロ《都市の目覚め》の楽譜の一部

1914年にはミラノ、ジュネーヴ、ロンドンなどで、イントナルモーリによるコンサートが行われ、1921年にも作品の発表とデモンストレーションが行われた。これを実際に会場で聴いていたストラヴィンスキーやオネゲル、ヴァレーズらがその後、機械時代にふさわしい騒音を含む作品を書くことになったのである。

◆ダダイズムから家具の音楽へ

フランスの作曲家サティ(図2)は、未来の音楽を先取りする新しい考え方をいくつも提示した点で重要な役割を果たしている。

サティはアカデミズムとは無縁で、1895年ぐらいまで、モンマルトルの有名なキャバレー(文学酒場)である〈黒猫〉や〈オーベルジュ・デュ・クル〉でピアノを弾き、神秘主義的秘密結社の〈バラ十字会〉(注5)の公認作曲家という肩書をもらって作曲をしていた。そのころの《3つのジムノペディ》(1888)や《3つのグノシェンヌ》(1890)では、グレゴリオ聖歌風の全音音階的な音の動き、あるいは平行和音を用いていて、友人だったドビュッシーの作風にも影響を及ぼしている。

サティは世紀の変わり目ごろからカフェ・コンセールのピアニスト、シャンソンの作曲家として生計を立てていたが、1910年代にはダダ(注6)やシュールレアリスムの作家や画家たちと接近する。喜劇《メドゥーサの罠》(1913)はダダを先取りする作品として注目を集め、ロシア・バレエ団の委嘱で作曲された《パラード》(1917)(注7)では、コクトー(台本)や

(注5) バラ十字会：フランスの文学者J・ペラダン(1858-1918)が創設した神秘主義的な傾向を持つ秘密結社。15世紀ドイツのローゼンクロイツの教育を信奉する中世キリスト教会の流れをくんでいる。サティは1890年に公認作曲家の肩書を得た。

(注6) ダダイズム：第1次世界大戦から戦後にかけて、スイス、ドイツ、フランスで広まった美術や文学における運動で、伝統的な芸術観への反抗や風刺を特徴としていた。1916年から20年ごろまでニューヨーク、ベルリン、ケルンなどで機関誌を発行。各種展覧会が開催された。

第11章　20世紀(1)

図2　コクトーによるサティの肖像画

ピカソ（舞台装置と衣装）、マシーン（振付）といった当代一流の前衛芸術家たちとのコラボレーションが実現した。

しかし、驚くべきなのは、サティが第2次世界大戦後の作曲家たちに先駆者として崇拝されたことだろう。とくにサティが1920年に初めて書いた《家具の音楽》の理念、つまり座り心地のいい椅子や何気なく壁に掛けられた絵画のように、人びとの注意をひかず、そこにあるだけで安らぎやくつろぎをもたらす音楽という考え方は、シェーファーに代表される環境音楽に影響を及ぼし、独特の音楽構成法と反復技法はアメリカ実験主義の作曲家を新しい地平へと導いていった。

◆アメリカ実験音楽(1)

アメリカではヨーロッパの文脈とはちがった流れで、新しい音楽が誕生していた。日曜作曲家だったアイヴズは、ヨーロッパの音楽家よりも早い時期に、ポリリズムや複調を試みている。現実の生活のなかで耳に触れる音をできるかぎり、拾ってこようとする彼の音楽には、たとえば《ニューイングランドの3つの場所》

(1914)のように、行進曲が近づいてきては去っていくとか、野外の音楽がまぎれこんでくるといった形で、いろいろな曲の引用が含まれている。また、1915年にアメリカへ渡ったヴァレーズは、イントナルモーリのデモンストレーションを実際に聴いたひとりで、科学技術と魔術の神秘に魅せられた作曲家である。その影響から、打楽器だけによるアンサンブルのための《イオニザシオン》や、管楽器と打楽器のみによる《ハイパープリズム》といった音楽を書き、同時代のアメリカの作曲家たちに衝撃をあたえた。

こうして、生活のなかの音に耳をひらき、日常のノイズや打楽器の音を積極的に音楽へ生かしていったアメリカの作曲家が、ケージである。彼はヴァレーズと同じく、当初、打楽器のみのアンサンブルを作って演奏を行い、モダン・ダンスの伴奏をして生計をたてていた。やがて、グランド・ピアノの弦の間に多様な物を挟み込んで音を変質させる《プリペアド・ピアノ》を考案する。これも一種の打楽器音楽で、ひとつひとつの音が画一化さ

電子楽器

20世紀に発達したテクノロジーである電子工学は、新しい音楽の創造にも深い関わりをもっている。ラジオの草創期には、未来派によるラジオ・ドラマの試みや、ケージのラジオをつかった曲などがある。しかし、テクノロジーを活用した戦前の典型的な例は電子楽器の発明だろう。テルミンやトラウトニウムといった楽器が1920年代から30年代にかけて誕生したが、そのうちのオンド・マルトノとテルミンは戦後まで生きのびた。前者はメシアンの《トゥランガリラ交響曲》で使われている。

(注7)《パラード》：1幕のバレエで、1917年5月18日にパリ・シャトレ座で初演された。日曜日のパリの往来を舞台としたストーリーで、フランスの旅芸人一座が公演の呼び込みに簡単な芸をみせている。音楽はサイレンやタイプライターといった日常音を使った点で注目された。

113

れた楽音ではないことから、独特の響きのする作品が生まれた。のちに、ケージは東洋思想の影響のもとに独自の美学を展開し、アイヴズやサティからうけついだ実験的な精神にのっとって、前人未踏の地平を切り開いていくが、それは第2次世界大戦後のことである。

この時期のアメリカでもうひとつ、忘れてはならないのはジャズの影響だろう。ガーシュインの《ラプソディ・イン・ブルー》に代表されるとおり、クラシックの作品のなかに、ジャズのイディオムが大胆に取り入れられて、生命感のある音楽が誕生した。ジャズの浸透力はめざましく、まもなくヨーロッパでも、ストラヴィンスキーやミヨー、ラヴェルといった作曲家たちの新作にその影響が現れている。また、アメリカ音楽には、実験主義の作曲家たちとは別に、コープランドからバーンスタインへと続いていくアメリカの国民性に根ざした創作の流れも、厳然として存在している。

◆ロシア／ソヴィエト

ロシアの20世紀の音楽史は、政治体制の変化によって大きく揺さぶられ、やがて西側諸国の新しい音楽の動きからまったく隔絶されることになった。しかし、20世紀の初頭には、ロシア・バレエ団の斬新な活動に象徴されるとおり、芸術の新しい思潮をリードしたし、1920年代にはロシア未来派、あるいはロシア・アヴァンギャルドと呼ばれる急進的な芸術が花をひらいている。微分音を使って作曲したり、ダダイスティックな劇音楽を書くなど活動も活発で、ロスラヴェツ、ルリエ、ヴィシネグラドスキーといった作曲家が代表的な存在だった。

ところが1917年の10月革命以後抑圧がはじまり、1930年代にはスターリン体制のもとで〈社会主義リアリズム〉の音楽を書くよう義務づけられた。これに反するとみなされたショスタコーヴィチの歌劇《ムツェンスク郡のマクベス夫人》（注8）が、上演禁止の憂き目をみたことはよく知られている。作品を形式主義的（ロシアの政府が、人民のために書かれたのではない、すなわち、社会主義リアリズムに反して西欧のブルジョアジーの芸術を受け入れたものであると判断したもの）で「音楽ではなく荒唐無稽」と『プラウダ』で批判されたショスタコーヴィチは、それ以後体制に順応したとみせかけつつ、パロディによって体制批判をこめた作品を書くといった複雑な創作を強いられることになる。

プロコフィエフも初期にはモダニズムの作風を鍛え上げていたものの、アメリカから帰国後は穏健な路線に変更を余儀なくされた。だが〈社会主義リアリズム〉に見合った芸術というのが、実際にはど

ロシア・アヴァンギャルド

1910年代から30年代まで続いたロシアの革新的な芸術運動。その一翼を担っていたディアギレフのロシア・バレエ団やメイエルホリドの演劇、フォルマリズムについては少しずつ研究が進んでいたものの、戦争と政治によって根絶された芸術の全貌がみえてきたのは、1980年ごろからである。1912年のロシア未来派論集に載った宣言に署名した詩人のマヤコフスキー、1913年の未来派オペラ《太陽の征服》で美術・衣装を担当したマレーヴィチ、音楽を書いたマチューシンらの前衛的な作品が再発見され、今日、ロシアの内外で新たな刺激となっている。

(注8)《ムツェンスク郡のマクベス夫人》：富裕な商人の妻が使用人と不倫をして、夫と舅を殺害し、流刑地で恋敵の女囚を巻き添えにして自殺するまでを描いた歌劇。激しい社会批判に貫かれている。ソ連共産党から全面的な非難を受け、およそ30年に渡って上演が許されなかった。

第11章　20世紀(1)

んな基準で判断されていたのかは定かで
はない。むしろこれは西欧の香りがする
ものはすべて排除するといった意味での
スローガンであって、音楽の実態とはく
いちがっていたと考えるのが妥当だろう。

◆新古典主義

　1918年に第1次世界大戦が終結すると、
大きく2つの傾向の音楽が新しく生まれ
た。そのひとつが新古典主義である。
　新古典主義は世界大戦前夜の危機をは
らんだ風潮をいみきらい、当時を思い出
させるどろどろとした表現主義やドビュ
ッシーの范漠とした印象主義や象徴主義
を一掃しようとして生まれた。簡素な旋
律、簡潔な形式による明朗な音楽を標榜
する新しい音楽の理念である。その最初
の一歩を記したのが、ストラヴィンスキ
ーのバレエ音楽《プルチネッラ》だった。
18世紀のイタリア音楽を発掘して素材と
したこの作品は、旋律とバスの輪郭をく
っきりと残しながら、概してホモフォニ
ックに和声づけされている。ストラヴィ
ンスキーにとっては原始主義からの大転
換となった。
　また、サティを精神的なモデルとする
〈六人組〉が、1920年にパリで結成された。
メンバーはオーリック、デュレー、オネ
ゲル、ミヨー、プーランク、タイユフェ
ールで、バッハやラモーといったバロッ
ク音楽の復活をめざしている。複調や多
調によって調性を確保しながら、ひきし
まったバランスのとれた形式の作品が書
かれた。その例としてはミヨーの《フラ
ンス組曲》などがある。
　ドイツでも表現主義への反動の波が起
こり、ブゾーニが新古典主義への転向を
宣言した。また初期には表現主義的な歌

バウハウス

　バウハウスは、諸芸術の教育機関として、
1919年ヴァイマルに開設された。ここにはク
レーやモホリ＝ナジ、カンディンスキーとい
った芸術家が集まって、製作や教育がなされ
ていた。そのひとつとして置かれた舞台工房
では、シュレンマーの指導のもとで、のちの
パフォーマンスの原型ともいわれる即興的
なステージ・ワークショップが行われてい
る。また、1923年の展覧会ではストラヴィン
スキーやヒンデミット、ブゾーニの新作が演
奏されている。

劇《殺人者、女の望み》、《ヌシュ・ヌシ》、
《聖スザンナ》という三部作を書いてい
たヒンデミットも、《画家マティス》をはじ
め明快な形式をもつ古典的な音楽へと方
向転換する。〈実用音楽〉といった呼び名
があたえられているものも、そうした傾
向の音楽である。

◆新ウィーン楽派 (2) ── 十二音技法

　十二音技法も第1次世界大戦後に生ま
れた新しい作曲法である。この技法を編
み出したのはシェーンベルクとその弟子
であるヴェーベルン、ベルクという新ウ
ィーン楽派の作曲家たちで、1921年にシ
ェーンベルクが開発したのち、20年代半
ばからの作品でさまざまに応用していっ
た。
　十二音技法とは、オクターヴの間に含
まれている半音階をなす12の音を、作曲
家が並べかえて〈原音列〉を作り、それ
を使って作品の旋律と和声を構成してい
く手法である。音列を作ることによって、
可能なかぎり音の重複を減らし、すでに
1900年代から使われていた無調の響き
を得るシステマティックな方法として用

115

譜例2　シェーンベルク《ピアノ組曲》の音列

譜例3　ベルク《ヴァイオリン協奏曲》の音列

譜例4　ヴェーベルン《弦楽四重奏曲　作品28》の音列

いたのである。原音列とそこから導き出された48の音列（注9）に基づいて音の高さを決めていくのは、一見きわめて機械的な操作に思われるかもしれない。しかし、実際には原音列の作り方次第で作品の響きが変わってくるほか、音列も分割して使ったり、和音として重ねるという操作を加えていくと、無限のバラエティが生まれる。

シェーンベルクは作品25の《ピアノ組曲》で初めて、全曲にわたって十二音技法を用いた。ここで彼が使っている音列（譜例2）は、彼が無調の音楽を書いていたときに好んで用いた完全4度の音程を2つ含み、バッハの音名象徴を隠し持っていた。一方ベルクは調性の響きへの郷愁が強く、《ヴァイオリン協奏曲》の原音列は、ちょうど三和音が構成できるように並べられている（譜例3）。

ヴェーベルンは、16世紀初期のネーデルランド楽派やバッハに至るまでのポリフォニー音楽の組織化から影響を受けていて、まるで緻密な結晶体のような構造を作ろうとした。音列もいくつもの部分がお互いに関連性をもつような、精緻な音高構造に作り上げている（譜例4）。また《管弦楽のための変奏曲》では、リズムについても、モティーフをシステマティックに扱っている部分がみられる。

この時期の新ウィーン楽派の音楽は個性的な原音列を作り、それによって音の構造を決定していったが、楽曲全体は過去の形式（たとえば、組曲とか変奏曲）にのっとって書かれていることが多かった。しかし音列によるシステマティックな構成法は、やがて第2次世界大戦後の前衛作曲家たちの注目するところとなり、のちのヨーロッパ音楽にはかり知れない影響を及ぼすことになる。　　　（白石美雪）

© 1996, 2008 by Miyuki Shiraishi

（注9）音列の変形：十二音技法では〈原音列〉を基本形、反行形、逆行形、反行の逆行形に変形し、それぞれ12の移高形を作る。反行形は原音列の音程関係を上下反対にたどる、つまり3度上行の場合は3度下行して作られる。逆行形は原音列の最後の音から最初の音へと読む。反行の逆行形はそれを組み合わせたものである。

第12章　20世紀（2）

◆第2次世界大戦以降

　〈現代音楽〉という言葉は大きく2種類の意味をもっている。ひとつは純粋な時代区分としての〈現代音楽〉。これはその言葉を発した人が自分と同じ時代の音楽であると意識している音楽で、〈コンテンポラリー・ミュージック（同時代音楽）〉と言い換えることができる。時代区分としてはもっとも広い場合には〈20世紀の音楽〉全体を含んでいる。だが最近では、第2次世界大戦後の音楽を〈現代音楽〉と呼んでいる場合が多い。

　もうひとつは、芸術の質を表す言葉としての〈現代音楽〉。これは〈モダニズム〉を意識して書かれた音楽を指し、〈モダン・ミュージック（近代の音楽）〉と言い換えることができる。この場合は〈括弧付きの現代音楽〉といった表現がなされることもある。

　〈モダニズム〉のひとつの形態として現れたアヴァンギャルドは、つねに新しいものを発明しつづけてきた結果、1960年代後半から70年代にかけて、一種の極限状態を迎える。完成したばかりの技法やスタイルもまもなく古びて過去のものとなり、まったく新しいものを作り出すことがきわめて困難になった。そして、新しいものを求める推進力が急速に衰えてしまったのである。70年代、80年代になると「前衛は終わった」という認識が一般的になり、〈表現〉への回帰がおおらかに称えられるポスト・モダンの芸術思潮が、音楽の世界にも広がっていった。

◆戦争の傷跡

　2つの世界大戦は音楽の歴史にも大きな傷跡を残している。第1次世界大戦のあとには、あたかも発展の糸がもつれてしまったかのように、モダニズムのかたわらで新古典主義という一種反動的な音楽が一世を風靡した。他方、第2次世界大戦ではファシズムの台頭によって、前衛芸術家が弾圧を受け、ヨーロッパ、とりわけドイツに一種の真空状態を作りだしてしまう。ナチス・ドイツがユダヤ系の音楽家、あるいは文化的ボルシェヴィズムに加担する音楽家を排斥しようとしたのはいうまでもない。〈ヒンデミット事件〉（注1）に象徴されるように、作品をもって体制批判を行っているとにらまれた作曲家は、自らの創作をまげざるをえなかった。生命までおびやかされていた彼らの多くは、亡命作曲家としてアメリカに移り住むことになる。またドイツ国内では敵対する国々の音楽が根絶やしにされるありさまで、ポーランドとフランス、さらにロシアとアメリカの音楽がつぎつぎに演奏を禁じられていった。

　アメリカに渡ったシェーンベルクやストラヴィンスキー、ヒンデミットといった作曲家たちは、教育者として、この国の音楽創造の発展に寄与することになる。まだ十分に自国の伝統が育っていなかったアメリカでは、多くの音楽家の卵がヨーロッパ流の作曲技法のレッスンを受けて、初めて一人前になった。もっともヨーロッパからの亡命作曲家たちが新

（注1）ヒンデミット事件：1934年3月、社会によって芸術家が苦悩する様を描いた交響曲《画家マティス》の初演を契機に、ナチスがヒンデミットに行った攻撃キャンペーン。同年11月にはナチスの文化組織が彼の作品をボイコットした。フルトヴェングラーらは擁護論を展開した。

117

第1部　西洋音楽史

天地で自らの創作をそのまま全うできたかというと、かなり疑問もある。シェーンベルクは《組曲ト長調》を皮切りに、アメリカの風土に合わせて、調性をもつ音楽に再び手をそめた。ヒンデミットの《ヴェーバーの主題による交響的変容》も同様の文脈で理解できる。ブレヒトとともに、労働者や被抑圧者のための歌曲を書いていたヴァイルが、アメリカでは屈託のないブロードウェイ・ミュージカルを作曲しているのも、この国の事情に適応した結果である。

　辛くもヨーロッパで命をながらえた作曲家たち、ハルトマンやアイネムらも、戦時中は深く潜行していなければならなかった。その結果、独自の語法をのびのびと展開することができず、戦後は、最前線を突っ走る前衛音楽の動きからはなれて、中庸の路線を歩むことになる。

頽廃音楽

　ナチスが台頭してくるにつれて、反ユダヤ文化政策が力を増した。そのころ、無調の音楽やジャズの影響を受けた曲、またはどんなスタイルの音楽であれ、ユダヤ系の作曲家が書いた作品を貶めるために使われたのが、〈頽廃音楽〉というレッテルである。〈頽廃〉とは、もともと19世紀の医者で犯罪学者だったロンブローソが、異常な状態を示すために用いた概念。ナチスは1937年にミュンヒェンで〈頽廃芸術〉展を催し、翌38年には〈頽廃音楽〉展をひらいて、ユダヤ人らの芸術を誹謗した。亡命したクルシェネクやコルンゴルト、あるいは強制収容所で亡くなったシュールホフ、ウルマン、コフラーといった作曲家が、このレッテルのもとに不当な非難をうけ、歴史から抹殺された。

◆ダルムシュタット国際現代音楽夏期講習会 ―― セリー音楽

　第2次世界大戦が終わるとまもなく、新しい音楽への渇望が若い世代を中心に広がった。その勢いを吸収しながら、戦後の前衛音楽の牙城となったのが、ダルムシュタット国際現代音楽夏期講習会である。

　この講習会は1946年、ヘッセン州ダルムシュタット市で始まった。その実現には音楽学者シュタイネケの尽力があったが、経済的には州と市およびアメリカ軍の援助があったという。ナチスの弾圧した音楽を、戦勝国アメリカが積極的にあと押ししたのである。

　最初の2年間はヒンデミットやストラヴィンスキー、6人組といった両大戦間の作品を学び直すことに費やされた。1948年にシェーンベルクの《ピアノ協奏曲》が紹介されると、一変して新ウィーン楽派による十二音技法が興味の対象となる。翌49年には、メシアンが招かれ、十二音技法に夢中になっていた若い世代の動きに刺激をうけて、《音価と強度のモード》（譜例1）を書いた。この作品は音を4つのパラメーター、すなわち音高・音価・強度・音色（アタック）に分けて捉え、個々のパラメーターで用いる要素を限定し、それを組み合わせて基礎となるモード（旋法）を作った上で、曲を構成していったものである。4つのパラメーターが一体となったモード（旋法）を基礎としていることから、のちのトータル・セリー（総音列）音楽とは一線を画しているものの、若いセリエリストたちの指針となった重要な作品である。

　ちょうどこのころから、若い世代の関

第12章　20世紀(2)

MODE DE VALEURS ET D'INTENSITÉS (Music by Olivier Eugene Prospe Messiaen)
譜例1　メシアン《音価と強度のモード》の一部

心は伝統的な音楽観にしばられていたシェーンベルクから、ヴェーベルンへと移っていく。ヴェーベルンの《協奏曲》の分析とこの作品をめぐる議論がさかんに行われて、新しい手法の開発に拍車をかけた。こうして1951年にはベルギーの作曲家、ヘイヴェルツが音価と強度と音色をセリー化した《2台のピアノのためのソナタ》を書き、1952年には、シュトックハウゼンの《クロイツシュピール》とブーレーズの《ストリュクチュールⅠ》が発表されて、〈トータル・セリー音楽〉が誕生した。

〈トータル・セリー音楽〉とは、先に述べた4つのパラメーター(シュトックハウゼンは5つめのパラメーターとして〈音の位置〉を設定している)をすべてセリー化して、セリーを網の目のように張りめぐらせながら構成していく音楽。数理的な操作で個々の音が定められていくことから、作曲家は無意識のうちに慣れ親しんだ書法に頼って、どこかで聴いたことのある音楽を書いてしまう危険から逃れることができた。この方法で作曲すると、すべての要素が作曲家の手でコントロールされているにもかかわらず、結果として生まれる音響は、作曲家自身にとっても未知の部分を残したものとなる。ヨーロッパ流の徹底した合理主義と、まだ誰も聴いたことのない音楽を作りたいという衝動に支えられて、1950年代の半ばには、トータル・セリー音楽が支配的な作曲技法となった。

1958年になるとアメリカからケージとテュードアがやってきて、新しい血を注ぎ込み、早くも行き詰まっていたトータル・セリー音楽は終焉する。しかし広い意味でのセリー主義はその後も継承され、アメリカのバビットやイギリスのファーニホウといった作曲家が輩出している。

© 1950 Editions Durand, part of Universal Music Publishing Classics & Screen
International Copyright Secured. All Rights Reserved
Reprinted by permission of HAL LEONARD EUROPE

第1部　西洋音楽史

◆テープ音楽／コンピュータ音楽

電子楽器の発明やラジオの応用からはじまった音楽と電子工学の関わりは、戦後ますます深まった。戦時中に開発されたテープレコーダーが1950年代に普及しはじめると、テープ編集と電子的な変調が手軽に行えるようになったのである。そうした技術の発展を背景に、1950年代には大きく2種類のテープ音楽が誕生する。

ひとつは〈ミュジック・コンクレート（具体音楽）〉と呼ばれる音楽。鉄道の音をはじめとする現実音や楽器音のような既成の音響を録音し、編集・加工することによって仕上げられたものである。フランス・ラジオ放送の技術者だったシェフェールが中心人物で、パリを中心にくりひろげられた。最初のミュジック・コンクレート作品はシェフェールの《騒音のエチュード》。当時はまだテープではなく、ソノシートに録音していたという。パリ音楽院出身のアンリは1949年にシェフェールと出会い、2人は1951年に

〈ミュジック・コンクレート研究グループ〉を結成している。

もうひとつは電子音響発生機器を使った音楽（電子音楽）。倍音を含まない純音やホワイト・ノイズ（注2）といった素材を合成して、加工することによって構成されたものである。1951年にケルンの放送局に開設された電子音楽スタジオで、アイメルトが中心になって推進した。ケルン派を代表する作曲家シュトックハウゼンも、《習作Ⅰ、Ⅱ》（1953、54）（譜例2）といった純粋な電子音楽から出発するが、続く《少年の歌》（1956）では声と電子音をいっしょに録音。《コンタクテ》（1960）ではテープと楽器の同時演奏を実現して、ライヴ・エレクトロニック・ミュージックへの道をひらいた。

ケルンに電子音楽スタジオができた1951年には、ニューヨークのコロンビア大学にも電子音楽スタジオが置かれた（のちにバビットが加わって、〈コロンビア・プリンストン電子音楽センター〉となる）。ここではルーニングやウサチェフスキーが中心となって、電子音と楽器音をいっしょに扱い、人間ができる演奏の限界をこえた複雑な構成の音楽を作ろうとした。1953年には東京とミラノ、57年にミュンヒェンとワルシャワ、58年にブリュッセル、59年にトロントとサンフランシスコ、61年にユトレヒトと、その後も電子音楽スタジオの開設があいついだ。

コンピュータの発展も、新しい音楽の創作をおおいに刺激した。まず作曲の規則をあらかじめインプットしておいて、自動的に曲を作らせる、つまり作曲に必要な計算をコンピュータに行わせる手法が開発された。1958年にヒラーとアイザ

現代音楽祭

戦後、前衛音楽が発展していった契機としては、ダルムシュタットのほか、ヨーロッパ各地の現代音楽祭も挙げられる。すでに1923年から〈世界音楽祭〉を開催してきた国際現代音楽協会（ISCM）、1950年に名前も新たに生まれ変わったドナウエッシンゲン音楽祭、そしてメッツやストラスブールの音楽祭でも新作が委嘱初演された。パリではブーレーズがドメーヌ・ミュジカルというアンサンブルを結成して、現代曲の演奏を推進。ウィーンのディ・ライエやミラノのインコントリ・ムジカーリも同じ役割を果たした。

（注2）ホワイト・ノイズ：あらゆる可聴周波数を含んでいる騒音。白色光と同じスペクトルを示すことから、ホワイト・ノイズ＝白色騒音と呼ばれる。

第12章　20世紀(2)

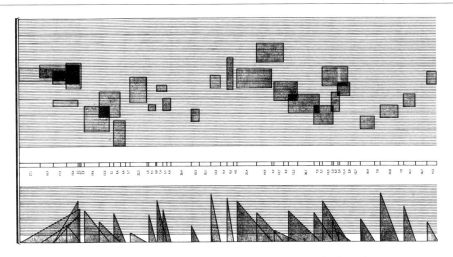

譜例2　カールハインツ・シュトックハウゼン：電子音楽《習作II》の一部

クソンという2人の数学者がイリノイ大学のコンピュータで演算して作った《イリアック組曲》は、もっとも初期の例である。この方向ではのちにクセナキスが成果を挙げている。たとえば彼の《ST》シリーズでは、音群がどのように密集したり離散するか、あるいはどのような速度で動いていくかといった決定を、推計学の法則にのっとってIBMのコンピュータに計算させる。結果はそのつど楽譜に書きとめられ、伝統的な楽器で演奏されるのである。

また音素材を合成したり、音像の空間移動の制御にコンピュータを使う方法も考えられた。1977年にはパリのポンピドゥー・センターに〈IRCAM〉(注3)が発足したが、ブーレーズはそこに導入された大型コンピュータによって、生演奏と電子音響を同時に制御するライヴ・エレクトロニック・ミュージックに挑んだ。《レポン》(1988)はその代表作である。

◆偶然性・不確定性の音楽 (注4)

アメリカ実験音楽の旗手であったケージは、サティに似て、きわめて大きな影響力をもつ作曲家だった。彼は1930年代から40年代の終わりごろまで、おもに打楽器アンサンブルと〈プリペアド・ピアノ〉(後掲図1、2)のための音楽を書き、ひとつひとつの音がもつ独特な性格に興味をもつようになった。この時期の作品は、とくに戦後になって流行した打楽器音楽の先駆となっている。

やがて、ケージは、音楽が必ずしも作曲家の意図どおりに聴かれるわけではないことに気づき、音楽の内容ではなく、音響そのものにおもしろさを感じるよう

(注3) IRCAM：音響／音楽に関する探究と調整のための研究所 (Institut de recherches et coordination acoustique/musique)。ブーレーズが創設し、1977年から活動を始めた。「探究と発展」「創作」「教育」の3部門とそれらを統括する委員会から組織されている。
(注4) 偶然性・不確定性の音楽：音が生じる以前に予め論理をもたない作品のこと。ケージはチャンス・オペレーションを利用した「作曲に関する偶然性」と、図形楽譜といった手段で演奏者に幅広い選択の余地を残している「演奏に関する不確定性」を区別した。後者は1958年以降。

第1部　西洋音楽史

になる。禅やインド哲学を通じて東洋思想に接近したり、中世の神秘主義者の著作を読んだことが、彼の音楽の背景となっている。ちょうど同じころ彼は大学の無響室で、意志とはかかわりなく自分の体がたえず発しているノイズを聴く。こうした体験をつみかさねるうちに、ケージはあたえられた枠組みのなかで、音が自由に鳴り響いている音楽を夢みるようになった。

　1950年代にはいると、ケージは思索の成果をつぎつぎに結実させている。1951年には、易経によって音高やリズム、テンポなどのパラメーターを決定していく〈チャンス・オペレーション〉（注5）という作曲法を発明。この方法で最初の偶然性による作品、ピアノのための《易の音楽》を書き上げた。スキャンダラスだったのは、《4分33秒》（1952）とブラックマウンテン・カレッジにおける史上初の〈ハプニング〉（注6）。《4分33秒》は、ピアニストがステージへ登場して、何の音も出さずにピアノの蓋を開け閉めして退場、その間に人びとが聴いたざわめきやノイズが音楽であるとする作品である。また夏に大学の食堂で行われた〈ハプニング〉では、ダンサーのカニングハムやピアニストのテュードア、画家のラウシェンバーグ、詩人のオルスンといった実験芸術家たちが集まって、おのおの関連のない行為を45分間続けた。60年代のハプニング／パフォーマンスの原型である。

　ケージはいつでも先駆者だった。図形楽譜を用い、ライヴ・エレクトロニック・ミュージックを書き、動作をともなった視聴覚作品を手がけたのも、かなり早い時期である。また身のまわりの音に耳をひらいていく試みは、のちにシェーファーが提唱した〈環境音楽〉（注7）へとつながっていく。しかし彼のなし遂げた最大の業績は、伝統的な音楽のコミュニケーション形態をつき崩したことにある。作曲家が楽譜によって自分の作品を演奏家に伝え、演奏家がそれを音にして聴衆に伝えるという、19世紀にはあたりまえだった音楽のあり方を変革したのである。偶然性・不確定性の音楽では、音楽に携わるすべての人がひとつの作品像を共有することはない。自らの思うところにしたがって、音を発したり聴いたりする。誰に従うのでもない、人間の絶対的な自由がそこに求められたのである。

◆アメリカ実験音楽（2）

　史上初の〈ハプニング〉のニュースは、またたく間にニューヨークへ伝わった。ケージは1956年から社会調査のためのニュースクールで、実験音楽や茸に関する講座を担当し、芸術と生活とは別のものではないこと、音楽が作曲家の意志とは無関係に存在することを説いた。そこではこのハプニングもよく話題にのぼったという。このクラスにいた人たちが、60年代のアメリカで、既成の芸術概念におさまらない新たな活動の母体となった。

　そのひとり、ヒギンズは、1958年から仲間たちと意味のないできごとを連ねていくパフォーマンスをくり返し行ってい

（注5）チャンス・オペレーション：予め選ばれた音の要素を易の方法によって配列したり、紙の上のゴミやキズ、あるいは既成の図形を五線譜と組み合わせて、音符に見立てるといった作曲法。「易経」からケージが発案した。音響構成から作曲家の主観をとりのぞくことを主眼としている。

（注6）ハプニング：一定の時空間のなかで演じられる演劇に近い芸術形態。この語が最初に用いられたのはA・カプローの《6つの部分からなる18のハプニング》（1959）である。だが、原型はケージらの1952年の試みで、そこにいた全員が未知の創造プロセスに立ち合った。

（注7）環境音楽：人間を取り巻く音の現況を、絶えず動いている巨大な音楽作品と捉えたもの。教会の鐘など特定の生活圏に共通している音から、電車の発車ベルといった身近な生活まで、シェーファーらは1970年代から調査・デザインにより美的な質を高める試みを進めた。

第12章　20世紀(2)

た。彼の仲間だった建築家のマチューナスは、1961年にAGギャラリーを開設して、そこへ出入りしていた新しい感性の芸術家を中心に、〈フルクサス〉というゆるやかなグループを形成。最初はこの名前のもとに仲間たちの作品を集めたアンソロジーが作られた。その後、展示やパフォーマンスにもこの名前がかかげられるようになる。

フルクサス（後掲図3）は、ときには運動のように、ときには流派のように、ときにはグループのように語られてきた。しかし、実際には流動的な芸術行為を漠然と表したもので、1950年代から60年代にかけてのラディカルな風潮から生まれた、ひとつの感覚といっていい。いわば芸術の間にある障壁をとりはらってしま

Photo courtesy Cunningham Dance Foundation Inc.
図1　プリペアド・ピアノの準備をするジョン・ケージ

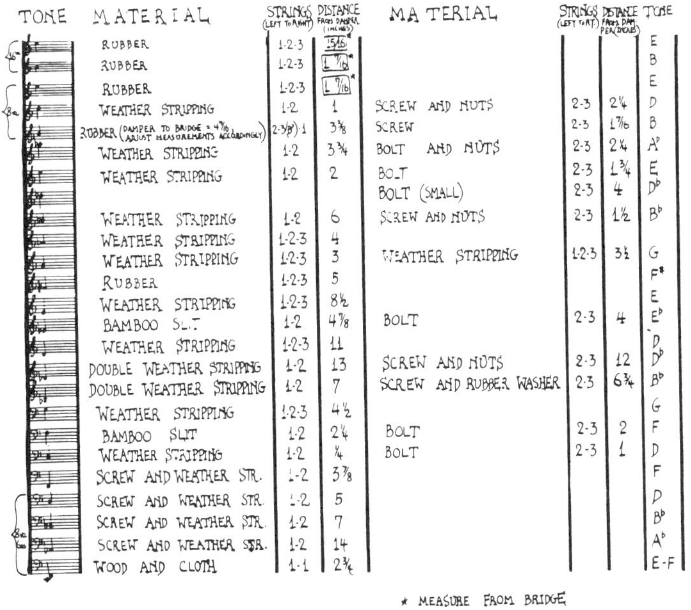

© 1960 by Henmar Press Inc. Used by permission of C.F. Peters Corporation, New York.
図2　ケージ《危険な夜》のプリペアド・ピアノのプリパレーションの表

おうとする感覚で、特定のメディア、たとえば音楽なら音楽、美術なら美術といった個々のメディアの独自性を尊重する伝統の束縛をのがれようと試みた。演劇でもあり、音楽でもあり、美術でもあるようなハプニングや、概念そのものを素材とするコンセプチュアル・アートなどがこの流れのもとに開花する。〈ダダ〉の芸術がもっていたような攻撃的なアイロニーも、フルクサスの本領のひとつである。

◆アレアトリーからクラスターへ

1950年代の半ばにはケージの偶然性・不確定性の音楽がヨーロッパへ伝わって、衝撃をあたえた。作曲家のあり方を根本的にくつがえす思想に、ブーレーズもシュトックハウゼンも震撼とさせられたのである。しかし、ヨーロッパの前衛作曲家たちは、ケージのようにすべてを偶然に任せてしまうのを作曲家の怠惰である

> **フルクサス**
>
> フルクサスfluxusの名は当時、マチューナスが考案した。もともとはラテン語で、「流れる」という動詞fluoが変化してできた形容詞。「流れた」とか「崩壊した」といった意味をもっている。おそらく、芸術と生活の壁やジャンルの垣根を流し去ってしまおうという主張が込められているのだろう。
>
> 表現の生活化をめざしたフルクサス運動はマチューナス没後、急速に衰退していったが、今でもときおり回顧展は開かれている。日本では小杉武久や塩見允枝子らが中心となって、この名のもとにパフォーマンスを繰り広げてきた。

と非難して、〈アレアトリー(管理された偶然性)〉による作品を考案した。全体としては作曲家がコントロールするものの、小さい部分の構成、もしくは大きい部分の構成のいずれかを偶然に委ねたのである。偶然性の柔軟さを吸収しながらも、作曲家の権利を譲らない、いかにもヨーロッパ人らしい解決といえよう。ブーレーズの《ピアノ・ソナタ第3番》(1955、57)やシュトックハウゼンの《ピアノ曲XI》(1956)はその代表作である。

1950年代の終わりになると、トータル・セリー音楽の行き詰まりをのり越えるものとして、ヨーロッパの前衛はもうひとつの手法に注目しはじめた。それが〈クラスター(音群作法)〉である。もともとは20世紀前半に活躍したアメリカの作曲家、カウエルが考案して命名したもので、《マノーンの潮流》といった作品で使われた。アイヴズやバルトークにも同様の例が見られる。

クラスターというのは、隣接した複数の音を同時に演奏してできる音の帯、ま

図3 フルクサスのコンサートのポスター

第12章　20世紀(2)

たは音の塊のことを指している。そして塊を構成している音の高さや強度、音域や楽器の種類を変えることによって、曲が構成される。セリー音楽がひとつひとつの音を点として扱ったのに対して、クラスターは多くの音をひとつの群として扱うことを可能にした。クラスターによって作られた音楽を聴く体験は、たとえていうなら、空に浮かんでいる雲が微妙にその輪郭を変えたり、太陽の光をあびて色がうつろっていくのを眺めているような感じである。

　最初にクラスターの応用を示唆したのはカーゲルの論文だったが、実際の作品で実現したのは、リゲティとペンデレツキだった。ハンガリー動乱のときに亡命してケルンへやってきたリゲティは、アイメルトに誘われて電子音楽スタジオで《アルティキュラシオン》(1957) を作曲する。その体験を踏まえて、彼はクラスターの手法を洗練させていった。いかなる展開もない音楽、つまり全体としては静止していて、内部ではテクスチャーが複雑にからまりあい、運動をくり広げているといった音楽をクラスターによって実現したのである。《アトモスフェール》

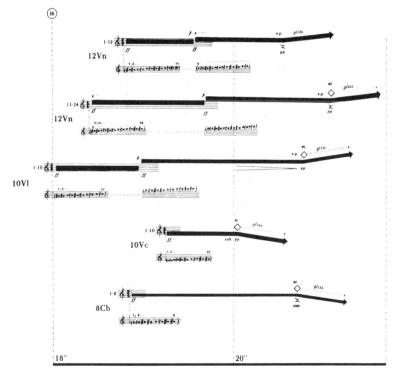

THRENOS
Music by Krzysztof Penderecki
© 1960 DESHON MUSIC INC.
All rights reserved. Used by permission.
Print rights for Japan administered by Yamaha Music Entertainment Holdings, Inc.

譜例3　ペンデレツキ《広島の犠牲者に捧げる哀歌》の一部。太い線がクラスターを表す。

(1961)では全部で87個のパートを積み重ねた巨大な音の塊が色と形を変容させていく。ポーランドの作曲家ペンデレツキがクラスターで書いた代表作は、《広島の犠牲者に捧げる哀歌》(1960)(前掲譜例3)。微分音程(注8)や特殊奏法が多用されているのが特徴である。

◆ミニマル・ミュージック

1960年代の後半になると、ヨーロッパの前衛音楽は閉塞状態においこまれる。トータル・セリーからアレアトリーやクラスターを経験したのち、新しい手法を生み出す力が停滞しはじめると、もはや技法やスタイルが古くなっていく速さに追いつかなくなってしまう。そこで集団即興演奏や直観による瞑想音楽に打開の道が探られていた。

アメリカではフルクサスのメンバーだったヤングらが、新しい音楽〈ミニマル・ミュージック〉を生み出した。ヤングとともにバークリーで研鑽を積んだライリー、アフリカのドラムから影響をうけたライヒ(譜例4)、そしてラヴィ・シャンカルに刺激をうけたグラスが、初期の代表的な作曲家である。4人の作風はそれぞれ個性的だったが、彼らは調性による三和音を臆することなく使って、限られた音素材を何度となく反復するという書法を駆使した。ミニマルという言葉は、絵画のミニマル・アート(同じ形を無数に連ねていき、そのユニットどうしの間で相互に干渉が起こっているような美術作品)から借用されたものである。しかし音楽的にはヴェーベルンやサティ、東洋の民族音楽、古代・中世の音楽の影響が色濃い。

ライヒのテープ音楽《カム・アウト》(1966)やピアノ曲《ピアノ・フェイズ》(1967)では複数の音型を少しずつずらしていくプロセスを、また、任意の楽器、任意の演奏家によるライリーの《イン・C》では複数の音型を任意の回数、反復して重ねていくプロセスを作るなど、初

© 1980, Universal Edition A.G., Vienna
Reprinted by permission of Universal Edition A.G., Vienna
譜例4 ライヒ《木片のための音楽》の一部

(注8) 微分音程:4分音など、半音よりも狭い音程のこと。鍵盤楽器ではむずかしいものの、弦楽器では容易に鳴らすことができ、また、シンセサイザーやコンピューターの発達で、さまざまな微分音程を正確に得られるようになった。

集団即興演奏

　1960年代から70年代にかけて、世界的に数多くの即興演奏グループが現れた。グロボカールが主導したニュー・フォニック・アート・アンサンブル、シュトックハウゼンの直観音楽を演奏したケルン・グループ、日本のタージ・マハール旅行団と、枚挙にいとまがない。ジャズ系のものもあれば、電子音楽系のものもあったが、たとえばアマチュアのメンバーが伴奏を持ち寄って演奏するカーデュウのスクラッチ・オーケストラや、名曲を不完全に即興するブライヤーズのポーツマス・シンフォニアの試みは実験音楽の発想に近い。

期のミニマル・ミュージックは演奏のたびに変化する要素を含んでいるものが多かった。どんな音の響きが生まれるのか、じっと耳を傾ける楽しみは、砂浜で波が寄せるたびに足跡が崩れていくのをみつめたり、潮が満ち引きするのを眺めるといった長時間にわたる瞑想的な体験になぞらえることができる。

　1970年代に入ると、ミニマリストたちの反復音楽は規模が拡大し音色も豊かになって、もはや「最小限の」という意味をもつ「ミニマル」の呼称とはそぐわなくなった。イギリスのナイマンやブライヤーズらは反復音型をポップな響きのなかに取り入れ、アメリカのアダムズは反復を意匠として用いつつ、オペラやオーケストラといった伝統的なジャンルで作品を書くなど、ポスト・ミニマルの多様な流れが生まれる。さらにポピュラー音楽の文脈でも広く受け入れられ、グラスがポピュラーの歌手に曲を書き、90年代にはコールド・カットやケン・イシイらDJによるCD「ライヒ・リミックス」

がリリースされて、テクノやエレクトロニカの音楽シーンにも影響を与えるところとなった。

◆音楽劇から再びオペラへ

　ブーレーズが〈オペラ劇場破壊論〉を唱え伝統的なオペラの死滅を喧伝したように、1960年代には、ひとつのストーリーを描きながらドラマを演じていくオペラの伝統的なあり方に疑問が投げかけられた。サンギネッティの協力を得たベリオのオペラは一貫したストーリーをもたない点で実験的である。カーゲルやシュネーベルの〈音楽劇〉の試みは、ストーリーや意味をはぎ取ることによって、舞台に登場する人物の身体そのものに注意をひきつけた。《シアター・ピース》をはじめとするケージの演劇的な作品も共通の傾向をもっている。

　しかしヨーロッパではヘンツェやツィンマーマンらが伝統的なオペラの可能性を拡張していく仕事も続けていた。70年代後半になると、終末的世界を描いたリゲティの《ル・グラン・マカーブル》や上演に七日間を要するシュトックハウゼンの《リヒト》など、前衛作曲家たちが再びオペラを手がけるようになる。また、グラスは《浜辺のアインシュタイン》(注9)に始まるポートレート・オペラ三部作から歌劇や映画音楽へと傾斜した。ライヒもビデオ作家コロットとの共作でドキュメンタリー・ミュージック・ビデオ・シアター《ザ・ケイヴ》(1993)や《スリー・テイルズ》(2002)を完成して、他ジャンルとのコラボレーションによる新しい劇場作品を展開している。

(注9)《浜辺のアインシュタイン》：相対性理論を打ち立てた物理学者アインシュタインをテーマとしたオペラ。ストーリー展開よりも、イメージや概念の連鎖によって構成されている。R・ウィルソンの演出とL・チャイルズのモダン・ダンスと結びついた斬新な公演が話題となった。

第1部　西洋音楽史

◆引用の音楽

　過去とは隔絶された、まったく新たな
ものを創造しようとするモダニズムの運
動は、1960年代になると、さまざまな形
でなしくずしになっていった。たとえば
ミニマル・ミュージックは調性の復活を
準備した。実験的な音楽劇の勢いは弱ま
り、伝統的なオペラへと吸収された。ま
た過去の作品を引用して多元的な音響空
間を作りだす〈引用の音楽〉が作られる
ようになったのも、ポスト・モダニズム
のひとつの兆候である。

　ベリオが1969年に完成した《シンフォ
ニア》の第3楽章は、マーラーの《復活》
交響曲のスケルツォを土台にして、バッ
ハから現代曲にいたるまでの引用をコラ
ージュした音楽で、ポスト・モダンの音
楽のあり方を象徴的に示している。ここ
では既成の作品から取り出された断片
が、もとの音楽作品を暗示するために使
われているのではない。バッハの曲もシ
ュトックハウゼンの曲も、歴史的な文脈
から切り離されて、同列に並べられてい
るのである。そしてその同時性は、時事
的な内容を匂わせるテキスト（これも既
成の言葉の引用となっている）で強調さ
れる。

　ツィンマーマンも多元的な創作を試み
ることによって、ポスト・モダニズムの
傾向を示している。《ユビュ王の晩餐の
音楽》（1966）や《ある若き詩人のための
レクイエム》（1969）では大胆なコラージ
ュ技法が凝らされた。また、レンツの原
作による《兵士たち》（注10）は表現主義
的なオペラを発展的に受け継いだもの
で、ベリオのオペラでも行われるように、
複数の時空間にまたがるできごとが同時

進行する多層的な構造をもっている。

◆ソヴィエトとその崩壊

　ソヴィエトでは1952年にスターリン
が亡くなると、ゆっくりとしたテンポで
〈雪解け〉がはじまった。禁じられていた
ショスタコーヴィチの《ムツェンスク郡
のマクベス夫人》の上演が復活され、
1920年代のロシア・アヴァンギャルドの
芸術がよみがえって、国内の前衛的な音
楽がにわかに脚光を浴びはじめる。その
一方で海外からも前衛音楽の情報が急速
に入ってくる。たとえばノーノは、早い
時期にモスクワを訪れ、現代音楽や民族
音楽のレコードや楽譜を数多く若い作曲
家たちに提供したという。またピアニス
トのグールドがモスクワで初めての新ウ
ィーン楽派のピアノ音楽を紹介するコン
サートを開いたり、ストラヴィンスキー
が祖国の土を踏むといった画期的なでき
ごとがつづいた。当時20代から30代だっ
た作曲家たちは一気におしよせた情報を
貪欲に吸収しながら、独特の作風を編み
出すことになる。いわゆる〈多様式主義
の音楽〉で、セリーやクラスターと、中
世・ルネサンスの音楽様式が併存してい
るような、歴史の序列を度外視した音の
世界ができあがったのである。

　ジャズの即興演奏を取り込み、古典派
やロマン派の様式と現代的な響きをかけ
あわせたシュニトケの《交響曲第1番》
や、中世の語法をよみがえらせたグバイ
ドゥリーナの《クワジ・ウナ・ホケトゥ
ス》などが例としてあげられる。フラン
ス近代の影響が強いデニソフも、ソ連の
政治体制の変化から多様式主義へと進ん
だ作曲家である。そのほかペロティヌス
とよく似た音楽を書くようになったペル

(注10)《兵士たち》：1965年にケルンで初演されたB・A・ツィンマーマンの代表作。市民の娘が貴
族の兵士に誘惑されて、売春婦におちいていくまでが描かれている。電子音楽やミュジック・コンク
レートの要素が入り交じった表現主義的な音楽に特徴がある。

128

トや、瞑想的な楽想を特徴とするカンチェーリといった作曲家も現れた。

〈多様式主義の音楽〉は1980年代の後半になって、ヨーロッパの音楽が覇気を失ってきたころに一躍注目を集めた。そうした経緯には連邦が崩壊していくソヴィエト国内の事情も関わっていたが、ポスト・モダニズムの風潮が欧米で一般的になってきたことに重要な要因があった。〈引用の音楽〉と同じように、複数の様式を脈絡なくよりあわせたこの種の音楽は、前衛音楽がかえりみることのなかった消費社会の要請にもかなっていたのである。

◆新ロマン主義

1980年代に入ると、ヨーロッパとアメリカで、〈新ロマン主義〉という同じレッテルのもとに広範な音楽が登場する。

とくにドイツではこの時期、1950年代生まれの作曲家による音楽が注目を浴びた。戦後、ヨーロッパのほとんどの作曲家たちがダルムシュタットでの講義や議論のなかから自分の新しい方向を見いだしていったのに対して、もっと若い世代の音楽家たちはセリー主義やクラスターには与せず、より感覚に訴える、生命感のある音楽を求めようとした。その結果様式の統一を破る、複合的なスタイルの音楽が生まれた。代表的な作曲家としてはリームとボーゼ、トロヤーンらの名前が挙げられる。

アメリカではミニマル・ミュージックを起点とする〈ニュー・シンプリシティ〉と並行して、1983年と84年にニューヨークで開かれた「ホライズンズ——ニュー・ミュージック・フェスティヴァル」で〈新ロマン主義〉のレッテルが一躍有名になった。『不思議の国のアリス』に取材した一連の作品で知られるトレディチ、神秘主義的、悪魔的な題材を独特の楽器法や奏法で描いているクラム、エイズを題材とした交響曲第1番を始め、数々の話題作を書いてきたコリリアーノなど、このレッテルには多様なスタイルをもつ作曲家が含まれている。

〈新ロマン主義〉は統一的な主張をもっていないので、印象主義や表現主義のようなひとつの明快な美的理念ではない。しかし従来のロマン主義に内包される自己表出や調性・旋法の復活、交響曲やオペラといった伝統的な形態の発展的な継承、さらに様式の自由な混合といった点に、彼らの共通性をみることはできるだろう。

◆スペクトル音楽

1960年代までの熱い「前衛の時代」が終わり、ポスト・モダニズムの音楽が興隆したあとも、これまでになかった新しい地平を切り開こうとするモダニストたちの試みは続いている。ポスト・ブーレーズ、ポスト・セリー世代のグリゼーやミュライユらフランスの作曲家が生み出したスペクトル音楽もその一例である。

トータル・セリー音楽の強固な論理を打ち破る新たな基盤をさがして、1970年代に前衛作曲家が注目したのは、音響現象そのものだった。コンピュータの発達は複雑な音響現象に含まれる波長成分を分析し、時間のなかでの推移を視覚的に捉えることを可能にした。IRCAMで最先端の技術によって音響分析を行っていたグリゼーとミュライユは、解析された成分を楽器音に置き換えて表現し、たとえば倍音列と非倍音列の対比といった発

想で構造を作っている。グリゼーの6曲からなる連作《音響空間》(1974-85)やミュライユの《夕陽の13色》(1979)はスペクトル音楽初期の代表作である。戦後、前衛作曲家たちが音符と音符を組み合わせる合理的なシステムから出発したのに対して、スペクトル楽派の作曲家たちは一つ一つの音響現象を前提としている。そこには即興演奏をしながら一つの音、音響のなかにさまざまな音の成分を聴きとったローマの作曲家シェルシの影響がみられる。

◆ニュー・コンプレキシティ

トータル・セリー音楽を発展的に継承してきた一群の作曲家たちは、〈ニュー・シンプリシティ〉とは対極的な方向を示していることから、〈ニュー・コンプレキシティ〉すなわち「新しい複雑性」と呼ばれている。イギリス人で長らくアメリカに住んでいるファーニホウはこの傾向を代表する作曲家で、システマティックな作曲法を展開し、ピラネージの連作版画に基づく《空想上の牢獄》(1982-87)など、演奏家に過剰な要求を突きつける複雑な音楽を書いてきた。ファーニホウを教えたスイスの作曲家フーバーも、不思議な数の現象を作品に投影し、神秘主義に基づいた複雑なリズムをもつ音楽を書いている。イギリスではフィニシーやディロンらがこの傾向を踏襲している。

ドイツの作曲家ラッヘンマンもポスト・セリーを模索するなかから、独自の創作を試みてきた。彼の「楽器によるミュジック・コンクレート」は楽器の音をいかに伝統から切り離して、独自の素材へと異化していくかを追及したもので、たとえば歌劇《マッチ売りの少女》では逆さに構えたヴァイオリン奏法や舌打ちだけで声を発する歌唱など、独特の特殊奏法、特殊唱法を編み出している。

こうした複雑さを求める彼らの作品は、未知の新しさを求める前衛、モダニズムの精神を正統に受け継いでいるといえる。

◆20世紀から21世紀へ

モダニズムの急先鋒である前衛の作りだした戦後の音楽シーンから、消費社会の論理が浸透したポスト・モダニズムの時代までの音楽を概観してきたが、とくに60年代後半からは国名や年代が錯綜した。というのも、この時期は20世紀前半のように主流があって支流がある、というのではなく、多くの支流が並行し、交差しながら進んでいく状況を呈したからである。

とくに最近のアメリカ音楽のように消費の論理で動くようになった創作は、ほんのわずかな差異によって区別され、まもなく飽きられて新たな差異化が求められる。さらにマルチメディアの発達がこの傾向を加速した。その繰り返しはひとつの美的理念によって様式が決定されてきた前衛の歴史とは異なり、果てしなく音楽を細分化していく。どれが主流でも傍流でもない。個々の支流、いわば〈小さな音楽〉がひたすら併存している。

90年代にこうした差異化のレッテルとして使われた言葉の一つが〈癒しの音楽〉である。スペインのシロス修道院で録音されたグレゴリオ聖歌のCDがベスト・セラーとなり、ハンガリーの作曲家グレツキの《悲歌のシンフォニー》がポップスのヒット・チャートにランキングされるといった現象とも共通して、静かに癒されていくタイプの音楽が求められ

(注11) 純正調の音楽:平均律を核として展開してきた近代のヨーロッパ音楽と袂を分かって、純正律に基づく音楽を継承していこうとするアメリカ西海岸の実験的な作品動向のひとつ。L・ハリソンらが中心となっている。

ていた。ペルト、タヴナー、カンチェーリなどの作曲家による、ゆったりとした祈りの音楽は、そうした世紀末の思潮にぴたりと符合したのである。

また、バルトークの時代から脈々と続いてきた民族音楽の本格的な発見は、ポストコロニアル、あるいはグローバリゼーションの時代にあって深化している。シャーマンの儀式を交響的作品と結びつける中国のタン・ドゥンや東南アジアの音楽に発想の根をもつフィリピンの作曲家ホセ・マセダなど、アジアの作曲家の台頭もこの傾向を推進した。アメリカ西海岸を中心とするハリソンらの純正調による音楽（注11）が注目を集めるようになったのは、こうした文脈と無関係ではない。イギリスや北欧などの国々からも伝統と前衛の様式を併せ持った作曲家たちが輩出している。とくにサーリアホやリンドベルイ、サロネンらフィンランド勢の活躍はめざましい。

電子音楽は機材の簡便化によって共同作業から個人の創作へと変化した。90年代にはノイズやサンプリングを使って、電子音響によるサウンドアートが広く展開された。さらに、カーゲルやシュネーベル、グロボカールらの動作を伴った作品には身体性へのまなざしが示され、より若い世代は演奏家の身体の状態をリコンポジションするといった新たな試みへと踏み出している。

このように21世紀を迎えて、音楽の創作はますます細分化され、〈小さな音楽〉がひしめいている。メディアの変容とともに、現代の音楽がどのように聴かれるかという文脈も変化してきた。クラシック系の現代音楽とポピュラー系の現代音楽を区別するような、これまでの音楽地図は、今後、ドラスティックに再編されていくことになるだろう。　（白石美雪）

© 1996, 2008 by Miyuki shiraishi

エゴン・シーレが描いたシェーンベルク
(p.109参照)

コラム
もうひとつの音楽史

その5：音楽メディアについて

　メディアという言葉は現代に広く用いられているが、元はラテン語のメディウムmedium の複数形で、「間にあるもの」を意味した。ここで音楽メディアという場合、生産者と消費者 の間にあるもの、つまり、作曲者あるいは演奏者と聴者の間にあるものを指している。

　音楽を演奏者によって演奏される場所で聴くという行為は、ごく自然の形であり、その形 は古代でも現代でも変わらない。演奏者と聴者は音楽を通して、一体感を味わうことができ る。生の音楽、すなわちライブで音楽を聴くことは、今日ではある意味で、「贅沢な」体験と なっている。しかし20世紀までは、音楽は家庭で自分や家族の演奏を楽しむか、チケットを 購入してコンサートホールや歌劇場に行くしかなかった。当然、その土地や場所に行かない と聴けない音楽もあり、交通機関が発達する19世紀後半までは、多くの人は限られた土地や 場所で音楽を聴くしかなかった。もっとも大都市にいれば、旅興行する音楽家の演奏を楽し むことはできた。

　20世紀になって、音楽メディアに大きな変化をもたらしたのが、レコードの開発である。 エジソンが「フォノグラム」を発明したのは1877年であるが、その後の音楽用レコードへの 道を開いたのは、1887年にベルリナーによる円盤式の「グラモフォン」の開発であった。そ の後SPレコードが販売され、第2次世界大戦後はLPレコードが登場して、1枚のレコード に録音できる時間も長くなった。1980年代からはさらにCDが普及し、次第にレコードを駆 逐するようにもなる。

　ここでレコードからCDに至る歴史について述べる余裕はないので、レコードやCDによっ て私たちと音楽の関係が変化したことについてのみ、注目しておきたい。19世紀にミニチュ ア・スコアが登場したことで、私たちは音楽作品を「モノ」として所有できるようになったが、 レコードやCDではさらにコンサートホールや劇場でしか聴けなかった音楽を「モノ」として 所有し、その結果、再生機さえあれば、いつ、どこでもその音楽を聴くことができるように なった。つまり、音楽はその土地や場所を離れて、別の場所や空間で聴かれるようになった わけである。1970年代に「ウォークマン」が登場したことで、歩きながらでも音楽を聴くこ とができるようになった。コンサートホールで集中して音楽を聴くのではなく、「軽やかに」 音楽を楽しむようになったわけである。

　レコードやCDの形で私たちの生活の中に「位置」していた音楽は、1990年代以降、イン ターネットが普及することでさらに変化した。市場からはCDという「モノ」が消えて、我々 はデジタル・データで音楽をダウンロードするようになった。ここにはまだ音楽を「所有」す るという感覚は残されていたが、近年はデジタル・データにアクセスして、音楽をモバイル 機器で聴くという形になってしまった。もはや音楽は「所有」の対象ではなくなってしまっ たのである。また「モノ」から「データ」に変化したことで、音楽に対する金銭的対価も少な くなり、一定料金を支払えば、聴き放題という状況になってしまった。その分、音楽家の収 入が減少したことは当然である。

　こうして近年、CDの売り上げが減少し、ダウンロードやアクセスの回数も増加しているの だが、その一方でライブ演奏には以前にもまして、より多くの人が参加するようになった。 人々は音楽だけでなく、音楽を通しての演奏者、そして聴衆との一体感を求めているように 思われる。人間と音楽の関係は、メディアがどれほど「進化」しようとも、古代の時代から変 わらないままなのである。

（久保田慶一）

古代ギリシアの音楽から日本の現代音楽まで

はじめての音楽史

第2部
日本音楽史

第1章　日本音楽史の始まり

(西暦300年～1000年まで)

◆日本音楽史の始まり

　日本の音楽を語る上で、記録(文献や楽譜など)の出現する以前の大きな手がかりは、たまたま出土した楽器などの〈物〉になる。今日の伝承との連続性は希薄であり、百年単位の空白を埋めるのは、偶然の出土によって光を浴びた僅かな対象である。音楽考古学(注1)の分野では年々新しく、闇にあった〈物〉が歴史を語りはじめているが、まだ有史以前をくっきり照らすには至っていない。

　3世紀の『魏志』(倭人伝)(注2)には、邪馬台国の葬儀に関する歌舞に言及した部分がある。また文献としての成立は下るが、『古事記』、『日本書紀』、『風土記』などに、いわゆる天の岩戸伝説や、仲哀天皇が琴を弾奏し、神宮皇后が戦勝を告げたという神話的古事を含む音楽記事を求めることができる。

　弥生時代・古墳時代までについては、銅鐸(図1、通常は美術工芸品に分類される)・石笛・土笛・板状の弦楽器などの出土楽器、埴輪(図2)などの副葬品、壁画などが当時の音楽の様子を伝える史料となる。さらに日本やその周辺文化圏に存在する古い習俗(歌垣[注3]など)も重要である。有史以前から大陸との文化的交流は確認されているが、音楽の面では、素朴な日本固有の民族的歌舞を主として行い、アジア諸国に積極的な音楽上の接触は求めるには至っていないと考えられている。

　現在は広義の雅楽として伝承されてい

図1　銅鐸：祭祀などで楽器として使用されたと考えられる。

図2　埴輪：ひざにかかえているのは、琴の一種

(注1)柴田南雄「古代の楽器遺産」『岩波講座　日本の音楽・アジアの音楽』岩波書店(1989)、岩永文夫『土の中のメロディー』音楽之友社、ミュージック・ギャラリー(1985)、宮崎まゆみ『埴輪の楽器』三交社(1993)、笠原潔『音楽の歴史と音楽観』放送大学、印刷教材(1992)を参照。
(注2)『魏志』：中国の、三国時代の史料の一部。　(注3)歌垣：男女の歌かけ遊び。

135

る、祭祀の要素の濃い国風歌舞（注4）なども、平安時代に今日の伝承へと変化したとはいえ、日本音楽史の始まりにきわめて近い音楽の内容を伝えている。伴奏に用いられる和琴は、登呂などの弥生時代の遺跡から出土した琴（図2）の面影を残しており、生み字といって、母音を「おオオオとオオオめエエエ」などと継ぎながら引き延ばす特徴があり、古式をしのばせる。

◆汎アジア音楽の導入期

4世紀には古墳時代に入り、まず朝鮮半島、さらにアジアの国々との文化的接触が質量ともに高まった。『日本書紀』などの正史は、5世紀半ばには、新羅の楽人が允恭天皇の葬儀に楽を献じたこと、6世紀半ばには、百済の楽人の交代要員が来日したことを記している。

文化接触の輪は、7世紀初頭の推古朝になるとさらに広がり、伎楽という中国の江南地方の芸能を、朝鮮半島の百済の教師が日本の少年へ伝えた。聖徳太子の推奨もあったとされ、仏教公布手段として、外来の仮面劇である伎楽は、百済からの渡来人の味摩之という人物によって、大和の桜井を最初の教習場所として日本に根をおろしたといえる。

遣唐使の派遣が慣例化すると、朝鮮半島経由の文物伝来により、中国本土との接触に重点が移り、音楽や舞踊などの芸能も、唐の風習にしたがう傾向が強くなる。また、唐は中央アジアの芸能（西域楽）やインドの芸能（天竺楽）など周辺諸国の音楽を胡楽と称して積極的に採り入れていたので、その影響を受けた奈良・平安時代の日本の音楽も汎アジアの様相が濃い。

もっとも、6世紀半ばとされる仏教伝来によって、日本の思想文化が外来色に染まったわけではなく、皇室祖先神や古来の神々への祭りは、従来の風習を堅持していたといえる。また、公文書の漢文化が進み、漢詩が尊ばれる一方、和歌は、生活の必須の教養として老若貴賤を問わず広くたしなまれたようである。たとえば『万葉集』の和歌は、書き記して黙読する文学というよりは、旋律の手がかりこそ少ないが、音読して歌われる、文字どおりの歌であったはずである。

『琴歌譜』（図3）は、楽譜としての成立年代が平安初期まで下るが、内容としては、古事記・日本書紀時代の歌の旋律と伴奏の和琴の奏法の手がかりを伝えている。この『琴歌譜』の解読は、さまざまになされているが未解明の部分も多い。

古代前期の汎アジア文化の時代の風潮は、明治初期の文明開化にもたとえられるが、大陸の進んだ文化を吸収し、日本古来の魂と、海を渡ってきた技術の両方を重んずる傾向を原則としていたといえる。

古墳時代末期から飛鳥・奈良時代は、音楽や舞踊においては圧倒的な外来文化流入時代といえる。吟味や取捨選択はともかく、接触の機会のあった内容は、貪欲に摂取する気概で向き合っていたのであろう。仏教伝来からまもなく200年をむかえようとする8世紀初頭、唐の長安の都に倣った平城京が完成する。

奈良時代の音楽史上重要なできごとは、701年の大宝令による雅楽寮の設置と、752年の東大寺大仏開眼供養である。汎アジア音楽導入の時代の象徴的な事項であり、流入の勢いの頂点を示して

（注4）国風歌舞：上代歌舞とも。p.142現代の伝承——雅楽を参照。
（注5）伎楽：仏教とともに導入された仮面を用いる音楽劇。

いる。国家的規模で内外の楽舞を導入・継承するための制度と、国力のほとんどを費やしたといわれる大仏の完成を祝う大法要をなぞり、今日も正倉院に残る往時の楽器の遺品についても、検証していきたい。

(1) 雅楽寮の設置

雅楽寮(うたまいのつかさ・ががくりょう)とは、701年の大宝令により設けられた行政機関、すなわち文化庁のような役所であり、国立の芸能学校としての機能をもっている。中国の宮廷に設置された教坊という芸能教習制度に倣ったという。長官にあたる頭(かみ)以下、事務官が正規の雅楽と雑楽を掌り、教官が指導に当たる組織で、専攻実技の科目にあたる歌・舞など(これは前述の国風歌舞にあたる)、外来系の内容に、唐楽・高麗楽(こま)・百済楽(くだら)・新羅楽(しらぎ)・伎楽(注5)が設けられた。『令義解(りょうのぎげ)』には、設置当初の教授定員と学生定員が明記されている。唐楽の師は12名、楽生は60名であり、その数は高麗(高句麗のこと)・百済・新羅の三国の楽の師各4名と楽生各20名の定員の合計に一致する。教習科目の内容や定員は、国風歌舞が9世紀初頭に大歌所(おおうたどころ)に移管され、林邑楽(りんゆう)(注6)や度羅楽(とら)(注7)などの科が加わるなど、何度かの大改訂をしたとみられる。平安時代に入って、現行の左方唐楽と右方高麗楽という、外来楽舞の二分類が形成されることになる。現行の高麗楽は、おそらく朝鮮半島の三国の楽舞をそれぞれの特質が分からなくなるほど、大きく日本化したもので、周辺の楽舞である渤海楽(ぼっかいがく)(注8)を加えている。左方唐楽とバランスがとれる 右方高麗楽(注9) を新しく

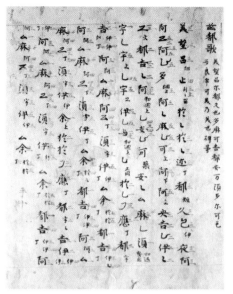

図3　琴歌譜

形成したのであろうと考えられている。

(2) 東大寺大仏開眼供養

8世紀半ばの天平時代は国際都市の平城京が「今盛りなり」という時である。聖武天皇が大仏建立を発願して9年目の天平勝宝4年(752年)4月9日に、空前の規模で開眼供養法要は行われた。「汎アジア芸能総動員」といえる形で仏教音楽・伎楽・日本の歌舞・アジア各地の楽舞が上演された史上最大の出来事であった。

その次第(プログラム)は『続日本紀(しょくにほんぎ)』『東大寺要録』などに詳細に記録されている。昭和55年10月には、天平の盛儀を模す形で大仏殿昭和大修理落慶法要が行われ、往時のイメージが実像を結んだ。五色の幕、幡(ばん)・纓(りゅう)・宝珠(ほうじゅ)など浄仏国土を現世に創出した極彩色のなかに、聖武太上天皇、光明皇太后、考謙天皇が臨席し、文

(注6) 林邑楽：今日のベトナム・ラオスあたりの楽舞とされる。
(注7) 度羅楽：今日のタイあたりとされているが、不明。一時もてはやされたが、すぐ廃れた。
(注8) 渤海楽：今日の中国東北部、ツングース族の国家の楽舞。
(注9) 高麗楽：雅楽寮時代の「高麗楽」と現行の「高麗楽」では内容は異なる。

武百官が礼服姿で参列し、南門からは
1,000人余りの僧が参入してくる。開眼の
作法を勤めたのはインドの僧で
菩提僊那。参列の一同が手を添えた長い
縷の結ばれた開眼筆を取った開眼師は、
大仏の顔に筆をむけて、空中で眼をなぞ
る。巨大な金銅の彫刻が、参列のすべて
の人々が加わった行為によって信仰の対
象となった瞬間である。

　開眼作法の後、唄・散華・梵音・錫杖
という現在の法要でも基本曲目とされて
いる声明を唱え、東西の高座（注10）に登
った講師と読師は『華厳経』の講説をは
じめる。その後さらに9,800人ほどの僧
が入場して、万僧供養の規模が実現した
という。

　昭和の大法要では、五色の縷で大屋根
の上の鴟尾の覆いを除くなどの演出があ
り、長らく廃絶していた伎楽が復興され
るなど、華やかな天平を現代に再興する
試みがさまざまになされた。

　天平の法要では、ここから大芸能大会
の様相を呈し、楽人舞人が次々と入場し
てくる。

　大歌と舞（注11）・久米舞（注12）・
楯伏舞など（注13）の日本古来の歌舞、
女漢踊・跳子・唐古楽・唐散楽・林邑
楽・高麗楽・唐中楽・唐女舞・高麗女楽
などの外来の楽舞が演じられた。出演者
数は明記されているが、芸能の実態が不
明なものも多く、名称が今日と共通して
いても内容は異なることも考えなければ
ならない。記録によれば、日本・中国・
朝鮮を中心とする汎アジアの楽舞が、各
演目それぞれ数十人から百人を越える出
演者によって、質量ともに豊富に演じら
れたことになる。参列者が一万人を軽く
越えるという盛大な行事はこうして幕を
閉じた。昭和の法要でも、数日がかりで
古今さまざまな芸能が奉納された。

（３）正倉院の楽器

　大仏開眼供養から４年後の聖武上皇
崩御を契機に、光明皇太后は遺愛の品を
東大寺に献じ、それらの宝物は正倉院に
収蔵された。楽器の献納もこの折にはじ
まり、18種類、ほぼ75点の現存が、正倉
院の大正・昭和の楽器調査で確認されて
いる。日本に従来から存在した楽器と、
アジアの国々から持ち込まれた楽器は、
合わせてどれほどの数であったろうか。
唐の音楽資料によれば、50種類余りが使
われた形跡があるという。そのうち日本
に渡ってきたのは、30種類ぐらいではな
いかといわれている。正倉院にはそのう
ちから選ばれた名品が保存されてきたと
いえる。

　現在の日本の雅楽器とほぼ同じもの
もあれば、雅楽が日本化する過程で絶え
てしまった正倉院にしかない楽器も多
い。現行の雅楽と共通する内容では、弦
楽器に箏・和琴・琵琶（４弦）がある。
管楽器の横笛と笙はほぼ同様であるが、
横笛は素材が多様、笙は吹き口が現行よ
りずっと長いなど異なる点もある。竽は
現行の笙の１オクターヴ低い音が出せる
楽器である。笙は日本では唐楽の響きの
代表格になったが、竽は復元楽器として
現代によみがえるまで、長らく忘れられ
ていた。打楽器では、胴のくびれた鼓胴
があり、現行の雅楽器と類似のものであ
るが、磁器製（現行は木製）という著し
い違いがある。

　伝承の絶えてしまった正倉院楽器

（注10）高座：屋根と階段のついた半畳ほどの高い台。講談や落語の高座の語源とされる。
（注11）大歌と舞：国風歌舞の五節舞の原型と思われるが、歌と舞で30人という規模である。
（注12）久米舞：国風歌舞で、戦勝を祝う武人の舞として四人舞の久米舞が伝承されている。当時
は40人が演じたという。
（注13）楯伏舞：内容は不明であるが、久米舞と相対する国風の武人の舞ではないかと思われる。

は、美術工芸品として評価されているものが多い。弦楽器には、螺鈿を施した五弦琵琶、阮咸（丸い胴の琵琶の仲間）があり、琴（箏とは異なる柱のないコトの仲間）も美しい装飾がされた名品が保存されている。また、損傷が甚だしいが、西域から中国を経て伝来したハープの箜篌の残欠がある。ほかには瑟（コトの仲間。二十五弦で柱のあるタイプ）のごく一部・新羅琴（十二弦のコト）、名称不明の七弦の楽器などがある。伝承の絶えた管楽器には、竽のほか、正倉院独特の尺八（近世の尺八とは別のもの）、パンパイプの簫がある。打楽器としては、鉄片群を枠に吊るして打って鳴らす方響がある。

8世紀当時に使用されていた楽器は正倉院に現存するもの以外にも、多種存在していたと思われる。それらのなかから取捨選択して、日本の雅楽の楽器編成が定まっていったのである。

なお、正倉院には文書の紙背にしるされた琵琶の譜（裏の写経用紙の収納簿に天平19年［747年］の日付があり、楽譜の方が先に書かれたらしい）があり、〈天平琵琶譜〉と称されている。

正倉院楽器を復元し、古譜の解読と合わせて、現代によみがえらせる試みもさまざまになされている。

◆汎アジア的音楽の受容と変容

平安時代の初期から中期にかけては、汎アジア的な芸能の摂取に邁進した段階を脱して、文化全体の国風化の流れのなかで、唐楽を中心とする汎アジア的な響きを、日本人の耳と心にしっくりする内容へと変化させていった。日本の伝統音楽となった雅楽の主要小種目である唐楽や高麗楽、そして仏教音楽などでも、同様の潮流が認められる。日本化はほぼ9世紀いっぱいをかけて進められたが、一連の変化を〈楽制改革〉という言葉で示すことが多い。明治・大正時代に洋楽を受け入れる社会が整って日本人作曲家が出現したように、貴族の教養としての雅楽環境が整い、日本人による唐楽や高麗楽の作曲・振り付けがさかんになった。現行の舞楽の曲名に、承和楽・仁和楽など、平安当時の日本の年号が付されているのはその証拠といえる。

外来の音楽文化が日本社会にとけ込んだ時代背景は、『源氏物語』などの平安文学からさまざまに知ることができる。史実との区別は必要だが、9世紀から10世紀の華やかな宮廷の生活文化事典に相当

源氏物語（平安文学）と音楽

「いづれの御時にか」…光源氏をめぐる長大な物語は、西暦1000年ころの成立である。さまざまな人生の起伏を描いた物語は、平安貴族の生活文化の百科全書といえるが、音楽は、「楽」「しらべ」「歌」「誦」「唱歌」「もののね」などの表現で、細やかにとりあげられている。種目名（舞楽・管絃・催馬楽など）・楽器名・曲名（青海波・春鶯囀・柳花苑など）は文学上の表現の一環として扱われ、彩りと深みを加えてい

る。十二世紀には、絵巻という視覚にも訴える表現が工夫され、音の聴こえる文学という方向性はより鮮明になる。先行作品である宇津保物語などに顕著であるが、王朝の人々の美意識のなかで、音楽はその人生や生活の各局面で不可欠なものである。式部や清少納言をはじめ、てだれの書き手たちは競って音楽を描写したわけである。戦前の研究であるが、『源氏物語と音楽』　山田孝雄（宝文館より復刻版あり）は不朽の研究書である。

第2部　日本音楽史

する内容として重要な手がかりである。歌を詠み、音楽を演奏するのは貴族の必須の教養であり、四季の移ろいや年中行事や人生の通過儀礼などにおいても、雅楽のさまざまな演奏が欠かせない。実際に主人公の光源氏や明石の上などは、音楽にも極めて堪能な人物として描かれ、さまざまな音楽や舞や歌を演じる情景が物語にちりばめられている。

アジアの芸能は、元来、舞や所作を伴う器楽合奏を主として、歌謡は含まない形で日本に伝来した。また、当時の仏教音楽の状況は、梵語(サンスクリット語)や漢語を歌詞としていたために、一部の人しか言葉を聞き取ることのできない、外国語による外来音楽の典礼であった。

なお、平安時代には仏教音楽についても、空海の伝えた真言宗の典礼、最澄の弟子の円仁による中国の天台宗の典礼音楽の組織的導入など、新たな局面を迎えた。また、日本語によって釈迦の物語などを伝える講式や、経典についての解釈を問答する論義、僧侶以外の在俗者も歌える和讃など、日本語の声明が成立した。

一方、雅楽の世界でも、古来の国風歌舞のみではなく、儀式の場以外にもふさわしい日本語の歌に対するこだわりが生まれた。また、特別な空間や時間を選ばず、合奏できる形態を模索するなど、外来の楽器を十分に使いこなしつつ、日常的に音楽を奏する欲求が高まっていたはずである。

そして9世紀半ばには外来の豊かな響きになじんだ耳で、日本独自の室内楽版に相当する内容を工夫して管絃が、ほぼ同時期に、新時代の日本語の歌である雅楽歌い物(注14)の催馬楽と朗詠が出現した。本来は舞とともに主として野外で演奏された唐楽などを、室内楽として舞を省いて楽しむ演奏形式は管絃と呼ばれる。管絃は平安時代中期以降、汎用可能で演奏頻度の高い雅楽の演奏形式となり、管絃専用の名曲も多数作られた。

源博雅は、音楽の素養に優れた貴族で、『博雅笛譜』と称される楽譜を編纂した。貞保親王、敦実親王、藤原師長など、音楽家として名を残した貴族は数多い。

笙や篳篥など外来の楽器で伴奏しつつ、日本語の歌を歌う、催馬楽と漢詩の日本読みを歌詞とする朗詠は、国風文化への時代の風を感じさせる新しい歌である。『源氏物語』にも、催馬楽はさまざまに描かれている。雅楽の新風とはいえ、古典的な歌い方と唐楽の楽器の編成を踏襲した内容である。

平安時代末期に、文字どおり「モダン」な音楽として出現する今様は、後白河法皇などが愛した芸能(注15)で、時代区分では院政期、芸能の世界では、すでに中世の趣きが認められる。雅楽関連分野ではあるが、貴族と、白拍子と呼ばれた遊女すなわち庶民階層が共有したという点では、雅楽の枠を脱している。歌い方も、おそらく催馬楽や朗詠に比べれば、リズミカルであったと思われるが、雅楽歌い物のように、伝統音楽として継承されてはおらず、最古に属する流行歌として位置づけられる。越天楽今様は能や箏曲などにも取り入れられ、器楽のメロディーに歌詞をつけて、替え歌の様に楽しんできた長年の静かな伝統といえる。

以上、日本古来の音楽内容に加え、汎アジア的な流れで諸地域から伝来した音楽内容を日本化し、日本独自の展開を示

(注14) 雅楽歌い物：〈国風歌舞〉と似た唱法であるが、宗教色がなく、伴奏には唐楽の楽器を用いる点が異なる。

(注15) 後白河法皇と側近が編纂した今様の歌詞集が《梁塵秘抄》で、口伝承という音楽理論に言及した部分もある。

140

第1章　日本音楽史の始まり

した日本の雅楽の過程を、仏教音楽の展開とともにたどってきた。

　起源や系統に注目すれば、汎アジアということばどおり、日本・中国・朝鮮などをおもな柱として、アジアの広い地域との接触がみえてくる。演奏形式の差異に注目すると、器楽のみの演奏・舞を伴う演奏・歌を伴う演奏などにより、雅楽のさまざまな小種目が分類できる。宗教色の濃淡に注目するならば（注16）、国風歌舞に特別の祭祀色がある。ただ、雅楽の演奏されるおもな場が、宮廷と寺社に限定されてきた点で、すべての内容に何らかの儀礼性が意識されているともいえる。

　このように歴史的にも、演奏の実態も多様な雅楽という包括種目は平安時代までにはほぼ現行の内容が完成され、維持の段階に入ったといえる。中世以降の歴史をたどっても、応仁の乱による楽人離散からの伝承の危機、安土桃山時代から江戸時代にかけて、奈良や天王寺の楽人が宮中に出仕するようになった三方楽所の制度、江戸城紅葉山の楽人の設置、明治の首都移転による新制度の発足（第4章参照）、終戦後の宮内庁楽部楽人の人員削減など、時代に応じて、困難ななかを伝承に努めてきたことがわかる。

◆古代から中世にむけて

　西暦1000年ころ、日本の伝統音楽として後に大樹となる芽と挿し木の土台となった部分は、ほぼ揃ったといえ、芸能や文化史の領域では、中世的な傾向が顕著になったと考えられている。前述の今様が文字どおりの当世風の象徴であり、あまり長く母音を重ねて引かず、言葉の

意味内容の伝達を演奏の目的に据える傾向が顕著になっていく。雅楽器の琵琶を伴奏に、長大な物語文学を弾き語りしていく平家（平曲）が確立するのは、13世紀と下るが、これは、日本語による物語形式の声明の技法を採り入れたものである。盲人で僧形の芸能者が、雅楽と仏教音楽という古代の音楽文化を引き継いで、新時代の芸能を展開したと考えられる。琵琶を伴奏楽器とする語り物は、近世・近代にも興隆し、やがては中世末に本土に伝来した三味線を伴奏とする語り物の成立にも影響を与えることになる。琵琶を用いる音楽を琵琶楽と総称するが、楽器輸入当時の伝承を保つ雅楽の琵琶のみが器楽として展開し、日本で発生した琵琶の場合は、仏教経典や説話を唱えながら奏する法要の琵琶を端緒としてすべて声楽の伴奏楽器としての用途である。

　宗教行為として琵琶を奏する例は、九州に現存し、筑前盲僧・薩摩盲僧・肥後盲僧・日向盲僧などと呼ばれる。読経と琵琶の結びつきが、やがて仏教説話、和讃などから、余技として巷間の語り物をとりいれるようになった。盲僧琵琶の技術を引き継いだとされる平家（平曲）は、宗教行為を脱した語り物音楽である。『徒然草』226段によれば、13世紀初頭の信濃前司行長という人物が、芸能の担い手として生仏という名の盲人と協力したとある。盲僧琵琶以来の伝統を受け継いでいるといえる。また、声明の講式の技法と平家の施律型の影響関係が指摘され、比叡山の慈鎮の関与を示唆する資料もある。

　中世以来の平家琵琶は、江戸時代には箏曲や地歌などとともに、当道という

（注16）中国においては雅楽というと儒教の天地祖先をまつる宗教音楽のことである。日本には中国の雅楽ではなく、唐代の俗楽と外来の胡楽が伝わり、日本の雅楽の唐楽になった。日本にはすでに日本の宗教用歌舞があったからとも考えられる。

141

第2部　日本音楽史

盲人の音楽家組織の管轄に属した。

　宗教芸能から鑑賞芸能への質的な変化は、長く続いた盲人専業の体制から、晴眼のしかも武家階層を演奏者に設定した新しい種目（薩摩琵琶・筑前琵琶など）を生み、近代には新しい鑑賞者の層を掘り起こし、やがて、琵琶は現代音楽にも活用される日本の代表的な楽器としての地位を得るようになった。

◆現代の伝承 ── 雅楽

　宮内庁式部職楽部は近代の組織であるが、機能としては奈良時代の雅楽寮と同様の役割を担っており、伝統芸能となった雅楽を包括管理している。ここで称する雅楽は、長年を費やして徐々に整った、多様な内容を含み、（1）日本古来の芸能、（2）外来の文化を日本化した芸能、（3）日本の声楽と外来の器楽を合わせた音楽というように、大きく3系統に分類できる。

（1）日本古来の宗教的な声楽と舞

　神楽・東遊・大和歌・久米歌などの国風歌舞は、宮廷や特定の神社での祭祀（年中行事や即位の儀礼）に欠かせない内容である。歌が主になるが、前奏・間奏曲にあたる小曲を加えた組曲の形式が多い。重要な部分では舞が奏される。歌いだしは常に笏拍子という薄い拍子木状の楽器を手にした句頭によって独唱（注17）され、和琴が加わる。きまった箇所より、斉唱になるが、そこから、篳篥と神楽笛または龍笛・高麗笛のいずれか一種の横笛が、歌の旋律をなぞって奏される。篳篥は外来の楽器であるが、歌の伴奏に適するなめらかな音の移行が容易なので、どの小種目でも必ず用いられる。

龍笛・高麗笛も本来外来楽舞用の楽器であるが、用途に合わせて用いる。楽器編成は表1のとおりである。

　神楽は御神楽と敬称を付しても称され、民間で演じられるお神楽とは演奏目的に共通する部分があるものの、音楽や舞の内容は別のものである。西暦1000年ころに、現行の組曲の形式の原型が整えられたという。国風歌舞は実際の演奏に接する機会が、雅楽のなかでも特に少ないが、特定の神社（注18）で演奏される折に参拝が可能であったり、録音が公開（注19）されている。

（2）外来系の内容を日本化した器楽と舞

　現行の左右両部の舞楽の制度は平安時代に確立した、起源系統別に左方の唐楽と右方の高麗楽を対に扱う二元的なものである。演奏形式では、舞を伴う舞楽と、器楽のみの管絃とを区別する。左が中国本土系の唐楽で、宮廷では上位にあたり、舞楽と管絃の両様式を伝承している。右は朝鮮半島由来の高麗楽で早くから日本との関わりを深めたが、唐に対しては、一歩譲る形になった。現行の伝承では舞楽のみで行われている。使用される楽器は表1の通りである。楽器編成は唐楽の管弦を基準として説明されることが多い。管絃は笙・篳篥・龍笛の3種類の管楽器、琵琶・箏の2種類の弦楽器、鞨鼓・鉦鼓・太鼓（楽太鼓または釣太鼓と称する室内仕様の太鼓）の3種類の打楽器による器楽合奏である。唐楽の舞楽の演奏では、現在は弦楽器を用いない。太鼓は楽太鼓ではなく、屋外仕様の巨大なだ太鼓（左方専用）を用いる。高麗楽では、篳篥・高麗笛の2種類の管楽器と三ノ鼓・鉦鼓・だ太鼓（右方専用）の3種

(注17)　神楽の場合は、元拍子と未拍子といって、2人が交互に句頭を勤める。
(注18)　伊勢神宮、春日大社、鶴岡八幡宮、大宮氷川神社など。
(注19)　日本コロムビア『日本古代歌謡の世界』など。

雅楽各種目一覧表

			舞	歌	管楽器(吹きもの) 篳篥	横笛の類	笙	弦楽器(弾きもの) 琵琶	箏	和琴	打楽器(打ちもの) 鼓の類	太鼓	鉦鼓	笏拍子
国風歌舞	神楽（かぐら）	神楽歌（かぐらうた）	有	有	○	神楽笛				○				○
	東遊（あずまあそび）	東遊歌（あずまあそびうた）	有	有	○	高麗笛				○				○
	大和舞（やまとまい）	大直日歌・倭歌（おおなおびうた・やまとうた）	有	有	○	竜笛				無				○
	五節舞（ごせちのまい）	大歌（おおうた）	有	有	○	竜笛				○				○
	久米舞（くめまい）	久米歌（くめうた）	有	有	○	竜笛				○				○
	田舞（たまい）	田歌（たうた）	有	有	○	竜笛				○				○
	誄歌（るいか）		無	有		無				○				○
外来系楽舞	唐楽	舞楽(左方)	有	無	○	竜笛	○	無	無		鞨鼓	大太鼓	大鉦鼓	
		管絃	無	無	○	竜笛	○	○	○		鞨鼓	楽太鼓	釣鉦鼓	
	高麗楽	舞楽(右方)	有	無	○	高麗笛	無	無	無		三ノ鼓	大太鼓	大鉦鼓	
世俗歌曲	催馬楽		無	有	○	竜笛	○	○	○					○
	朗詠		無	有	○	竜笛	○	無	無					無

注：○は使用される、空欄は使用されないことを示す。
　　楽器名を記入した欄は同類の楽器の内のひとつを示す。

表1　雅楽各種目一覧表

類の打楽器を用いる。中世までに完成した舞台芸術では、舞台と鑑賞者を遮る幕は使用しない。そのため、舞楽の登・退場にも、音楽と所作が伴う組曲の形式となる。組曲の各部分ごとに、通常は、横笛の類の独奏と打楽器の演奏から始まり、きまった箇所から、全体の合奏になる形が多い。管絃の場合は、通常ひとつひとつの楽曲を演奏対象とする意識が強く、楽曲の調子に合わせた音取（注20）を奏してから、同じ調子の曲を数曲奏する。異なる調子の曲の前には、次に奏する調子の音取を奏する。曲の始まり方や終わり方には類型性が強いといえるが、舞楽や管絃でも大曲と呼ばれる組曲には、リズムの面などで非常に個性的な内容が多い。一般に舞楽曲は活発に、管絃曲は緩やかに奏するという。

　調子や拍子などの音楽理論も、唐代の影響を受けた内容を日本化している。たとえば、壱越、平調などの雅楽の音名は、十二律と呼ばれ、発想は中国のものといえるが、名称は、中国の十二律とは異なり、日本で考案された（譜例1参照）。

（３）外来楽器を伴奏に用いる平安時代の歌曲

　外来の雅楽の受容がほぼ完了した9世紀頃に生まれたのが、催馬楽と朗詠である。催馬楽は現在の伝承では、4分の4拍子に数えられるゆったりした歌曲で笙・篳篥・龍笛の3種類の管楽器と、琵琶・箏の2種類の弦楽器で伴奏し、唐楽の管絃の楽器編成から打楽器を除いたものになる。句頭（先唱者）は国風歌舞と同様に笏拍子を打つ。朗詠は、拍にのせない唱法で、笙・篳篥・龍笛の3種類の管楽器

(注20) 音取：音合わせのための曲

譜例1　雅楽音名（上段は中国音名、下段は日本音名）

のみで伴奏し、拍を示す弦楽器や打楽器は用いない。歌い物は明治までは、特定の家系の伝とされたが、近代からは、宮内庁楽部の管轄になっている。関連の音楽内容としては、「宮中歌会始」の和歌の唱法歌披講があり、こちらは、旧華族の伝承とされている。

　現行の管絃の代表曲である、平調越天楽は、雅楽のなかではもっとも広く知られているが、それを1曲聞いただけでは、雅楽のごくごく一部に触れたに過ぎない。日本の雅楽として包括されているさまざまな音楽や舞踊のそれぞれの持ち味を是非実際の演奏や、録音資料から汲みとっていただきたい。

◆現代の伝承 ── 琵琶楽

　平家琵琶の伝承者は現在は非常に少なくなっている。平家琵琶の芸の系譜を伝える資料はさまざまであるが、江戸時代以降、前田流と波多野流に大別されるようになった。明治の近代化によって保護基盤を失ったのちも、前田流を汲む奏者が、仙台と名古屋で伝統を守ってきた。晴眼者や国語国文学の研究者などによる資料の整理検討は非常に進んでいる。

　薩摩琵琶は、16世紀半ばに、薩摩の盲僧琵琶をもとに、薩摩藩主導で精神修養を目的として展開された叙事的な物語琵琶である。明治時代以降は、地方の芸能から全国的に普及するに至った。薩摩琵琶の豪壮な特質を保つ流派（正派）と東京で普及した繊細で優美な芸風の錦心流がある。伝統的な琵琶楽以外の手法を積極的に取り入れた錦琵琶と呼ばれる流派も薩摩琵琶系である。

　筑前琵琶は近代（明治以降）に薩摩琵琶や三味線音楽の技法を取り入れて成立した流派である。北九州地方で発生し、すぐ東京に進出し、薩摩琵琶とともに地方の音楽から全国的に普及するに至った。女流の演奏家が活躍しており、洋楽の影響を受けた現代的な試みがされている（p.177参照）。　　　　（高橋美都）

© 1996 by Mito Takahashi

第2章　能と狂言

（西暦1000年〜1500年まで）

◆はじめに

　西暦1000年から1500年という時代は、白河上皇が創立した院政の開始（1086）から室町幕府の崩壊（1573）という歴史上の区分にほぼ相当するが、これを日本の音楽史・芸能史における中世と捉える考え方がある（注1）。すなわち平安中期に誕生した今様（p.140参照）などに中世の萌芽を見、永禄年間（1558〜70）に伝来した三味線をもって近世の始まりとする考え方である。

　中世の音楽・芸能の多くは民衆から生まれ、その民衆とともに貴族や支配階層が享受していた。このことが古代とも近世とも違う点であり、大きな特徴といえそうである（注2）。今様、白拍子（注3）（p.140参照）、早歌（注4）、曲舞（注5）、平家（p.141参照）、能、狂言など中世には数多くの芸能が生まれたが、ごく一部を除いて伝承が途絶えてしまっているのが現状である。そのなかで能と狂言は先行芸能や同時代の芸能を貪欲に吸収することで音楽性と演劇性と芸術性を高め、今日まで芸能としての生命を脈々と保っている。本章では中世の芸能を集大成した大河のごとき感がある能と狂言の歴史などを概観することで、日本の音楽史・芸能史における中世の一側面を追うことを目的とする。

◆能楽の歴史

（1）散楽から猿楽へ

　能は約600年前の室町時代に、観阿弥、世阿弥父子が芸術的に完成した歌舞劇（注6）であり、狂言は当時の現代劇である。おもに古典に題材を求めた詩劇である能と、セリフを主体とする喜劇である狂言とは、一見対照的な演劇に見えるが、実は仲のよい兄弟として同じ舞台空間を共有し、互いに協力し、影響を与え合ってきた。

　能と狂言の総称として〈能楽〉という言葉がよく用いられるが、これは明治以降に一般化した用語。江戸時代まではおもに能も狂言も猿楽といわれていた。

　猿楽のルーツは散楽といわれている。散楽とは唐の正楽に対する俗楽のこと。曲芸奇術、傀儡子などを含む雑多な芸能で、奈良時代に日本に伝来、散楽戸という国家レヴェルの養成機関が設けられたが延暦元年（782）に廃止された。そして平安中期ころ、散楽は猿楽という表記に変わる。その理由のひとつに芸態が変化したことが推測されている。すなわち、そのころの猿楽は現在の狂言の原形のような秀句（注7）、物まね、滑稽な寸劇などを中心とするものであったが、鎌倉中期・後期ころは祝禱劇である《式三番》が猿楽の表芸であったらしい。座（注8）

（注1）横道萬里雄「中世の音楽」『日本の音楽（歴史と理論）』国立劇場事業部（1974）
（注2）前掲書
（注3）白拍子：遊女のこと、またはこの遊女が舞い始めた舞曲のこと。ここは後者の意味である。
（注4）早歌：白拍子系統の芸能。特に歌曲の要素を発展させたものと考えられる。
（注5）曲舞：白拍子系統の芸能。特に舞の要素を発展させたものと考えられる。鼓を伴う歌舞で、リズム上の変化に富む芸能であったといわれている。
（注6）歌舞劇：音楽と舞踊が融合した演劇である能の基本の演技術は、謡という声楽と舞である。これを世阿弥は舞歌二曲と称している。能の音楽は、そのほか囃子という器楽から成り立っている。
（注7）秀句：発音の似た語句や文句を作っていうしゃれ。
（注8）座：演能グループのこと。猿楽の座は大和、近江、丹波、摂津、山城などに組織されていた。

145

図1 白い面の老翁が舞う《翁》の舞台。現在でも神聖視されている《翁》は新年や舞台披きなどの番組の冒頭に演じられる。この写真も横浜能楽堂舞台披き公演の時のもの。(シテ・観世清和)

の長老が《式三番》を担当し、下部組織が娯楽劇を演じていた。この娯楽劇がどのような経緯で歌舞的要素を充実させていったかは不明であるが、歌舞劇としての形を整え始めた勢いで立場が逆転し、両者が別行動を取るに至る。

さて《式三番》とは《翁》(図1)の古称であるが、呪師(注9)の流れを汲み、その源流は平安中期までさかのぼると思われる。今日でも《翁》は「能にして能にあらず」といわれており、天下泰平、五穀豊穣を祈る儀式能として神聖に扱われている。

(2) 観阿弥、世阿弥父子の出現

鎌倉幕府滅亡の年に生まれた観阿弥(元弘3年〔1333〕~至徳元年〔1384〕)は大和猿楽(注10)の結崎座に所属し、観世座の初代大夫(注11)となった役者。芸域の広さを誇る希代の名優であり《自然居士》《卒都婆小町》《通小町》という起伏に富んだ名作を残した。先行芸能や当時の流行芸を貪欲に吸収し、子の世阿弥とともに能の芸術性を高めたことが特に評価され

ている。たとえば、観阿弥が複雑なリズムとまとまった形式を有する白拍子系統の遊芸である曲舞と、旋律主体の能の小歌節とを融合させたことによって、音楽的な面白さと演劇的な表現の充実が可能となった。

応安年間(1368~75)に醍醐寺での演能をなし遂げた観阿弥は、永和元年(1375)ころの今熊野の催しに、初めて猿楽を見物する室町幕府三代将軍の足利義満を迎える。このように観阿弥は、当時の政治・文化の中心地である京への進出をはかり、時の権力者や貴族階級の支持を得ることに成功したのである。また世阿弥(貞治2?年〔1363?〕~嘉吉3?年〔1443?〕)はその容姿と才能によって義満の寵愛を受けると同時に、「本説正しき」(注12)能で鑑賞眼の高い貴人を満足させる作能術にも長けていた。《高砂》《忠度》《清経》《花筐》《融》《砧》《山姥》など完成度の高い作品を書き(図2)、《井筒》のような夢幻能(注13)の形式を完成に導いた。そして一座の運営に腕をふるった一方で『風

幽玄

「幽」も「玄」も漢字本来の意味は暗いということであるが、日本において幽玄は、主に歌道上で優美とか神秘的な美などを示す理念として用いられて来た。

世阿弥のいう幽玄とは華やかな美をさす。観客に与える感動を「花」にたとえ、その理論を展開させた世阿弥は、花の効果的な一例としての幽玄を追求した。強く写実的な演技を得意とする大和猿楽の伝統とは異なる、歌舞中心の貴族的な能を創作したのである。

(注9) 呪師:もともとは寺院の修正会・修二会で密教的な行法を行う僧。この行法を猿楽が代行することで芸能化し、呪師猿楽と称されるものが生まれる。
(注10) 大和猿楽:奈良を根拠に活躍した猿楽で興福寺などの神事を勤める義務と権利をもつ。結崎(観世)、外山(宝生)、円満井(金春)、坂戸(金剛)を大和四座と称した。
(注11) 大夫:娯楽劇を演じるグループの統率者。
(注12) 本説とは典拠のこと。この言葉は世阿弥の理論書による。
(注13) 夢幻能:たとえば旅僧の夢のなかに亡霊が現れるというような、時空を超えた構成をもつ能。

『姿花伝』をはじめ21部の芸術論を残した理論家でもあった。世阿弥は四代将軍義持の後援も得たが、六代将軍義教が世阿弥父子よりも彼の甥の音阿弥を贔屓、永享5年（1433）に音阿弥が観世座を継いだ翌年、世阿弥は佐渡に流される。義教の勘気に触れての流罪であろうが、前々年に子の元雅に先立たれ、元雅の弟の元能は出家、佐渡からの帰還も不明という不幸な晩年であった。

（3）世阿弥以降の能作者

元雅は人間の内面に迫る《隅田川》《弱法師》などの傑作を残し、世阿弥の娘婿の金春禅竹は《定家》《芭蕉》など深い情緒をたたえた能と、『六輪一露之記』ほか仏教哲学などに基づく能楽論を著した。音阿弥の作品は現存しないが、その子である観世信光は《船弁慶》《紅葉狩》など華やかなスペクタクル能を作る。信光の子、観世長俊もこの延長線上に《輪臓》《正尊》ほかを書き、禅竹の孫の金春禅鳳も《嵐山》《一角仙人》など、シテ（p.148参照）一人の演技にすべてを集約した世阿弥の能とは対極のものを目指した。応仁の乱と、続く戦国時代によって京都が灰塵に帰し、高い文化を誇る支配層や貴族が没落、一般大衆の支持なくしてはやっていけなくなった室町中・後期の猿楽にとっては、見た目が派手でわかりやすい能を作ることは、必然の選択であったといえる。

（4）式楽への道

豊臣秀吉は自らをシテとする太閤能を作らせるほどに能に耽溺し、大和四座に俸禄や領地を与え保護、ほかの座を四座のなかに統合する方針を打ち立てた。負

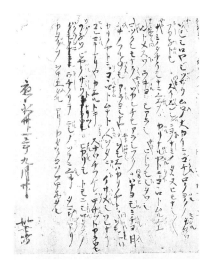

図2　世阿弥の自筆能本（能の台本）『江口』。詞章に節付ケなどが施されている。『江口』は観阿弥原作、世阿弥改作と考えられている。（宝山寺所蔵）

けず劣らずの能好きであった徳川家康も秀吉の政策を踏襲、続く秀忠と家光とによって猿楽が江戸幕府の式楽（典礼用の音楽）となる基盤が固まる。身分と地位の安定は役者を芸に専心させる一方、当然、保護者の厳しい監視下に置かれることとなる。シテ方（p.148参照）、ワキ方（p.148参照）などの専門が定められ、いわゆる家元制度による芸事の統率、習事の整理なども進んだ。演技や技法が高度に発達、洗練を極めると同時に固定化への傾向が強まり、一部の例外を除いて、新しい作品の創造は中断する。

現在、シテ方には五流あるが、これは大和四座のほか、もとは金剛に属していた喜多七大夫が秀忠から家光の時代に活躍、特に喜多流を許され、現在にいたったものである（注14）。

（注14）本論では江戸初期までの能楽を対象としたが、明治期の能楽に関してはP.175を参照のこと。

◆現代の伝承——能楽

（１）各役とその流儀

　現代でも江戸時代からの分業制度が厳然と守られている能楽では、シテ方、ワキ方、狂言方、囃子方の各役から必要な人数の役者が出て、ひとつの舞台を形成する。シテ方とはおもに仮面を用いた演技でシテという主役を担当するほか、地謡（p.152参照）という斉唱団を組織するグループ。必ず現実に生きている男性として登場するワキ役を、面を用いない直面という形で演じる集団をワキ方といい、狂言方とは独立した狂言＝本狂言を演じたり、能のなかで間狂言という役割を担当するグループ。囃子方は能管、小鼓、大鼓、太鼓と４種類の楽器のなかのひとつを専門にもつ(図３)。各役にはそれぞれ流儀がある。役者は必ずどこかの流儀に属しており、その流儀を変更することは認められていない。

　シテ方５流のうち、端正な芸風をもつ観世流と質実を誇る宝生流の２流を上掛リといい、古風な趣を保つ金春流、華麗な舞台を特色とする金剛流、武士道的な精神を芸に生かす喜多流の３流を下掛リという。江戸時代はシテ方が囃子方などを抱える座付制度が確立していたが、明治以降シテ方、ワキ方、囃子方、狂言方はそれぞれ自由に流儀を組み合わせて舞台を作るようになった。結果、同じ能でありながら、その組み合わせによって何百・何千通りかの能が誕生するということになる（図４）。

図３　能舞台での地謡と囃子方。舞台向かって右に二列に並ぶ地謡と、舞台後方に右から能管、小鼓、大鼓、太鼓と位置する囃子方。地謡の前に座しているのはシテの出現を待つワキとワキツレ。

第 2 章　能と狂言

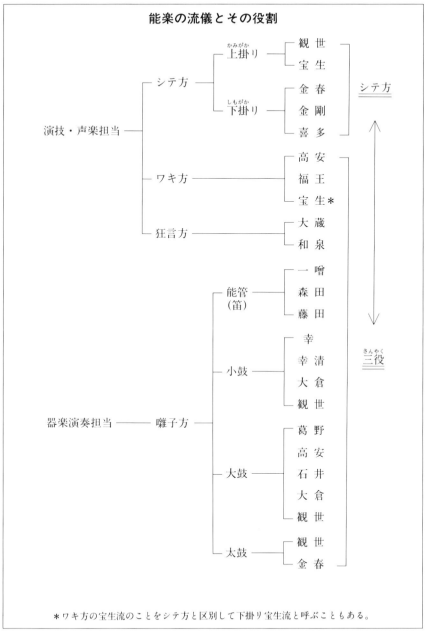

図 4　能楽の流儀とその役割

（2）演能の場

　能楽は三間（約6メートル）四方の本舞台と呼ばれる空間と、客席から向かって左手に伸びる廊下のような橋掛リ（はしがか）からなる能舞台という専用の舞台を有する（図5）。この能舞台は屋根つきだが、現在、各流儀や国立能楽堂などがもつ能楽堂という劇場は、建物のなかに能舞台を収める、いわば二重に屋根をもつ構造になっている。今日では能楽堂における屋内の公演が主流となっているが、これは明治以降に普及したもので、屋外での演能がもともとの姿。世阿弥は自然のなかでの演技論なども展開しており、能楽本来のもつエネルギーと、屋内という自然から遊離した空間での演能には、当然ながら隔たりのあることが考えられる。

　昭和25年（1950）に京都の平安神宮で始まった薪能（注15）は今や全国各地で催されているが、これは能楽自体が志向する自然への回帰の現れであろうか。東京の国立能楽堂のほか、地方にも能楽堂が増える一方、仮設舞台を使ってのホール能も盛んに行われている。昭和29年（1954）のヴェネツィア演劇祭への参加を皮切りに日常化した海外公演など、演能の場と機会の広がりが現代の能楽のひとつの特徴といえるであろう。

（3）能楽の上演形態

　能のレパートリーは初番目物（脇能物（わきのうもの））、二番目物（修羅物（しゅらもの））、三番目物（鬘物（かずらもの））、四番目物（雑能物（ざつ））、五番目物（切能物（きり））などと主題やシテの演じる役柄に注目してさまざまに分類する発想がある。江戸時代の番組編成から派生した考え方だが、神が颯爽と祝福の舞を舞う曲が多い脇能

図5　厳島神社の能舞台。延宝8年（1680）建立の海に建つ能舞台。満ちて来た潮を反響板として利用するなど自然を生かした設計が素晴らしい。

(注15) 薪能：本来、平安時代からの歴史を持つ興福寺の修二会に付随した神事。

物では「スラスラとよどみなく演じる」など、そのジャンルに共通の美意識に基づいて演技や演出を練ったり、プログラム立ての基準にするなど、ここには、単なる分類以上の意味が込められているといえよう。能の現行曲は約250曲である。

現在の能楽の正式な上演スタイルは《翁》と能5曲、その間に狂言を演じる翁付五番立だが、今日、この五番立の公演が催されるのはまれである。狂言1曲に能1曲、あるいは能数曲に狂言1曲という2時間程度から半日で終了する催しが多くなってきている。

能の上演は1曲に1～2時間程度かかるが、そのなかのみどころ、聴きどころだけを披露する略式の演じ方が発達している。声楽部分である謡だけを楽しむ傾向は室町後期にすでにみられるが、たとえば短い舞のみどころを謡のみで舞う仕舞、おもに舞事(注16)を中心に舞と囃子と謡とを演じ聴かせる舞囃子、謡を披露する素謡といったような略式の上演形態がさまざまある。この場合、能面・能装束は省略され、出演者は皆、紋付袴(時には裃を着装することもある)で出演し、演じられる箇所も細かく規定されている。このように略式上演のための様式が整っている点も特徴的である。

(4) 能面とその演技

歌舞劇である能は、同時に仮面劇である点に大きな特徴がある。世阿弥は能面に関する演技論をあまり残してはいないが、観阿弥が座を結成するに当たって伊賀で面を求めた記事(注17)など、当時から猿楽にとって面が重要な存在であった

ことは明白な事実であろう。歴史的には室町後期に能面の種類が急速に増え、室町末期にはほぼ基本の形が出揃ったらしい。江戸時代に入ると〈写し〉という、本面(注18)などを忠実に模倣する時期に入り、ここにも能楽の固定化の現象がうかがえる。現在、能面の種類は数え方によって100を越える。

能面を使う第一の目的は変身のためである。女性の役の面が特に発達しているのは役者が男性であることを建前とする意識のひとつの現れであろうが、そのほか神、仙人、花の精など超現実的な存在や亡霊などこの世の者ではない役柄に面を使う。

また能面には単なる道具以上の意味を込める。翁面がご神体の神社があるように、能にとっての面とは信仰の対象にも似て、役者の面に対する神聖な気持ちを投影し、当日の演出(注19)をつかさどる絶対的な存在である。能面はそれをつける役者の視界をさえぎり、極度に不自由な条件の下、ゆっくりとしたテンポの演技でスピード感を出すなど、面を使いこなす技術に基づく高度な表現力が要求されている。腰の重心を低く取り、腕を張ったカマエという基本姿勢と、ハコビという床を削るように力を入れたスリ足の運歩法は、能面を使うことでより洗練されたと思われる。

基本的に素顔で演じる狂言では、能のように面の技術が必要とされることは少ない。コトバをどう伝達するかといういわばセリフ術が演技の根幹をなすが、小舞(p.154参照)などでカマエとハコビ、あるいは舞踊的な所作を徹底的に訓練した

(注16) 抽象的な舞踊を器楽の演奏のみで舞う舞踊部分の単位。
(注17) 世阿弥の論を子供の元能が口述筆記した『世子六十以後申楽談儀』にみられる記事。
(注18) 各流儀などがそれぞれの面の典型として伝えてきたもの。
(注19) 演出：いわゆる専従の演出家がいない能ではシテの選択する能面のもつ品格や表情から、位という演出意図、具体的にはテンポや強さなどが決定される。能面は演出家にたとえられるほどに重要な存在なのである。

151

第2部　日本音楽史

身体と、小舞謡 (p.154参照) などで鍛えたリズムの流れを重視する発声法など、世阿弥が説く舞歌二曲 (p.145注6参照) の思想が、狂言の根底にも流れているという証しがあげられるのである。

(5) 能の謡

能は謡という声楽に乗せてストーリーが展開していく。謡は立チ方 (注20) と呼ばれる役者が謡うのはもちろん、地謡 (注21) によっても謡われる点に大きな意味がある。地謡が登場人物の心情を謡うことで立チ方は舞に専念し、さらに背景のない舞台空間でその場の情景や雰囲気を描写するなど、地謡は陰ながら最も重要な役割を担っている。

謡の音楽的な面白さは第一にリズムが非常に複雑なことにある。様式的な抑揚を付けたコトバと、より音楽的なフシに大別できるが、フシには拍の感覚を明確に出さない拍子不合と、基本的に8拍の単位からなる拍子合とがある。拍子不合にはスラスラ朗唱風に謡うサシノリと生み字を出してたっぷり謡う詠ノリとがあり、拍子合には7・5調の文体を8拍に収める理論が発達している平ノリ、8・

譜例1　ヨワ吟とツヨ吟の音組織

8調を8拍に収める修羅 (中) ノリ、4・4調を8拍に謡い込む大ノリがある (表1)。

謡の音組織には現在、ヨワ吟とツヨ吟の2種類がある (譜例1)。譜例のようにヨワ吟は4度の音程を積み重ねた形で、息扱いも柔らかく豊かな旋律線を描く。対照的にツヨ吟は約3度という狭く不安定な音程幅での動きとなり、旋律の豊かさよりも気迫のこもった息扱いを聞かせる。原則的には優美な役柄や哀愁に満ちた場面にはヨワ吟、勇壮な役柄や祝言の場面にはツヨ吟が用いられるが、この吟型とリズム型とを組み合わせてさまざまな表現力を得ている。ツヨ吟は江戸末期に現在の形に整ったもので、謡のリズムにもいろいろな変遷がみられる点など、能の音楽は変化し続けている。

(6) 能の囃子

囃子とは「栄やす」、つまりある対象を引き立たせる行為から派生した語で、能では謡や舞を栄やすことを目的とする。

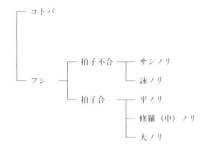

表1　謡のリズム型

(注20) 立チ方：役に扮して演技をする役者のこと。具体的にはシテ、シテツレ、子方、ワキ、ワキツレ、アイなど。
(注21) 地謡：舞台向って右手に6〜10人 (8人の場合が多い) が二列に並ぶ斉唱団。シテと同じ流儀のシテ方によって構成される。

だが、対象に従属することなく、独自の理論で音楽を構築している点に囃子の大きな特徴がある。能の囃子の編成は能管、小鼓、大鼓、太鼓からなり、基本的には各楽器ひとりずつの演奏となるが、太鼓は現在のレパートリー約240曲の内、ほぼ3分の2、しかも1曲の後半でしか用いられない。

能管は単に笛とも称される竹製の横笛。唯一の旋律楽器でありながらリズムを吹くといわれ、美しく旋律を奏でることよりもリズムを重視する。外見は雅楽の竜笛に大変似ているが、〈喉〉という竹管を笛の吹き口と指穴の間の管のなかに入れた二重構造を取っており、これによって能管に独特な不安定な音高と、鋭く孤高の音色を有する。

小鼓、大鼓、太鼓は胴を2枚の革で挟むという同じ構造からなる打楽器だが、奏法、音色などでそれぞれ主張が異なり、ちがう歴史をもつ楽器が能に集まったとも考えられる。

ともに桜の胴を馬革で挟む小鼓と大鼓とは合わせて〈大 小〉といわれ、ペアとなる音組織をもつ。右手で下から打ち上げる小鼓は雅楽の鼓を源流とし、風流（注22）などで行われた曲芸的な奏法が定着したと思われる。革に適当な湿度が必要で、その音色は暖かく柔らかい。逆に右手を水平に振って打つ大鼓は、演奏前に2時間ほど革を炭火でカンカンに焙じて堅く鋭い音色を作る。こちらは白拍子や遊女の歌舞を囃した鼓からの転用が推測される。けやきなどの胴を牛革で挟んだ太鼓は、中心部の撥革を目がけて2本の撥を振り下ろすが、この打法から田楽躍（注23）の腰鼓系の楽器が連想される。太鼓の入る曲を太鼓物、太鼓の入らない曲を大

小物というが、華やかにツクツクと刻む太鼓の音色は神や天人などの超人間的な存在や超自然的な場面にふさわしく、大小物は亡霊が生前を回想する場面など人間性を深く鋭く描き出す能に適している。

能での指揮者は、音楽を含めた全体を統括するシテ、場合によっては地謡である。シテ、地謡、囃子はそれぞれにコミという呼吸のタイミングで間をはかり、囃子はシテや地謡が発信する合図に従って演奏を進める。たとえばパートリーダー的な役割を受け持つ太鼓（太鼓のない場合は大鼓）はシテの足拍子などの合図を受けて、時間差で大鼓→小鼓→笛へと音楽的なまとまりを告げる意志を伝える。また打楽器奏者のかけるヤ、ハ、ヨーイ、イヤというカケ声は囃子同士がお互いの演奏の主張を確かめ合う手段であると同時に、次の瞬間の演奏をシテと地謡へ示すきっかけとするなど、シテと地謡と囃子との間には即興に近い関係があり、そこに能の音楽の生命と魅力が宿るといえよう。

（7）狂言の音楽

狂言では能のように音楽が重要な要素

序破急

一般的には、ゆっくり始まった曲が段々速くなる状態を示す用語で日本音楽の代表的な特徴になっている。もともとは雅楽の舞楽の楽章を表す用語で、「序」はゆっくりとした拍節感のない無拍子の楽章、「破」は8拍を一単位とする拍節的な楽章、「急」は4拍を1単位とする拍節的な楽章のことを指した。静から動への変化を表したり、音楽的な速度変化を表すようになったのは能の時代からである。

（注22）風流：本来の意味は意表を突くほどに華やかな趣向のこと。中世にはこの風流の精神を汲むさまざまな芸能が花開いた。その代表例は祇園祭で巡行する山鉾などである。

（注23）田楽躍：田楽法師がびんざさら、腰鼓（薄型の締太鼓）、鼓、銅鈸子、笛などの楽器を演奏しながら踊る芸能。平安中期から室町中期ごろまで寺院の法会や社寺の祭礼などで行われた。

第2部　日本音楽史

となる曲目ばかりではないが、常に音楽的な流れを意識した演技が要求される。

狂言の音楽は、舞狂言と呼ばれる戯曲全体が能様式に基づいたものから、小舞謡のほか、平家節、浄瑠璃節など当時の流行歌を独特の節回しで謡うものまで、その内容は多岐にわたる。小舞謡とは狂言の短い舞踊である小舞に伴って謡われるもので、狂言においては酒宴の場面などで舞い謡われる。小舞は狂言から独立してそれだけが披露されることもあるので、その際にはもちろん小舞謡もあわせて鑑賞することができる。

狂言の謡には能と同様、ヨワ吟とツヨ吟、拍子合と拍子不合のちがいがある。拍子合には平ノリ、修羅ノリ、大ノリのほかに能の古いリズム型に似て、小舞謡によく出てくる狂言ノリがあり、独自のリズム・パターンをもつ。拍子不合の謡の代表は小歌であるが、生み字で技巧を尽くしてゆったり謡う謡い方などに、特徴的な節扱いが聞かれる。

囃子の入る曲は現在の狂言のレパートリー260曲強の約3分の1程度で、能における囃子事（注24）の名称や用途を同じく

お調べ

読んで字のごとく、楽器の調子を整える囃子の演奏のことである。オーケストラなどのチューニングに相当するものであるが、開演前に橋掛り奥の鏡ノ間という、いわば楽屋と舞台の間に位置する神聖な空間で、幕に向かって並んだ囃子方が様式的な奏法でそれぞれの音色を調整する。このお調べに続いて能が始まるので、お調べは能の開演を知らせる役割も兼ね備えているものといえる。

するものが多い。だいたいは能での囃子を簡素にしたような演奏で、共通の名称でありながら笛、小鼓、大鼓、太鼓という能での編成が、狂言では笛だけになるものなど、能より素朴であったり、飄逸な雰囲気が目的と考えられる場合もある。能とは異なり囃子方が舞台で横を向いて柔らかな音色で囃すことがあるのも、狂言における特色である。また能とはちがって、一曲を通して囃子が演奏されることがない。狂言に地謡が登場することもあるが、やはり一曲の一部分で謡われるもので、ここにも能と狂言との音楽的な相違がみられるといえよう。

（三浦裕子）

© 1996, 2008 by Hiroko Miura

(注24) 囃子事：謡を伴わず、囃子の演奏と立チ方の舞や所作から成り立つ能や狂言の部分。

第3章　近世 ── 乱世に花開いた三味線文化

(西暦1500年〜1850年まで)

　本章では近世日本におけるさまざまな音楽文化の開花について、1500〜1650年、1650〜1850年の2つの時期に分けて概観していく。

　近世の日本音楽におけるもっとも顕著な動きは、歌舞伎・人形浄瑠璃の成立と展開にみることができる。第1の時期は、両者ともに芸能の発芽期であり、第2の時期は発展と様式の確立の時代といえよう。寛永16年(1639)、3代将軍徳川家光によって断行された鎖国によって、戦国時代に生まれた数々の音楽や芸能は、世界から遮断された環境のなかで日本的に熟成していった。いいかえれば、この時代において初めて、一般的な庶民の感性によって日本の音楽文化が形成されたともいえる。そんななかで歌舞伎も人形浄瑠璃も生まれた、この時代の音楽を知ることによって、日本人の音楽性の特徴の基本的な部分を理解する契機を得られるであろう。

1500〜1650年

　近世音楽への序曲は、江戸時代に入る100年前に始まった。1467年に起きた応仁の乱の時代は、諸国に群雄が割拠した時代であった。下剋上で一日にして逆転する政治体制からくる社会不安のなか、武士も庶民も不安定な現実から非現実の世界へと逃避するために踊り騒ぎ、芸能の世界に埋没することが多かった。しかし一方で、中央と地方の諸国との交流が密度を増したこの時代は、中央の芸能が地方へと伝達され、その影響のもとに地方において新たに独創的な芸能が登場し、芸能の面でも地方から中央へ、つまり下から上へという影響関係の下剋上が起きた時代でもあったといえるだろう。

　江戸幕府成立翌年に執り行われた、京都豊国神社の豊国祭の様子を描いた絵には、熱狂的に体をくねらせて踊りに興ずる人々の姿が描かれている。ここで人々が熱狂する踊りは、当時大流行した「風流踊り」であった。風流とは、さまざまな意匠を凝らした作り物や仮装を伴う趣向のことを指し、14世紀末南北朝の乱の後、各地の村の盆踊りなどに登場した芸能である。そして、風流の作り物を、鉦や太鼓・鼓や笛あるいはササラで囃して送り出し、悪霊を追い払う芸能が行われ、集団舞踊としての風流踊りが始まっていった。踊りの場では、真ん中に作り物をおいて周囲を囲んで囃し、当時の流行歌を歌いながら踊ったという。16世紀末から17世紀の初めに大流行したこの風流踊りは、歌舞伎踊りを生み出す母胎となったのである。

　現在でも、風流踊りは各地の民俗芸能のなかに、太鼓踊り、花傘踊り、羯鼓踊り、かんこ踊りなどの名前で残っている。

◆歌舞伎のはじまり

　『慶長日件録』や『時慶卿記』など当時の資料には、慶長年間に宮廷内で公家の若者たちが異風な格好をして奔放な行動を取っていた様子が記されている。異風な格好とは、大脇差をさし、奇抜な服

155

装をして、宮中を大声で歌いながら歩くといったものだった。また宮廷では、当時民間で流行していた〈ややこ踊り〉なる芸能をみようと、踊り手が招かれたという記録もある。当時の文献では、このような振るまいを不道徳として綱紀粛正を叫んだという記事もみえるから、異類異形の風俗の流行していた状況がよくわかる。

この異類異形の風俗が、〈かぶきもの〉という言葉を生み出した。「傾く」とは「普通でない状態」を意味し、異様な格好をする者を〈かぶき者〉と呼んだ。そしてその後、この言葉に歌・舞・伎の3つの漢字を当てて〈歌舞伎〉の呼称が生まれた。

〈ややこ踊り〉とは、「ややこ＝童女」の踊りの意味をもつ。初めは文字通り童女による踊りを意味していたが、その後、女子が当時の流行歌である小歌を歌いながら踊る〈小歌踊り〉などの意味に転じていった。

歌舞伎の創始者として有名な出雲の阿国（図1）の登場は、慶長8年（1603）。徳川家康が62歳にして征夷大将軍に任ぜられ、江戸幕府を開いた年の4月16日、京都四条河原でひとりの巫女が風変わりな踊りを披露したという記述で知られている。『当代記』には次のように書かれている。「この頃、かぶきおどりということが有る。これは、出雲の国の神子女で、名前を国というものが、異風な男のまねをして、刀と脇差しをさして、茶屋の女と戯れるまねをした」しかしながら、その後の研究によれば、阿国は、この年より以前に〈ややこ踊り〉の名手として知られており、彼女がややこ踊りのなかで、当時宮廷の若者たちに流行って

図1 「阿国歌舞伎図屏風」（江戸時代初期）に描かれた出雲の阿国

いた異様な姿を真似してみせたことがうけたため、その部分が歌舞伎踊りとして有名になったともいわれる。

阿国が踊った〈かぶきおどり〉の様子は、一般的に1659年の『東海道名所記』の記述でよく知られている。記述を要約すれば、塗り笠に紅の腰蓑をまとい、打楽器の鉦の類を首にかけ、念仏踊りに歌をまぜて、笛鼓に拍子を合わせて踊った、という記述である。首には十字架を下げ、腰に脇差しをさして男装している姿が描かれている当時の絵画資料と考え合わせると、彼女のおおよその姿が浮かび上がってくるだろう。この踊りはややこ踊りのなかの一部であり、舞台はほかの踊りや狂言も取り入れた内容で構成されていたらしい。そして鉦や鼓で拍子を取って踊るこのスタイルが、創始時代の歌舞伎の姿であった（注1）。

阿国が創始した歌舞伎踊りは、〈遊女歌舞伎〉とか〈女歌舞伎〉と呼ばれるようになるが、その後風紀を乱したことを理由に寛永6年（1629）幕府によって禁止された。続いて承応1年（1652）、幕府は

（注1） 芸能史研究会編『日本芸能史4』「第4章　かぶきの成立」（法政大学出版会、1985）を参照。

女歌舞伎と並行して興行されていた〈若衆歌舞伎〉の禁止令を出した。若衆歌舞伎とは、まだ前髪のある美少年俳優による歌舞伎だったが、大名や旗本が若衆と男色に耽る事態が起こったためであった。その結果は、歌舞伎芝居興行の停止令にまでおよび、2年近く歌舞伎上演ができない期間が続いたという。このような流れのなかで〈野郎歌舞伎〉が始まる。野郎とは、前髪を剃り落とした成人男子のことを意味していた。野郎歌舞伎の役者たちも幕府によって居住区を制限されたりさまざまな制約を受けるが、これらの制約を、発想の転換で克服することによって、次の時代には、歌舞伎は演劇的にも音楽的にも、更に舞台芸能としても大きく発展することになった。

歌舞伎音楽の代表的な楽器である三味線は、阿国の始めた歌舞伎踊りの時代にはまだ使われていなかった。歌舞伎音楽に三味線が取り入れられるようになったのは、〈阿国歌舞伎〉の次の時代、17世紀初めの〈遊女歌舞伎〉のころといわれる。永禄年間（1558〜70）に三味線が中国から沖縄を経て日本に伝来してから半世紀を経たころであった。その後の若衆歌舞伎時代（1629〜52）の楽器は、三味線、四拍子（能の4種の楽器で笛・小鼓・大鼓・太鼓のこと）、大太鼓、篠笛程度であった。

◆浄瑠璃の始まりと人形浄瑠璃の成立

日本の代表的な伝統芸能のひとつ、人形浄瑠璃は、別名〈文楽〉とも呼ばれる。その音楽様式の特徴は、三味線伴奏の物語音楽であり、この音楽を義太夫節と呼んでいる。

〈浄瑠璃〉の言葉は、浄瑠璃姫と牛若

図2　竹本義太夫

丸との恋物語を扱った物語が人気を博したことに名前の由来があるが、歌舞伎踊りの始まりと時を同じくして、享禄4年（1530）ころに音楽史に登場する。しかし当時は三味線伝来前であり、扇の骨の部分を指で弾いてリズム楽器として拍子を取る扇拍子を伴奏に語られていた。

浄瑠璃は伝来した三味線を取り入れることによって、さまざまな性質の音楽を生み出していった。この時代、浄瑠璃史に残るおもな演奏家として杉山丹後掾と薩摩浄雲の2人がいる。

一方、中国より伝来した〈散楽〉の芸能のなかに、人形を操る芸能で〈傀儡まわし〉とか〈傀儡子〉と呼ばれたものがあった。この芸能は、奈良・平安朝の貴族たちから支持されて、寺院の法会の余興として行われていた。この〈傀儡子〉の芸能と、平家琵琶や謡曲などの流れを受け継ぐ浄瑠璃が一緒になって、人形芝居を三味線伴奏の物語音楽で進める〈人形浄瑠璃〉が成立したのである。

人形浄瑠璃は江戸時代の庶民の人気を得て、江戸、京都、大坂の3大都市で発

展し、17世紀中ごろには江戸の人形芝居小屋が5～6座になったという。

人形浄瑠璃のことを現在〈文楽〉と呼ぶことが多い。この名称は文化2年(1805)大坂に芝居小屋を作った植村文楽軒に由来している。

そのような流れのなかに、天才的な美声の語り手が現れた。それが後の竹本義太夫(図2)となる若者だった。義太夫は、大坂の天王寺村に住む若い農夫で名を五郎兵衛といった。彼は、当時一世を風靡していた2人の師匠の硬軟対照的な芸風を取り入れ、また当時流行していたさまざまな浄瑠璃の様式を取り入れて、独自の様式を確立した。また台本作者の近松門左衛門との出会いによって、人形浄瑠璃は江戸期を代表する物語音楽となったのである。義太夫の作った音楽(義

唱歌と口三味線

雅楽や祭囃子の楽器、また箏、尺八、琵琶、能管などには、「コーロリン」(箏)、「チントンシャン」(三味線)など片仮名を並べた譜があり、これらの譜を〈唱歌〉(雅楽)とか〈口三味線〉(三味線音楽)、「唱譜」(尺八)などと呼んでいる。多くの日本の楽器は、これらの唱歌で全部の旋律を歌えてしまう。伝統的な日本音楽の学習法では、唱歌を歌って旋律の概略を覚えてから、楽器を練習したからである。また、片仮名の組み合わせ方をみると、雅楽の唱歌がその後のすべての楽器に影響を与えたことが分かる。唱歌があってもあまり歌わない楽器は、雅楽の絃と打楽器、能の打楽器で、歌舞伎の篠笛でも唱歌を使わない。近年使われている〈口唱歌〉のいい方は、〈文部省唱歌〉との混同を避けるため、昭和58年に『口唱歌体系』という名称でレコードを販売したために一般化した。

太夫節)の人気があまりにも高かったため、それまでの浄瑠璃は古浄瑠璃と呼ばれて、前の時代の浄瑠璃として区別されるようになった。

◆箏曲のはじまり

歌舞伎や人形浄瑠璃のように観客を前にした劇場音楽の発展とは異なり、家庭音楽とでもいえるような、雅楽を源流とする楽器の音楽の新しい展開がこの時代に始まっている。

九州久留米の寺の僧、賢順は、音楽の才能に恵まれた僧であった。彼は雅楽の楽器をよく学び、箏にも馴染んでいたという。そして、雅楽の楽器奏法習得のために管楽器の旋律をタ行やラ行のカタカナで歌っていた〈唱歌〉に、カタカナではなく歌詞をつけて箏の作品を作った。当時、雅楽の唱歌の旋律に言葉をつけて歌いながら箏を弾くことが盛んに行われていたという。これは箏や琵琶が雅楽のなかでリズムや拍子を担当する楽器だったので、演奏する場合に管楽器の唱歌を歌いながら演奏していたため、その管楽器のメロディーが歌となったものと考えられる。

賢順は、管絃《越天楽》の唱歌の旋律に「ふきといふも草の名、みゃうがといふも草の名」と歌い出す歌詞をつけた。賢順の始めた箏曲は筑紫流箏曲と呼ばれ、この作品《菜蕗》は、意味の関連のない歌を数首組み合わせて一曲とする〈箏組歌〉のもととなった。そしてこの〈箏組歌〉が、箏曲の始まりといわれている。

◆八橋検校と箏曲の展開

賢順の弟子に学んだ八橋検校は、当道

という盲人音楽家組織に属したが、一般への普及をめざし、箏曲発展の礎を築いた。

箏の奈良時代からの楽器の構造は変えずに、楽器をどう響かすかを工夫し、調律法（注2）や奏法（注3）を改めて、独奏楽器としての性格を明瞭にした点が画期的である。

《六段(の調べ)》《八段》《みだれ》は、日本の器楽曲として高い評価を得ている。一方で歌との親和性を高めたのも、近世の箏曲になってからの著しい変化といえる。

1650〜1850年−江戸文化の爛熟

◆歌舞伎の展開

3代将軍家光の歿後、歌舞伎の世界では女歌舞伎、若衆歌舞伎の禁止によって、歌舞伎興行者たちは歌舞伎の内容を根本的に変革せざるを得なくなった。演劇的に内容をより充実させ、舞台芸能としての存在を補強しなければならなかったのである。この時代の大きな変化のひとつに、男性による女性の姿形や心の動きの表現、つまり女方の芸の登場がある。1629年江戸幕府が女性の舞台登場を禁止したことが、事実上の女方の始まりである。歌舞伎史上有名な女方には、芳沢あやめ、瀬川菊之丞らがいたが、現代の歌舞伎界では、ひとりで立役（男役の総称）も女方も両方を演じる役者が多くなった。

元禄時代（1688〜1703）に入ると、関西と関東それぞれの歌舞伎の独自性も生れ、和事、荒事の様式が確立し、和事では坂田藤十郎、荒事では市川團十郎が登場した。また演劇内容の複雑化に伴って役柄も様式化され、舞台演出の必要性から、さまざまな楽器が導入されるとともに、舞台機構も変革されていった。

初期の歌舞伎音楽は歌謡中心で、芝居歌にはほとんど上方のものが歌われていたが、この上方歌のなかからその後の長唄が生まれてきた。文献上に長唄の名前が初めてみられるのは、次の宝永元年（1704）のことで、明和年間（1764〜72）以降、長唄は江戸の歌舞伎のなかで育ち

図3　江戸時代の歌舞伎の楽屋

> **［芳沢あやめと瀬川菊之丞］**
>
> 芳沢あやめは坂田藤十郎と並んで元禄時代に上方で活躍した歌舞伎女方。芸談『あやめぐさ』の著者でもある。瀬川菊之丞は元禄時代から天保時代にかけて江戸歌舞伎で代表的な女方の名。初世は《石橋》《道成寺》で女方舞踊の基礎を築いた。男性が女性を演ずる女方の芸は、歌舞伎の歴史におけるさまざまな制約を克服して、歌舞伎が独自に生み出した演技の技法の代表的なものである。

(注2) 箏曲の箏の調律は、江戸時代の初期までは、雅楽の箏の調律を踏襲して、半音を含まず、ミ・#ド・シと下降する旋法（律の音階）であったと考えられている。やがて、コーロリンという印象的な箏の奏法がミ・ド・シと下降する旋法（都節の音階）に変化したようで、現在の箏曲の基本である平調子は半音を含む都節音階に基づいている。
(注3) たとえば連と呼ばれるグリッサンドのような奏法は、雅楽の管絃の手法を生かしているが、爪を当てる向き（すくい爪など）、弦をこする技法（すり爪）などの技術は新しく開発した。

発展した。

　また、演劇としての充実を図るための方策として、歌舞伎でも人形浄瑠璃の義太夫節を取り入れ、人形部分を人が演じる義太夫狂言を始めた。なかでも正徳5年（1715）人形浄瑠璃で上演された《国性（姓）爺合戦》を取り入れて大成功をおさめてから、義太夫狂言は歌舞伎の重要な演目となり、享保末から元文・寛保にかけて（1730年代末～1740年代）本格的な義太夫狂言の成立をみたのである。当時は8代将軍吉宗の享保の改革の時代で、元禄時代の華美な遊芸に対する反動の時代でもあった。演劇内容の充実は、舞台作りにも反映し、歌舞伎独自の〈花道〉もこのころから使われている。

　歌舞伎の御簾内でさまざまな雑楽器を使用するのは、「文化・文政期（1804～29）以後、写実的な内容の歌舞伎〈生世話もの〉が生まれ、歌舞伎囃子が複雑化・写実化したためであった。並木正三が〈回り舞台〉を考案したのもこの時期である。日本人が江戸時代に考案したこの回り舞台は、世界の舞台機構に影響を与え、その後オペラ演出にも使われるようになる。

　またその後、幕末から明治時代のより写実的な新しい歌舞伎〈生世話狂言〉の登場と並行して演目の種類も増え、現在にいたっている。大太鼓をさまざまな桴で打つ自然描写の方法を初めとする現代の歌舞伎の黒御簾音楽の大部分は、江戸時代末の天保の改革の後に完成されていることからも、現代の私たちが歌舞伎音楽として聞いているもののほとんどが江戸時代末以降に作られたり、様式化された音楽であるといってよい。

◆義太夫節

　義太夫節は関西で育った声の音楽であるが、現在演奏されているこの音楽の特徴には次のようなものがある。まず、情景描写と会話などで構成された文章を台本として、そのすべての文章を語り役の太夫ひとりと伴奏的な役割の三味線ひとりとで演奏して進行すること。語りには、登場人物の台詞を語り分ける部分（詞）と、歌のように演奏する部分（フシ）、そしてレチタティーヴォのような言葉の抑揚を強調した感じで語っていく部分（地）とがある。これらの3種の組み合わせで音楽が作られるのであるが、ほかの三味線伴奏の歌との違いは、太夫が顔の各部分を最大限に動かして感情表現を誇張し、ダイナミックな語り方をする点である。三味線は、ほかの浄瑠璃に比べて音量が大きく音域も低い。駒には鉛の玉が打ち込まれ、重々しい音色を作り出している。

　道中の有様を描いた《道行》や、舞踊を中心とした作品《景事》と呼ばれる演目の場合の演奏人数は、大勢の太夫と三味線が一列に並んで演奏する。しかし、義太夫節は初めのころからこのような形式の音楽だったわけではない。最初は三味線ももっと小さく、演奏技法も簡単だった。人形もひとり遣いで今より小さい形であった。おそらく舞台が大きくなるにつれ、三味線も大型化し、人形も機構が複雑化したのであろう。ひとり遣いが3人遣い（頭と右手、左手、足を3人がそれぞれ受け持つ）になったのは1734年。義太夫はその20年前にすでに没している。また人形の目を動かしたり手を動かしたりというさまざまな技術が付加さ

第3章　近世——乱世に花開いた三味線文化

れることがその後に続き、舞台大道具の工夫も行われるようになった。

　義太夫を語る太夫には、竹本姓と豊竹姓があり名前の最後には〈織大夫〉のように点の入らない〈大夫〉がつく。また、三味線には豊澤・鶴澤・竹澤・野澤の4姓がある。義太夫節は、登場人物の心理の変化や身分の違い、老若男女の違いを三味線のテンポや音色で弾き分けるとともに、太夫がひとりでさまざまな人物を語り分ける息と声の芸術である。義太夫節の名曲として名高い作品は、政治的題材を扱った〈時代物〉に《仮名手本忠臣蔵》《義経千本桜》《菅原伝授手習鑑》など、町人世界の恋愛を扱った〈世話物〉に、《冥途の飛脚》、《心中天網島》、《桂川連理柵》、《曽根崎心中》などがある。

　義太夫節による人形浄瑠璃の大当たりは、人気の低迷していた享保時代の歌舞伎に取り入れられ、歌舞伎音楽の新たな展開を導いた。歌舞伎では現在、義太夫を取り入れた歌舞伎を〈本行〉とか〈丸本もの〉〈義太夫狂言〉と呼んでいるが、人形浄瑠璃の演目のほとんどが歌舞伎に取り入れられている。

◆三味線の伝来と楽器の特徴

　近世の音楽文化を代表する楽器となった三味線は、中国の三弦（元の時代にこの名称となった）が琉球を経て16世紀末

歌いものと語りもの

　日本の音楽には純粋な器楽の分野が少なく、ほとんどが声の音楽である。これを、古くからの呼び方である「歌いもの」と「語りもの」の2極をたてて、その間に配置しようという試みがなされている。吉川英史は、「歌う」という場合は感情を表現し、言葉の本来のリズムを崩しても音楽的な表現を優先させる様式、「語る」という場合は事柄を聞く人にわかるように伝達する技法で、感情よりは理性や意志が強く働き、拍子や音をはずしても言葉の明瞭な表現を優先させる様式としている。2極の間に「歌的な語り」や「語り的な歌」などのレベルも設けて、便宜的に説明している。

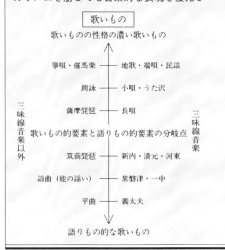

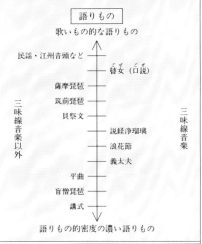

[サワリ・サハリ]

三味線上部で、棹と弦の接触部分において起こる発音特色のこと。この機構は中国の三弦や沖縄の三線にはなく、日本において中世以降の琵琶で開発された。また仏教打楽器では、「響銅」「胡銅器」とも書いて、銅・錫・鉛・銀の合金および、その合金でできた楽器名を指す。どちらもさまざまな音高が同時に響く音色である。三味線音楽では、曲の「聞きどころ」をも意味している。

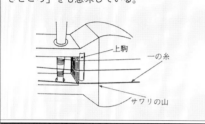

に日本に伝わった楽器である。その呼び方も、現在の沖縄では〈三線(さんしん)〉(〈蛇皮線〉とは呼ばない)、地歌では〈三絃(さんげん)〉と呼ぶ。中国・沖縄・日本それぞれの三味線の音色は、撥のあるなしと、皮の素材によって互いに異なる。中国の三弦は撥を使わずに爪で弾き、皮が蛇皮である。沖縄の三線は、水牛の角で作った大きな爪を右手人差し指にはめて演奏し、皮は蛇皮である。しかし、三味線や三絃は木や鼈甲や象牙でできた撥を右手にもって演奏し、革は犬や猫の革をなめしたものを使う。撥の大きさはジャンルの種類によってまちまちである。三味線だけが撥を使う理由としては、初めに三味線を演奏したのが琵琶を演奏した盲僧で、彼らが琵琶を撥で弾いていたためといわれている。また三線や三弦と異なる音色は、三味線の方がさまざまな倍音を出す仕組みになっているた

めである。そしてこの仕組みのことを、〈サワリ〉と呼んでいる。

サワリは、図のように、三味線の3本の弦のうち、2本が棹の上部に取り付けた駒に乗っているが、一番太い弦が、弦を弾いたときに棹に直接当たる仕組みのことである。弦が当たる部分の棹は、山型に削られていて、弦はこの頂点の山型の所に当たったり、棹の表面に当たったりする。そして当たり方によって振動する弦の長さが変化するためにいろいろな高さの音が同時に出ることになって、複雑な音を出すようになる。この仕組みのことをサワリと呼ぶのである。この機構によって、三味線の音はブーンとかビーンという響きとなる。〈サワリ〉の呼称はまた、〈聞きどころ〉、言い換えれば今でいう歌の〈サビ〉の意味にも使われるようになった。

三味線は、演奏する曲種によっていくつか種類がある。大きく分けて棹の細い細棹と、太い太棹であるが、その中間的な中棹もある。細棹は長唄や小唄に、中棹は常磐津や清元に、そして太棹は義太夫や津軽三味線に使われている。棹が太いほど胴も大きく、また駒の高さや素材、撥の厚さや素材、糸の太さが異なるので、同じ三味線でも音色が大きく異なってくる。

◆地歌と箏曲

さて、この時代、箏曲の発展に貢献したのは、盲人の検校たちであった。彼らは平曲を語り、三味線を演奏し、そして箏を弾いた。彼らの演奏した三味線音楽は、関西のその土地の歌を意味して、あるいは舞の伴奏となる音楽の意味で〈地歌(地唄)〉と呼ばれ、箏・胡弓あるいは

尺八との合奏を行うこともあった。この合奏のことを〈三曲〉と呼ぶ。箏曲は、はじめのころ三味線曲を箏に応用することが多かった。現在箏曲に関わる用語に〈地歌箏曲〉の用語があるが、これは原曲が地歌の作品だった箏曲のことを意味している。

師匠の北島検校から八橋検校の組歌や段物を学んだ生田検校は、17世紀末に京都で生田流箏曲を始めた。彼は平曲も専門としていた。生田検校の代表作品といわれているものには、《思川》《四季源氏》《十二段すががき》などがある。

地歌と箏曲は互いに演目を共有したが、18世紀に入ると、歌と歌の間に手事と呼ばれるまとまった器楽部分を挟む形式が生まれた(注4)。京都の八重崎検校は、地歌に既存の、三味線旋律に箏の替手を合わせて手事の部分を充実させた作品を多数残した。替手式箏曲とも呼ばれるこれらの作品は現在の生田流の演目の多数を占めている。

また宝暦(1751〜63)のころ江戸では山田検校が、箏曲山田流を興した。山田検校は尾張藩の宝生流能楽師の息子で、謡曲や河東節などの歌唱様式を取り入れて、天明・寛政年間(1781〜1801)に生田流とは異なった、歌を重視した新様式の箏曲の基礎を確立した。山田検校の代表作品には《初音の曲》《小督の曲》《葵の上》などがある。

生田流が地歌を基盤とした「手事物」に代表される器楽的な部分を拡大させたのに対して、山田流は箏浄瑠璃の異称をもつほど、物語性を重視した声楽本位の発達を遂げ、関東に支持者を増やした。

当時の箏曲は武士の娘や武家屋敷へ奉公する女子の教養として学ばれていた。

江戸時代の一般庶民にとっては、むしろ三味線音楽の方がポピュラーな音楽であって、箏曲は必ずしも身近な音楽とはいえなかったようだ。明治時代の芸人調査の数字をみると、明治6年には常磐津節・清元などの浄瑠璃が1,107人、長唄が302人の数に上っている一方、箏曲はわずか12人という数字が出ている。ところが明治41年の調査でこの数は大きく逆転する。箏曲は340人に急激に数を増やし、浄瑠璃は5割近くまでその数を減らすのである(注5)。

江戸時代には、教養のための音楽として展開してきた箏曲であるが、幕末になると新たな箏曲の創造的運動が起きた。そこに登場するのは光崎検校と吉沢検校である。彼らは、それまで三味線に追随する形だった箏曲の音楽に、箏本来の独自性をもたせるべく器楽的な作品を書いた。代表曲に、光崎検校の箏の二重奏曲《五段砧》や《秋風の曲》、吉沢検校の《千鳥の曲》《春の曲》などがある。

箏においても、多くの器楽的な作品の登場は江戸時代末を待たねばならなかった。

◆尺八音楽

江戸時代の尺八は、仏教の禅宗の一派である普化宗の僧の修行のための法器(宗教の道具)であった。尺八を吹く普化宗の有髪の僧〈虚無僧〉が、禅の修行に大事な息を鍛練する道具としての楽器であったとともに、竹の根の部分を下部にもつ姿は、いざという時の武器の役割をも果たしたという。

普化宗について詳しく調査した中塚竹禅によれば、普化宗の成立は1670年代という。当時尺八の吹奏は法会のなかなど

(注4) 手事:三味線が奏する基本の旋律に対して、箏が替手という変化に富んだ旋律を合わせるもので、相互に独立拮抗しながら掛け合い演奏などを行った。
(注5) 秋山龍英「洋楽移入と伝統音楽に対する一視点」日本音楽舞踊会議編『近代日本と音楽』(あゆみ出版、1976)を参照。

163

第2部　日本音楽史

宗教的な状況下で用いられることに限られ、曲の様式も自由リズムの瞑想的なスタイルの作品（本曲）の独奏だった。

そのような時代に、筑前の黒田藩主の子であった黒沢琴古は、虚無僧寺の伝承曲を収集整理し、楽器の改良も行い、宗教を離れて一般人が尺八を学習する機会を作った。これが琴古流の始まりである。

しかし、尺八が娯楽のための楽器となり箏や三味線との三曲合奏がさかんになったのは明治維新を過ぎてからで、当時の諸制度改革によって廃止された普化宗の法器である尺八が、生き残りをかけた活動の結果であった。

琴古流の古典本曲のおもな作品には、秋の鹿の鳴き声を模倣した《鹿の遠音》、巣籠りする時の鶴の羽音を模倣した《巣鶴鈴慕》などがある。

◆そのほかの音楽

（1）オラショ

キリスト教弾圧下の長崎では隠れキリシタンたちが細々と信仰を続けてきたミサの音楽は〈オラショ〉と呼ばれて、現在も平戸に残されている。長い年月の間、隔絶された場所でひたすら守り続けられたミサの音楽は、現在聞くことのできるキリスト教のミサとまったく異なった御詠歌のような旋律へと変容し、音楽の日本化現象を聞くことができる。

（2）琉球音楽・アイヌ音楽

日本の音楽文化のなかでも、北と南の島の音楽は、独自の楽器や様式をもっていた。それは、アイヌの音楽と琉球（後の沖縄）の音楽である。どちらの音楽も、幕府の強引な政策によって、土地の人々

> **［本曲と外曲］**
>
> 本曲は尺八用語で、本来尺八のために作られた曲をさし、おもに自由リズムの独奏曲や重奏曲を指す。また、外曲は箏・胡弓・尺八などの用語。尺八音楽では箏や三味線との合奏曲をさし、拍節的な曲が多い。本曲の例には《鹿の遠音》《鶴の巣籠り》などがあり、自然描写の曲が多い。

は自らの文化を変更せざるを得ず、さまざまな打撃を受けたが、逆境のなかでも独自の旋律や演奏法を継承して今日に至っている。

文禄・慶長の役に際し、幕府の申し出に対して明確な態度を示さなかった琉球は、その後幕府から侵略されることになる。しかし中国の影響を受けた音楽文化は、琉球から沖縄と名称を変えた今も、しっかりと独自の音楽として育まれ継承されている（注6）。

沖縄の音楽には、首里王朝を中心として発展した芸術音楽と、庶民たちの民俗音楽とがあり、芸術音楽は三味線音楽による踊りの音楽、民俗音楽には、宗教と密接な神歌、祝い歌、仕事歌、踊り歌、獅子舞などの音楽、子守歌やわらべうたに分類される。多くの場合三線の演奏を含み、時にはそこに打楽器や笛が加わる。芸術音楽はテンポのゆったりとした三線伴奏の歌の音楽が多く、華やかな衣装を身にまとった女性の優美な舞が有名である。沖縄では三線を蛇皮線とは呼ばず、サンシン（三線）と呼ぶ。また踊り歌には、夏の行事などで太鼓を打ちながら歌い踊られるものが多い。

一方、アイヌ音楽はほとんどが自然との深い関わりをもつシャーマニズム的信仰に基づいた音楽である。神を鎮める呪

（注6）　沖縄音楽については、「日本音楽大事典」（平凡社）の小島美子氏の記述を参照。

文や唱えごと、祭りに歌われる歌《ウポポ》と《リムセ》、労働歌や子守歌にも、自然との共存が歌われる。また鳥や虫の泣き声を真似た歌や物語音楽、恋歌である叙情歌などがある。おもな楽器として、物語音楽などに使われる弦楽器で、縦に構えて絃を指で弾いて鳴らす〈トンコリ〉、口にくわえて、竹のリードを振動させてビンビンした音を出す口琴〈ムックリ〉が有名である。

(3)民俗芸能の音楽

風流踊りの広まりによって各地に芽生えたさまざまな民俗芸能は、土地ごとに特徴をもった音楽を育て上げた。

江戸時代の民俗音楽の代表ともいえるのは、器楽の祭囃子とさまざまな仕事歌であろう。神道行事のなかで演奏された祭囃子の始まりは、地域の若者たちの不良化防止策として教えられたようであったが、京都祇園祭の囃子に影響を受けた江戸の神田囃子・葛西囃子が元になって、全国に竹笛・宮太鼓・締太鼓・鉦の編成で、即興的に演奏する賑やかな器楽が広まった。

また田植え歌、木挽歌、酒造り歌などのさまざまな仕事歌も各地で歌われ、民謡の原点となった。これらの歌には、ひとりの作業で自由リズムで歌い上げる歌と、集団作業で音頭に合わせて大勢で歌う拍子のある歌とがあった。

参勤交代によって整備された道路交通網は、中央と地方とを結び、地方からの農閑期の出稼ぎ作業員を中央に送り込むことになった。彼らは中央と地方との文化交流の役割をも果たしたため、中央で流行った歌や芸能が、地方にもたらされた。

江戸時代に発展したこれらの歌の世界は、昭和30年代まで続くのだが、39年代以後の高度経済成長期のなかで、作業の機械化と共に消えつつある。

現代の伝承――歌舞伎音楽

歌舞伎の音楽を声の音楽と楽器の音楽に分けて記述すると、別表のようになる。これらの曲種や楽器の種類のなかで、演劇的な要素に関わる傾向の強い項目には＊印をつけた。また歌舞伎《勧進帳》に使われている項目については、線で囲った。[ ]内は演奏場所である（表1）。

a～fの曲種は〈節〉をつけて呼ぶことが多いが、清元の場合〈節〉をつけると特定の流派を指すことにもなるので、ここでは節をつけない呼称にした。これらのさまざまな音楽が、歌舞伎の進行に沿って選ばれ組み合わされる。

たとえば次のような組み合わせがある。

①＋a＋i＋⑧
②＋h＋i＋k
①＋h＋i＋k＋⑧
b＋c＋k

義太夫（a）は、文楽の演奏者とは別のグループが歌舞伎専属で演奏している。戯曲の内容は文楽と共通であるが、歌舞伎の場合、会話部分は主として役者が受け持ち、ト書きや会話の途中から情緒が高揚したような場合、客観的な叙述を必要とする場合に、役者の台詞（せりふ）の途中から義太夫の役割となる。歌舞伎は、役者中心の筋の運びとなるため、本来の人形浄瑠璃の義太夫（本行（ほんぎょう））を簡略化する場合もある。

歌舞伎専門の義太夫節の演奏者を、その姓を取って〈竹本〉と呼ぶ。竹本の役

第2部　日本音楽史

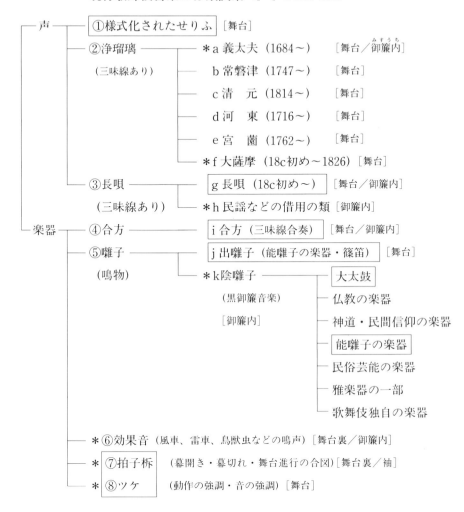

表1　現行歌舞伎音楽の分類試案（茂手木潔子作成）

割は、役者の動きや台詞を活かすことであるから、同じ義太夫節であっても本行とはテンポ感、間奏の長さ、三味線の掛け声の頻度などの点で異なった表現様式を多くもつ。さらに、黒御簾音楽、効果音、ツケなどのほかの音と総合される点も多い。

　bからeまでは、主として舞踊の場面

第 3 章　近世——乱世に花開いた三味線文化

(所作事)に用いられる。どの曲種も３人以上の語り手と三味線との合奏である。これらの曲種は、類似したルーツを持ち、その後の継承過程のなかで個人の発声性や音楽特性によって部分が変化してきたものと考えられる。したがって作品の内容には共通点が多く、三味線も中棹を用い、旋律法にも多くの共通点をもつ。相違点としては、声の音域と音色の違い、三味線の装飾法や開始法、終止法における音高配列の違いがある。常磐津(ｂ)や清元(ｃ)は道行や所作事の音楽としての用例が多いが、清元は、芝居のなかで男女の情感を強調する効果にも使われる。河東(ｄ)は《助六》の登場音楽として有名であり、宮薗(ｅ)も《鳥辺山》など道行の曲として有名。これらの江戸で育った浄瑠璃が、歌舞伎のなかで同時に舞台に登場して掛合い形態で演奏されることもある。

大薩摩(ｆ)は、かつての浄瑠璃の一派であった大薩摩節が衰退して長唄に吸収された (1868) 後、本来の大薩摩節の特徴を長唄のなかに取り入れたものである。歌舞伎では時代物(江戸時代以前の政治的事件を扱った芝居)の幕開きで使われる例が多く、三味線の豪快な分散和音奏法が特色となっている。

長唄(ｇ)こそ歌舞伎のなかで独自に発展した代表的な声の音楽といえよう。三味線はもっとも細い棹の楽器(細棹)を用い、撥も薄く、駒の高さもほかの浄瑠璃より低めである。したがって、音色は高音域で鋭さをもっている。そして、この甲高い鋭さを、日本人は派手な音と意識している。長唄の役割には、所作事の伴奏としての役割と黒御簾で場面の情景描写を行う役割とがあり、後者には唄が

主体となるけいこ唄や在郷唄などの類や三味線や囃子による楽器だけの音楽(合方)がある。(ｈ)は、声の音楽のさまざまな要素を取り入れ、木遣、馬子唄、舟唄、三味線付きの民謡などが歌舞伎風に変えられた形で演奏される。合方は三味線合奏だったり、時には囃子が加わった形の音楽で、立回りの場面や幕開き、また必要に応じてストーリーのなかで心理描写や情景描写に取り入れられている。

⑤囃子は、管楽器と打楽器の音楽である。それぞれの楽器は、雅楽や能など、さまざまな音の現場から持ち寄られたもので、音の出るものに何にでも好奇心をもった近世の庶民性を表した例といえよう。能の楽器の場合は、能式の舞台(松羽目物)に登場して演奏されることが多いが、御簾内で任意に楽器を組み合わせて演奏することもある。

黒御簾音楽は従来下座音楽とよばれることが多かったが、近年の傾向として、陰囃子とか歌舞伎囃子と呼ばれている。黒御簾音楽のなかでもっとも歌舞伎らしい音は、大太鼓を4種類の桴で打つ音である。長くて先の細い桴(長桴)、普通の短めの桴(太桴)、棒の先端を布や裏皮で丸く包み込んだ桴(雪バイ)、竹桴の4種で、雨、風、川、波、雪、雷などの自然現象の音や、心理描写、祭囃子の賑わいなどを表現する。

⑥は舞台の音響係や大道具係によって受け持たれ、法螺貝、雪の音、風の音、鳥や虫の鳴き声、波の音などを⑤と異なった発音具を使って表現するものである。

⑦拍子柝は開幕前の出演者や舞台関係者への合図や幕の開閉の際に打つが、現在狂言方と呼ばれる専門職がこれを受け持っている。

167

⑧ツケは、動きの効果にアクセントをつけるために打つ音のことで、戦いの場面（立廻り）や、動作の決まった時（見得）、筋の進行において重要な役割をする手紙のような物が落ちた時など、舞台上手の舞台端で、小さめの拍子柝の形をした２本の棒（ツケ柝）を板に打ち付けて音を出す。小道具方、大道具方のなかから専門に打つ人が決められる。④～⑧は互いに総合される場合が多く、そのさまざまな組み合わせは〈歌舞伎的な音〉の特徴になっている。

◆歌舞伎音楽の楽譜

楽譜の機能は「記憶のための記録」という程度であり、楽譜が優先されることはなかった。また、曲種によってその記譜法は異なる。浄瑠璃や唄の声楽部分の記譜法は、謡曲の記譜法の影響を受けて作られたが、現在は本来の記譜法の解読が困難になっている。江戸時代、三味線は日本語の〈いろは〉文字で記譜されてきたが、長唄の場合20世紀前半に西洋音楽の記譜法の影響を受けた数字譜に変わ

［日本音楽における倍音］

日本音楽では、いろいろな高さの音が混ざりあった音色が好まれて使われている。大晦日に聞く「除夜の鐘」の音やお坊さんの声や演歌歌手の掠れた声がその例である。音色の違いは色々な振動数の音の構成法で決まるが、オーケストラの楽器は整数倍の振動数の音で構成される音色が多く、澄んだ響きになる。ところが、日本の音は整数倍以外の振動数の音がたくさん出るように作られているので、複雑な響きになる。同種の楽器で音色が違う例として、フルートと日本の横笛、ギターと三味線や琵琶がある。

った。一方、義太夫三味線は〈いろは記譜法〉をそのまま受け継いでいる。常磐津・清元の三味線にはとくに決まりがなく、人によっては長唄式の数字譜を用いている。

囃子の記譜法は、能の囃子の方法を受け継いでいるが、歌舞伎独自のリズム型を表す記号も生まれてきた。

また、歌舞伎の音楽の流れ全体を記す総譜としては〈附帳〉と呼ばれるノートがある。附帳は半紙を二つ折りにした横長の大きさで、歌舞伎上演のたびに、音楽の入るきっかけとなる主な台詞を墨で抜き書きし、その間に囃子や長唄の曲名を書き込んで作られる。演奏のきっかけを書き込んでいるので、キッカケ帳とも呼ぶ。

歌舞伎の音楽には江戸時代から昭和までの日本にあった楽器のほとんどが取り入れられている。現在でも、連続する新しい試みのなかで、シンセサイザーを意欲的に取り入れるグループもあり、常に同時代とのコミュニケーションを密にした音楽作りが歌舞伎の本来の姿でもある。これらのさまざまな声と楽器が選ばれて、舞台進行に合った構成が考えられる。

◆現代の伝承
―箏音楽と尺八音楽の新たな展開

＊箏と琴

昭和40年代までの箏を現す用語には、「箏」と「琴」とがある。本来、「コト」とは弦楽器を示す用語であり、「箏のこと」「琴のこと」「琵琶のこと」と称され、それぞれ区別されていた。箏と琴との楽器構造上の区別としては、箏が柱（ブリッジ）を立てて演奏する一方、琴は一絃琴や二絃琴のように、柱を立てず、共鳴胴の上

にポジションの印が付けられている状態の楽器をさしているとされる。しかしながら、和琴のように、琴の文字を用いて柱を立てる楽器もあり、この区分にはまだ解決されない問題も多いが、現段階では、和琴以外の長い胴を持つツィター（ロング・ツィター）はすべて箏の文字で表されている。

＊近代以降の箏音楽の変化

現代の箏曲や地歌には、江戸時代以降の作品成立年代ごとの特徴を保った作品が層を成して伝承されている。箏曲や地歌が成立した初期の「組歌（くみうた）」などの作品群、箏曲と地歌の交流を密にした頃の作品群、山田流で発展した歌に主眼を置いた物語性の強い作品群、そして、幕末に登場した新しい傾向の作品、近代の新日本音楽、現代の作品など。楽器としての三味線の変化は少ないが、箏の音楽にはいくつかの大きく変化した点がある。

(1)雅楽の箏以外はすべてポリエステルの絃を用いるようになったこと。その理由として、基本音高の上昇により、絃を強く張るようになり絹糸での対応が困難になったことで、切れにくいポリエステル絃が開発されたことがある。

(2)基本音高が半音以上上昇したこと。本来、箏は歌の伴奏楽器としてその役割を果たしていたから、明治期までの箏曲の基本音高は、歌い手の声の音高で決められていた。したがって、歌い手が異なれば基本音高も異なった。しかし、明治期の洋楽の器楽性の影響を受け、箏音楽も基本音高を決めるようになり、第一絃をＤで取ることで現在にいたっている。しかし、このＤ音の振動数も明治期と今日では大きく変化した。明治期当初の雅楽の箏は洋楽の調律の影響を受けＡ＝430Ｈｚで調律され、今日までその基本音高が保たれているが、現在の山田流や生田流ではＡ＝442Ｈｚまで上昇している例が多い。

(3)楽譜の整備と唱歌譜の衰退。唱歌は、日本の伝統的な音楽の旋律構造を示す「口で唱える」楽譜である。本来、日本音楽の楽譜の機能は、誰もが同じように演奏できるための旋律を固定した楽譜ではなく、記憶のための記録としての楽譜の性格が強かった。したがって、運指法や音高は示されていても、リズムや拍節は示されず、実際の旋律の流れは、「テーン　トン　シャン」などと歌って体で記憶することを重要としていた。ところが、近代になると洋楽の五線譜の影響を受けて、四分の四拍子のように、等間隔に小節線を書いて区分する楽譜が登場し、視覚的には本来のフレージングと異なった区分がされるようになる。そして、初めは書き添えられていた唱歌も、新しい作品には書かれなくなっていった。

(4)新しい作品は、器楽性の高い作品で占められている。現在、箏曲と称される分野の楽器には、十三絃・十七絃・二十絃、そして三十絃があり、宮城道雄の登場以来、器楽性を重視した作品が数多く登場している。十七絃は宮城道雄によって考案された楽器で、箏の音域を低音部分で拡大しようと試みたもの。また、二十絃は日本音楽集団を設立し、伝統楽器の普及を図った作曲家の三木稔が考案した楽器で、箏の本来の音色を生かして音域の拡大を試みたもの。また三十絃は、箏曲家の宮下秀冽が考案した楽器で、箏の音域の飛躍的な拡大を図ったものである。

そして、20世紀欧米音楽の影響のもとに、箏から様々な音色を引き出すための演奏法の開発も行われている。これらの多絃の箏の展開は、箏の合奏曲の可能性を大きく広げ、それまで、同じ旋律の斉奏か、本手と替手の2部分構成であった箏の合奏を、様々な音域をカバーするダイナミックな弦楽合奏へと変化させた。

また、器楽曲としての箏の新たな作品の登場は、国際的な場での箏の演奏の機会を増やし、今や箏はインターナショナルな楽器として知られるようになった。

*大正琴の登場

明治7（1874）年、名古屋の森田吾郎は、ツィター型の新しいいくつかの琴を考案した。この中で、一絃琴のような長細い胴に四弦あるいは五弦の金属弦を張り、タイプライターのキーのような部分を指で押さえて、音高を変化させ旋律を奏でる「大正琴」を作り出した。この琴の楽譜は数字譜であり、一般の人々への音楽の普及に貢献した。

なお、この大正琴はインドにおいて「ブルブルタラン」と呼ばれ、宗教音楽の中に取り入れられている。

*尺八音楽の展開

普化宗の法具（法器）だった尺八もまた、器楽曲を演奏する楽器として一般の人々の中に浸透していった。特に1960年代以降の尺八音楽の発展は注目に値する。60年代以前の尺八の役割は、主として三曲合奏の中で、箏や三味線と類似した旋律を奏でる役割や、フルートの替わりとして洋楽的な旋律を演奏する役割を果たしていた。そのために、本来は5孔の指孔を、ピアノの12音が出せるように7孔や9孔に改めたり、管ごとに微妙に異なっていた音律を調整し、指孔によって異なる音色や音量を、運指法を変化させることによって均一な音が出るように改良する方向で音楽を変化させてきた。しかしながら、60年代以降は古典本曲の音楽的特徴を生かした奏法が再び注目され、尺八を演奏する時の息音や、指孔によって変わる音質を重要視するようになっている。現在、尺八音楽もまた国際的な評価を受け、外国人のプロの尺八演奏家も欧米で見られるようになっている。

（茂手木潔子）

© 1996 by Kiyoko Motegi

第4章　近代──伝統音楽と西洋音楽の並存のなかで

（西暦1850年～1945年まで）

◆近代日本の音楽文化

本章では、近代日本、すなわち1850年から1945年ころまでの約1世紀間の音楽文化を、1．幕末～明治中期(1850～1900年ころ)、2．明治後期～大正・昭和前期(1900～45年ころ)という2つの時期にわけて概観する。

幕末から明治・大正・昭和にわたるこの時期に、日本の音楽文化は大きな変貌をとげた。そのもっとも大きな特徴は、異文化である西洋音楽が定着して、江戸時代までに成立していたさまざまな伝統音楽と並んで日本の音楽文化のひとつの柱となったことである。西洋音楽は、芸術音楽として一部の専門家の間にのみ定着したのではなく、社会の変化や生活様式の西欧化とも相まって、広く一般の人々の音楽生活にも入り込み、私たちを取りまく音環境を変えていった。そして、ひいては私たちの基層的な音感覚や、音楽に対する考え方(注1)にも影響を与えるものとなったのである。

さまざまな伝統音楽にとっても、この1世紀はきわめて変化の多い時代であった。明治維新後、かつて伝統音楽を支えていた諸制度が大きく揺らぎ、社会や生活環境が変わり、西洋音楽が定着するなかで、江戸時代までのレパートリーや伝承方法を変化させ、近代に適応していったのである。その過程で失われたものも多いが、長い年月にわたって育まれてきた独自の音楽伝統が、生きた形で現代まで伝えられた意義はきわめて大きい。

一方、芸術音楽としての西洋音楽と伝統音楽とを取りまく近代日本の音環境を考えてみると、大筋ではそれがこの1世紀を通して、伝統音楽に親和的な世界から、西洋音楽の影響の強い世界へと変化してきたといえるだろう。そのなかで、もともとは別世界で発達してきた西洋音楽と伝統音楽とは、互いに他を発見しながらしだいに関係を深めていき、創作の分野ではもはや境界のない戦後の音楽状況へと至るのである。

本章では、時期区分ごとに、西洋音楽と伝統音楽それぞれの動きと、その関係のありかたとをみていくことにしたい。その際には、創作だけでなく、演奏や普及状況といった側面も重要になってくる。

第1期　幕末～明治中期
（1850～1900年）

◆西洋音楽の受容と定着

かつて16～17世紀にキリスト教伝来に伴ってもたらされた西洋音楽（キリシタン音楽）の痕跡は、江戸幕府の鎖国政策により、隠れキリシタンのオラショを除いてほぼ姿を消した。もっとも鎖国期にも、文政3年（1820）の長崎出島のオランダ人によるオペレッタ上演や、文政9年（1826）シーボルトが江戸に持参したピアノ、また蘭学者の宇田川榕庵による西洋音楽用語の研究などの例はあったけれども、海外との自由な往来が禁じられていたため日本の音楽文化そのものに大きな影響を残すことはなかった。人々の

(注1)〈音楽〉という用語は、明治期にmusicの訳語として定着するまでは、雅楽の一部のイメージや仏教典礼に用いる特殊な用語であった。西洋音楽が流入したことではじめて〈日本音楽〉という総称が生まれ、日本の伝統音楽を種目の別を越えて〈音楽〉ととらえる認識も生まれた。

171

外国音楽に対する憧れは強かったが、現実の音楽生活が変わっていくのは、日本が開国する1850年代以後のことである。

嘉永6年(1853)に開国を求めて来航したアメリカのペリーとロシアのプチャーチンが率いた軍楽隊は、その大音響で人々を驚かせた。安政2〜6年（1855〜59)に幕府が長崎で行った海軍伝習にともなって導入された太鼓とラッパの洋式軍楽は、幕末には洋式軍制を採用した諸藩で行われ、実用性を越えて人々の心をとらえた。開国後は、各開港地に設けられた外国人居留地で西洋音楽が奏でられた。文久3〜明治8年（1863〜75）横浜に駐屯したイギリス・フランス軍は軍楽隊を連れてきた。居留地では、国禁であったキリスト教の布教活動も行われ、外国語の賛美歌や聖歌が歌われた。明治6年(1873)に禁教が解かれる前後から、とくにプロテスタント各派において本格的な布教に備え賛美歌の歌詞の日本語訳が始まった。賛美歌は、西洋音楽と日本語の歌詞の調和という課題の最初の実験場となり、こうして作られた日本語の賛美歌集が明治7年以降数多く発刊された。教会はその後も日本人が西洋音楽に接する重要な窓口のひとつとなった。

日本人が専門的に西洋音楽の訓練を始めるのは、明治2年(1869)、中村祐庸以下32名の薩摩藩伝習生が横浜駐屯のイギリス陸軍第10連隊軍楽長フェントンから吹奏楽の伝習を受けたのが最初である(図1)。明治4年(1871)には彼らを母体に陸海軍の軍楽隊が発足した。海軍軍楽隊は退役したフェントンを雇い入れてイギリス式軍楽で出発したが、フェントン解雇（明治10年）後の明治12年(1879)ドイツ人教師エッケルトを招いてドイツ式に転じた。陸軍軍楽隊は、明治5年(1872)にフランス人教師ダグロン、ついで明治17年(1884)ルルーを迎えてフランス式の軍楽を学んだ。明治初期にはほかに西

図1　横浜で軍楽伝習を受けるサツマ・バンド（薩摩藩軍楽伝習生)
(J.R.ブラック編『ザ・ファー・イースト』1870年7月16日より)

洋音楽を演奏できる団体がなかったので、軍楽隊は軍事儀礼だけでなく、西欧風の外交行事や宮中行事、明治5年の鉄道開業式など政府主催の各種式典の演奏も担当し、明治10年ころからは民間からの出張依頼にも応じた。当時の軍楽隊のレパートリーはヨーロッパの軍楽隊と同様で、儀礼曲・行進曲のほか、ワルツ・カドリーユなどの舞踏曲、オペラの序曲・抜粋曲などであった。西洋の管弦楽曲はまず吹奏楽の音で日本に紹介されたのである。明治20年代には、陸海軍軍楽隊がそれぞれ教育制度を整え、毎年新人を募集して専門教育を行い、水準を高めていった。

明治7年（1874）末には、天長節（天皇誕生日）や西欧式饗宴など、宮中行事に取り入れられた欧風行事の西洋音楽を担当させるため、雅楽家である式部寮伶人（のちの宮内省楽部楽師）28名に西洋音楽の兼修が命じられた。伶人は、海軍軍楽隊の中村祐庸とフェントンから吹奏楽の指導をうけ、明治9年（1876）の天長節に初演奏を行った。明治12年（1879）には管弦楽をめざして伶人有志が自主的に弦楽器にとりくみ、同じ年に設置された音楽取調掛の事業にも芝葛鎮・上真行・奥好義ら主要メンバーが教員や伝習人として協力した。鹿鳴館時代の舞踏会を伴奏したのも、陸海軍軍楽隊と式部寮伶人であった。

一方、学校教育のなかでの音楽の取扱いは難問で、明治5年（1872）に公布された学制において小学校の〈唱歌〉と中学校の〈奏楽〉はともに「当分之ヲ欠ク」とされた。文部省はアメリカの音楽教育関係書を収集するなどの準備を進めたが、明治8年に師範教育取調のためアメリカ留学を命じられた伊沢修二は留学生監督の目賀田種太郎と協力してボストンの音楽教育家メーソンと接触し、唱歌教育開始に向けた具体的準備をはじめた。明治12年（1879）に、文部省は唱歌教育実施

図2　メーソンを囲む音楽取調掛助教と伝習生：前列左から助教・芝葛鎮（伶人）、雇教師・メーソン、（伝習生・中村専、同・辻則承（伶人）、後列左から伝習生・東儀彰質（伶人）、同・上真行（伶人）、同・奥好義（伶人）。（『東京芸術大学百年史　東京音楽学校篇　第1巻』より）

（注2）雅楽の様式で作曲された唱歌。明治10年に作曲された《風車》《冬燕居》の2曲を手始めに、明治10年代に約100曲が作曲された。楽譜は雅楽歌物に用いる墨譜で書かれ、和琴と笏拍子で伴奏した。

173

第2部　日本音楽史

のための調査研究機関として音楽取調掛を設置し、伊沢修二をその長とした。音楽取調掛は、1．東西二洋の音楽を折衷して新曲を作ること、2．将来国楽を興すべき人物を養成すること、3．諸学校に音楽を実施すること、を掲げて、そのための東西音楽の研究と人材養成を図り、明治13〜15年にはアメリカからメーソンを招いて唱歌教材の作成とその指導法、およびその基礎となる和声・音楽理論などの指導を仰いだ(図2)。これ以前にも、たとえば東京女子師範学校付属幼稚園では伶人が作曲した保育唱歌(注2)によって明治10年から唱歌教育が試みられていたが、音楽取調掛の設置によって、メーソン方式に範をとった唱歌教育を全国に実施する道が開かれた。

音楽取調掛では、唱歌教材の作成以外に、伝習人の教育、音楽用語の翻訳、伝統音楽の調査研究、俗曲(箏曲と長唄)の改良事業などを並行して行い、その成果は『小学唱歌集』初篇〜第3篇(明治15〜17年)、『楽典』(明治16年)、『音楽取調掛成績申報書』(明治17年成立、24年刊)、五線譜による『箏曲集』(明治21年)などとして刊行された。明治20年(1887)、音楽取調掛は東京音楽学校と改称し(明治26〜32年は東京高等師範学校付属音楽学校に格下げ)、22年には予科(1年)と本科(専修部は3年、師範部は2年)をおいた。メーソン解雇後の外国人教師としては、明治19〜22年(1886〜89)オランダ人ソーブレー、21〜27年(1888〜94)オーストリア人ディトリッヒが雇われ、音楽の専門教育を充実させていった。明治22〜28年(1889〜95)には、第1回卒業生の幸田延が初めてボストン、ウィーンほかに留学した。

つぎに、西洋音楽の普及状況についてみると、音楽取調掛／東京音楽学校で養成された音楽教員によって、西洋音楽に基礎をおく唱歌教育がしだいに軌道に乗るようになった。しかし、毎年十数名程度の卒業生では全国の需要はまかない切れず、小学校教員に唱歌とオルガンを速成伝習する私設の唱歌講習所が明治18年(1885)から続々と開かれた。唱歌教育に必要なオルガンの試作は明治13年(1880)に西川虎吉が始めたが、ついで着手した山葉寅楠(山葉オルガンの創始者)が明治22年に山葉風琴製造所を設立し量産体制をしいた。明治26年(1893)には《君が代》以下8曲の〈祝日大祭日唱歌〉が制定公布され、祝日大祭日に学校でこれらの儀式唱歌を歌わせる必要から、唱歌教育がさらに推進されることになった。唱歌教材には前述した翻訳唱歌中心の『小学唱歌集』の後、明治20年代に民間から

西洋音楽導入期(明治前期)に活躍した外国人教師たち

西洋音楽導入の窓口となった各機関では、職務に応じてさまざまな国籍・経歴の外国人教師を雇い入れた。明治初年のフェントン(英、海軍軍楽隊と式部寮)やダグロン(仏、陸軍軍楽隊)は滞日中に雇われたが、学習水準が高まると外国人教師にも専門性が求められ、明治10年代のメーソン(米、音楽取調掛)、エッケルト(独、海軍軍楽隊・式部寮・音楽取調掛)、ルルー(仏、陸軍軍楽隊)は本国から直接招聘された。西洋音楽の導入は、これら各教師の的確な指導と日本側の熱意が相まって順調に進んだ。

(注3)：言文一致唱歌：それまでの美文調・文語体の唱歌に代わり、子どもの生活感覚にあった旋律や口語体の歌詞を重視した唱歌。《キンタロウ》《うさぎとかめ》などが有名。
(注4)：市中音楽隊：民間の職業的吹奏楽団体。当初は陸海軍軍楽隊の退役者が結成し楽器編成・演奏技量とも本格的だったが、営利主義から次第に音楽水準を下げ、日清戦争後にはいわゆるジンタとなって流行した。

新作曲をふやした『明治唱歌』『小学唱歌』などが刊行され、明治30年代になると田村虎蔵らが主唱する言文一致唱歌（注3）が全国に流行した。これに対抗して文部省は明治43〜44年（1910〜11）全曲を新作した『尋常小学読本唱歌』『尋常小学唱歌』を刊行し、増補改訂されながら戦前まで使われた。

学校教育以外では、軍楽隊・式部寮・音楽学校がそれぞれ明治10年代から公開演奏会を行っていたが、それらの関係者が合同して明治20年（1887）に結成した日本音楽会と明治31年（1898）結成の明治音楽会が、定期的に演奏会を開いて西洋音楽の普及に努めた。日露戦争後の明治38年（1905）から日比谷公園で毎週行われた陸海軍楽隊による野外演奏も、一般への西洋音楽の普及に貢献した。また、明治19年に軍楽隊の退役者によってはじめて結成された市中音楽隊（注4）も活躍した。明治27〜28年（1894〜95）の日清戦争前後には軍歌が大流行して学校でも歌われ、ヨナ抜き音階とピョンコ節（注5）によって、それまで馴染みの薄かった西洋音楽風のメロディーやリズムを一般庶民にも広めた。

いずれにせよ、この時期までに西洋音楽は軍楽隊・式部寮・音楽学校といった専門機関を拠点に定着する一方、唱歌や軍歌などを通じて少しずつ一般の人々の生活にも浸透していった。だが、唱歌や軍歌を別にすると、西洋音楽の手法による本格的な芸術音楽の創作活動はまだ行われず、次期の課題となった。

◆伝統音楽の変化と交流

明治維新後には、それまで音楽伝承の専有を保証していたさまざまな制度が改廃され、伝統音楽の世界にも大きな変化がもたらされた。それは一面では伝承者の特権を奪い混乱を引きおこしたものの、結果的に各種目を隔てていた身分社会や地域の壁を取り払って種目や流派間の交流を促し、伝統音楽を狭い世界から解き放つ契機にもなったことを見逃してはならない。こうした傾向は、たとえば能を歌舞伎化した《勧進帳》（1840）の成立や、各種目の享受層の広がりという形ですでに幕末から始まっていたが、明治維新後の制度改廃はその動きを加速させた。

まず、それまで武家の式楽として幕府や諸大名に保護されてきた能楽はもっとも直接に打撃を受け、明治維新直後は演能はほとんど行われず、扶持を離れた能楽師の生活は窮迫した。廃業・転業が相次ぎ、ワキ方・狂言方・囃子方ではこの時期に廃絶した流派も少なくない。しかし、明治初年に欧米を視察した岩倉具視がオペラに匹敵する自国の歌舞劇として能楽に注目したことから、岩倉ら新政府高官と宮中とを後ろ楯にしだいに能楽は復活していった。明治11年（1878）には皇太后のために青山御所内に能舞台がつくられ、14年には岩倉が発起人となって芝公園紅葉山に能楽社が結成された。江戸時代は武士以外には見物が許されなかった能楽が一般人にも解放された結果、能を歌舞伎化した《土蜘》（明治14年）、《船弁慶》（明治18年）などの松羽目物も多数生まれた。また大名の庇護を離れた地方在住の能楽師・狂言師が上京し、やがて東京ではさまざまな芸系の能狂言が交錯するようになる。

雅楽の世界に目を転じると、明治3年（1870）に太政官内に雅楽局が設置され、江戸時代には京都・奈良・大坂で宮廷と

（注5）当時、階名を〈ヒフミヨイムナ〉と唱えたため、長音階の第4音（ヨ）と第7音（ナ）をよけて伝統的な五音音階に適合させたものを〈ヨナ抜きぶし〉と呼んだ。また、付点8分音符と16分音符（♪）のリズム・パターンのくり返しを俗に〈ピョンコぶし〉といった。

第 2 部　日本音楽史

寺社を拠点に活動してきた楽人は明治新政府の伶人となり、約半数が東京へ移住を命じられた。同時に、家伝・秘曲など雅楽伝承上の専有の慣習が廃止され、従来は主に堂上公家が行ってきた催馬楽・朗詠や琵琶・箏の伝承も伶人に委ねられた。明治6年には神楽の伝習が人民一般に許可された。また、新時代の雅楽の規範とすべく、それまでの三方の異なる伝承を整理統合し継承すべき全レパートリーを収めた『明治撰定譜』（明治9年・21年）が撰定された。

明治4年（1871）には、当道（盲人の特権的職能団体）が廃止され、これまで平家と地歌箏曲を専有してきた盲人音楽家の特権が奪われた。直後には混乱がおこり、平家は需要を失って衰退したが、地歌箏曲は家庭音楽として普及することで次第に立ち直り、そのなかで芝居や遊里の遊蕩気分と無縁な箏が前面に出されるようになった。明治8年（1875）には大阪で地歌業仲間（明治38年当道音楽会と改称）が結成され、菊高検校の《御国の誉》、菊塚与市の《明治松竹梅》（明治35年）、楯山登の《時鳥の曲》（明治39年）など、詞章・調弦に工夫をこらした箏の高低二部合奏形式の明治新曲がさかんに作られた。東京では、山田流の山勢松韻が音楽取調掛に出仕して俗曲改良運動や五線譜による『箏曲集』の発刊に協力した。また、明治期には九州や関西から地歌箏曲家が上京し、関西の生田流、関東の山田流という地域割がくずれ、流派をこえた交流も生じた。

明治4年には普化宗も廃止され、法器として虚無僧の専有物であった尺八は一般人にも吹奏できる楽器となった。琴古流の2代荒木古童は、尺八音楽の立て直

しのため普化宗に由来する本曲よりも箏・三味線との三曲合奏を重視し、門人の上原虚洞（六四郎）が工夫した点符式楽譜（注6）を採用して学習を容易にし、家庭音楽としての尺八の普及に努めた。さらに明治29年（1896）には、大阪の中尾都山が都山流を立て、五線譜にヒントを得た独自の楽譜と合理的な運営法によって流勢を伸ばし、《慷月調》（明治36年）、《岩清水》（明治37年）など自派の本曲となる尺八独奏曲を作曲して、琴古流と並ぶ大流派となった。尺八は、こうして明治期に胡弓に代わって三曲合奏に進出し、大正期から昭和期にかけて急速に伝統音楽界に勢力を拡大した。なお、民謡や詩吟の尺八伴奏も明治末ごろから始まった。

以上みてきたように、幕府や宮廷の保護下にあった能楽と雅楽、また江戸時代に音楽伝承上の特権を認められていた地歌箏曲と尺八音楽の世界は、明治維新後に経験した大きな変動を乗り越えることで、新しい時代に適応していった。

これに対して、民間で興行される歌舞伎や人形浄瑠璃と結びついて発達してきた長唄、常磐津・清元、義太夫などの劇場音楽は、明治維新によって負の影響を受けず、むしろ劇場に対する規制緩和がプラスに働き、江戸時代から続いてきた音楽的発展の最終段階を明治期に迎えたといえよう。長唄では、3世杵屋勘五郎の《綱館》（明治2年）、2世杵屋勝三郎が三味線入りの能（吾妻能狂言）のために作曲した《船弁慶》《安達ヶ原》（ともに明治3年）、3世杵屋正次郎の《元禄花見踊》（明治11年）、常磐津では《釣女》（明治16年）、《戻橋》（明治23年）、清元では《三千歳》（明治14年）、義太夫では2代豊沢団平の《壺坂霊験記》（明治12年初演、20年

（注6）点符式楽譜：従来の尺八譜では不明瞭であった音価を、譜字に付した点と縦線とによって示した楽譜。

改修）など、今日でもしばしば演奏される曲が明治期に入ってから作られ、各界に名人が輩出した。明治5年の演劇取締令に象徴される歌舞伎の風紀改良・品位向上の要請、また明治10年代の市川団十郎の活歴（注7）など演劇サイドからの試みは、劇場音楽の詞章の改訂を促したが、音楽面での新しい展開には直ちに結びつかなかった。ただし、この時期の歌舞伎界の高尚趣味は、これらの音楽にも語り口の洗練などを要請し、とくに清元は5世延寿太夫が発声法を変え語り口を品よくしたことで音楽的な面目を一新したといわれ、《隅田川》（明治16年）などの新作も生まれた。

　幕末から庶民の音楽の新しい場となった寄席は、明治維新後もさらに数をふやし、明治期を通じて俗謡・娘義太夫などがさかんに行われた。明治後期からは、薩摩琵琶・筑前琵琶・浪花節（浪曲）など近代に入って芸能化した新しい語り物が庶民の人気をさらった。薩摩人の上京によって東京から全国に広まった薩摩琵琶、筑前盲僧琵琶に薩摩琵琶や三味線音楽の手法をとりいれて成立した筑前琵琶、祭文・チョボクレといった江戸時代の大道芸・門付芸から発した浪花節は、いずれも地域的あるいは民俗的な芸能をもとに、近代の民衆の求める新しい表現を具体化したものといえよう。

第2期　明治後期〜大正・昭和前期
（1900〜45年）

◆西洋音楽の普及・展開と創作活動

　19世紀から20世紀にさしかかるころ、日本の西洋音楽は新たな転機を迎えた。西洋音楽を本格的に受容し始めて約30年

がたち、当初の目的であった儀式での奏楽や唱歌教育という実用的な課題がほぼ達成され、より多彩で芸術的な音楽を求める社会的機運を生じるとともに、担い手の側の力量がそれに応えるだけの水準に達しつつあったのである。

　その端的な表われの1つが、この頃から始まる西洋音楽の芸術的な創作活動であった。滝廉太郎が《花》をふくむ組歌《四季》を作曲した明治33年（1900）はその画期となった年である。滝に始まる創作活動の動きは、第3部第1章「日本の現代音楽」で扱うので、ここではその背景となった明治後期以後の西洋音楽の普及・展開のすがたを追っていきたい。

　明治32年（1899）、東京高等師範学校から独立した東京音楽学校は、教員養成から音楽家養成へと重点を移し、翌33年には研究科（本科卒業後に進学）に声楽部・器楽部に加えて作歌部・作曲部を置いた。創作にかかわる専攻が設置された初めてであり、和声学と作曲はフランス人神父ペーリが担当した。また、ケーベルやハイドリヒ、ショルツ（ピアノ）、ユンケルとクローン（ヴァイオリン）、ペツォルド夫人（声楽）ら演奏経験の豊富な外国人教師の採用により、演奏水準がさらに向上した。海外留学生や優れた外国人演奏家の来日もこの時期以降ふえ、日本人音楽家はヨーロッパの同時代音楽と直接に対峙しその吸収に努めるとともに、自らの音楽的独自性にも目を向け始める。

　西洋音楽の専門教育機関は、官立の東京音楽学校が唯一であったが、明治37年の女子音楽学校を皮切りに大正・昭和期にかけて私立の音楽学校が次々と設立される。音楽学校とは別に独自の専門教育を行っていた陸海軍軍楽隊でも明治41年

（注7）活歴：荒唐無稽な歌舞伎の時代物に対して、史実に忠実な「活きた歴史」劇を目指した作品群。観客にも不評で長続きしなかった。

(1908)から管弦楽を採用し、とくに海軍軍楽隊は毎年東京音楽学校に依託生を派遣し、同校での管弦楽演奏にも管弦楽器奏者として参加した。明治34年からドボラヴィッチに管弦楽の指導を仰いでいた宮内省楽部でも、大正3年（1914）に7年制の雅楽と西洋音楽の専門教育制度をととのえた。大正期からさまざまな部門で活発になる管弦楽運動は、こうした各機関の専門教育の拡充にも支えられ、やがて大正15年（1926）の常設オーケストラ・新交響楽団設立へと向かう。

大がかりな音楽劇上演の試みも、明治30年代に始まった。明治36年（1903）には東京音楽学校で、学内外の協力をえた初のオペラ上演（グルック作《オルフォイス》）が行われた。この他、北村季晴作詞作曲《露営の夢》（1905）、小松耕輔作詞作曲《羽衣》（1906）、坪内逍遙台本・東儀鉄笛作曲《常闇》（1906）など国産の音楽劇の試みも行われた。大正期には、娯楽性の強い浅草オペラがもてはやされ庶民の人気を得た。しかし本格的な国産オペラの上演は、昭和15年（1940）の山田耕筰作曲《夜明け》を待たねばならない。

文部省唱歌の刊行により明治期以来の課題であった唱歌国産化を達成した後の大正期には、日本語の詩と音楽の新たな結びつきを探求するさまざまな運動が起こった。この時期に歌曲を中心に活躍した作曲家には山田耕筰のほかに小松耕輔、本居長世、梁田貞、中山晋平、藤井清水、弘田竜太郎、成田為三らがいるが、彼らは大正7年（1918）に起こった童謡運動（注8）に参加したほか、本居長世は新日本音楽運動（後述）、中山晋平と藤井清水は新民謡運動（注9）にもかかわった。また本居と弘田は東京音楽学校の邦楽調査掛で伝統音楽の採譜に携わり、小松、藤井、中山は民謡の採集採譜にもあたった。これらの活動を通して発見されたり試みられたりした伝統音楽の語法は、歌曲以外の創作活動にも生かされ、昭和期の民族主義的な流れにつながっていく。

昭和期に入ると、創作活動は歌曲から管弦楽曲へと中心を移して、さらに活発化する。それに符合するように、昭和5年（1930）には東京音楽学校の本科・器楽部に初めて管楽器の専攻がおかれ、7年には本科に作曲部が開設されて橋本國彦が初代の主任教授となった。

昭和16年（1941）に太平洋戦争が開戦

図3　宮城道雄

(注8) 童謡運動：大正年間に、文部省唱歌を批判し童心童語の歌に近づくことを目指して『赤い鳥』(1918創刊)や「金の船」(のち「金の星」)などの童話・童謡雑誌を中心に進められた新しい子どもの歌の創作運動。
(注9) 新民謡運動：明治後期からの民謡ブームと伝統の見直しを背景に、大正から昭和初期にかけて北原白秋・野口雨情らの詩人と中山・藤井・町田嘉章らの作曲家が協力し、民謡風のスタイルで各地の〈新民謡〉を創作した運動。

第 4 章　近代——伝統音楽と西洋音楽の並存のなかで

し昭和20年に終戦を迎えるまでは、音楽にもさまざまな統制や圧力がかけられただけでなく、戦争によって多くの音楽家の命が奪われた。しかし、一方で時局がらみではあったが、一般に日本を表象する創作は推奨された。その間に抑えられていた自由な音楽活動への渇仰は戦後に一挙に開花し、新旧スタイルの入り混じった現代音楽の時代が現出するのである。

◆伝統音楽の普及・展開と創作活動

第２期には、伝統音楽の世界にも近代的な感覚による新しい創作の動きが始まった。その中心にあったのは、音楽的自律性の高い箏曲と尺八である。

箏曲家の宮城道雄（図３）は朝鮮にいた明治42年（1909）に作曲した処女作《水の変態》以来、新しい箏曲の創作を続けてきたが、大正６年（1917）に上京し、大正９年（1920）に尺八の吉田晴風、作曲家の本居長世とともに〈新日本音楽演奏会〉と銘打った作品発表会を開いた。西洋音楽の手法をとりこんだ宮城らの創作活動は以後、〈新日本音楽〉と呼ばれるようになった。やがて大正11年（1922）ころ上京した中尾都山がこの運動に協力し、宮城とともに各地を巡演して、新曲は全国的に広まった。宮城は、《唐砧》（1914）、《桜変奏曲》（1923）、《春の海》（1929）など西洋音楽の楽曲形式や技法を意識的に取り入れた新作を数多く発表して箏の技法を拡大した。また、合奏において低音域を充実させるために、十七弦や八十弦の箏の試作も行った。

長唄の世界でも、歌舞伎から離れて音楽だけで自立しようとする新しい試みが始まった。その中心になったのが、明治

35年（1902）に３世杵屋六四郎（後の２世稀音家浄観）と４世吉住小三郎（後の慈恭）が始めた〈長唄研精会〉である。研精会は、会員を募って定期演奏会を催す一方、２人の合作で《鳥羽の恋塚》（1903）、《紀文大尽》（1911）など演奏会専用の新曲をつぎつぎと発表し、新しい長唄の鑑賞者を開拓した。この時期には研精会以外でも、坪内逍遥の『新楽劇論』の理念を体して５世杵屋勘五郎が作曲した《新曲浦島》（1906）などが生まれたが、いずれも西洋音楽の手法を意識的に取り入れたものではなかった。大正期には、４世杵屋佐吉が新日本音楽に倣って〈三弦主奏楽〉という歌のない三味線合奏曲を発表し、セロ三味線・豪弦などの低音三味線や、威弦という電気三味線を考案したが、さほど普及しなかった。尺八でも７孔尺八のほか、昭和初年には大倉喜七郎により金属製の尺八式歌口にベーム式フルートのキー・システムを取り付けたオークラウロが考案された。

また大正期には、レコードやラジオ放送といった新しいメディアが実用化され、西洋音楽ばかりでなく当時人気の高かった伝統音楽の普及にも大いに利用された。

昭和期に入ると、山田流の中能島欣一が、戦後の現代邦楽を先取りするような、きわめて近代的な感覚をもつ三弦独奏曲《盤渉調》（1941）や箏独奏曲《三つの断章》（1942）を作曲した。

日本の伝統音楽の研究が本格的に始まるのも1900年以降である。日本音楽に関する研究は、すでに音楽取調掛の調査（おもに雅楽・箏曲・長唄）や、初の日本音楽通史である小中村清矩『歌舞音楽略史』（明治21年）、同じく日本音楽の初の音階

179

論である上原六四郎『俗楽旋律考』（明治28年）などが先鞭をつけていたが、明治40年（1907）には東京音楽学校に邦楽調査掛が設置され、高野辰之・黒木勘蔵らを中心に、各種目の録音と五線譜による採譜、『近世邦楽年表』の編集、多種目にわたる演奏会の開催などを行った。

これより先、明治38年（1905）には、ドイツから帰国した田中正平（理学博士で純正調オルガンの発明者）が日本音楽研究の必要性を痛感して自宅に邦楽研究所を設け、田辺尚雄らとともに五線譜による採譜を開始していた。伝統音楽の五線譜化は、これ以後、日本の伝統的な音の世界を探究しようとする作曲家や研究者によって盛んに行われ、その音楽的特徴を具体的に明らかにしていった。田中

はまた、種目を越えた日本音楽の鑑賞団体である〈美音倶楽部〉を組織し、伝統音楽の世界にも西洋音楽の演奏会のシステムを持ち込んだ。

伝統音楽の世界は、このような調査研究、あるいは鑑賞の対象となることで、種目をこえた外側からの視点をもつようになった。

明治維新から80年近く、さまざまな変化を乗り越えて歩んできた伝統音楽の世界は、明治期から戦前まで伝統音楽を支えてきた社会が解体される戦後に、ふたたび曲がり角を迎えるが、やがてそれをも乗り越えて現代まで生き続けてきたのである。
　　　　　　　　　　　　（塚原康子）

© 1996, 2008 by Yasuko Tsukahara

古代ギリシアの音楽から日本の現代音楽まで

はじめての音楽史

第3部
日本の現代の音楽

第1章　日本の現代音楽

（1900年以降）

西洋音楽の手法による芸術音楽の創作は、日本では1900年ころに始まる。ヨーロッパでは19世紀半ばごろから、ロシア、東欧の作曲家たちが、ドイツ古典派・ロマン主義の音楽を範として、そこに自分たちの民族性を意識的にあるいは無意識的に反映させた音楽を書くようになるが、それと同種の創作活動が日本においても始まるのである。ただ、ヨーロッパの非西欧の作曲家たちは、自分たちと同時代の西欧の音楽を対象にしたのに対し、日本の作曲の歴史は、ドイツ古典派・ロマン主義を中心とする西洋の古典的な音楽を対象にするところから始まる。20世紀前半はその傾向が続くが、1945年以降は西洋の同時代の音楽の動向とほぼ並ぶようになる。

◆1900～45年

（1）1900～29年

1879年に文部省内に設置された音楽取調掛（のちの東京音楽学校、現在の東京芸術大学）の生徒によって書かれた作品が、西洋音楽の手法を用いた日本の芸術的な音楽作品の初期の例となる。1897年に、幸田延がヴァイオリン・ソナタを作曲、1900年には、同校に学んだ滝廉太郎が、歌曲集《四季》、歌曲《荒城の月》、ピアノ曲《メヌエット》を作曲、滝は1903年には、絶筆となるピアノ曲《憾》を作曲する。日本の芸術歌曲、器楽曲の草分けとなるこれらの作品は小規模な作品だが、1910年代に入ると、より大規模な作品が書かれるようになる。東京音楽学校を卒業してベルリン高等音楽学校に留学した山田耕筰が、留学先での卒業制作として1912年に作曲した交響曲《かちどきと平和》は、古典的な交響曲のスタイルをふまえて書かれており、初の本格的な器楽作品となる。これより以前に山田は、東京音楽学校在学中の1907年から08年にかけて弦楽四重奏曲を書いているが、それと比べても交響曲《かちどきと平和》は作曲技法の熟達を示している。

幸田、滝、山田のこれらの作品はドイツ古典派・ロマン主義の音楽の影響下にあるが、山田が1913年に作曲した2つの交響詩《暗い扉》と《曼陀羅の華》には後期ロマン主義と表現主義音楽の影響が現れている。また、山田が1910年代に書いた《プチ・ポエム》と題されたピアノ曲には、スクリャービンの和声法からの影響が認められる。山田は同時代の音楽に早くから注目した作曲家としても特筆される。

ほとんど山田のひとり舞台といえる1910年代に対し、1920年代には山田の次の世代が台頭してくる。彼らはおもにドイツ、フランスに留学して作曲を学ぶ。たとえば、池内友次郎は1927年から36年にかけてパリ音楽院に学び、諸井三郎は1932年から34年にかけてベルリン音楽大学に学ぶ。平尾貴四男は1931年から4年間フランスのスコラ・カントルムに学んだ。このように1920年代には、1910年代に引き続いて、西洋音楽の作曲法をより体系的に学ぶ伝統が築かれていく。ま

183

た1920年代には、菅原明朗のオーケストラ作品《内燃機関》(1929)のように、近代フランス音楽に影響を受けたとみられる作品も書かれている。

(2)1930～45年

1930年代に入って日本の作曲界は飛躍的に発展する。それを象徴するできごととして、1932年の東京音楽学校における作曲科の設置と、1930年の〈新興作曲家連盟〉(現在の日本現代音楽協会)の発足が挙げられる。東京音楽学校に作曲科が設置されることによって体系的な作曲教育が普及していくことになり、また〈新興作曲家連盟〉の発足によって作品を定期的に発表する気運が高まっていく。〈新興作曲家連盟〉は1935年に国際現代音楽協会に加入し、日本の作品を海外に紹介するようになる。1937年にパリで開かれた国際現代音楽協会の音楽祭に入選した外山道子の声と器楽アンサンブルのための〈やまとの声〉は日本人作品としては初めての入選作品となる。

作曲活動が活発になるにつれてさまざまな作風が生まれてくる。そのおもな傾向として、西洋音楽を志向するアカデミックな傾向と、日本の伝統音楽を拠り所とする民族主義的な傾向が挙げられる。1920年代までは西洋の作曲技法の習得に偏り気味であったのに対し、1930年代にはむしろ民族主義的な傾向の方が優勢になる。

民族主義的な萌芽は1920年代の終わりにすでにみられ、たとえば橋本国彦は、歌曲《舞》(1929)をはじめとして日本語の口誦性と日本の音階を生かした歌曲を書いている。箕作秋吉は、オーケストラのための《二つの詩》(1928)を作曲

した時の日本的な旋律と西洋の和声との違和感をもとに、東洋的な和声体系を考案し、その成果を『音楽の時』(1948)に著している。

1930年代に書かれた民族主義的な作品として次のような作品が挙げられる。伊福部昭の《日本狂詩曲》(1935)、早坂文雄の《古代の舞曲》(1937)、松平頼則の《南部民謡によるピアノと管弦楽のための主題と変奏曲》(1939)、平尾貴四男の《古代讃歌》(1935)、清瀬保二の《古代に寄す》(1937)、深井史郎の《日本俚謡による嬉遊曲》(1938)など。これらはいずれもオーケストラ作品である。その一方で交響曲、ピアノ協奏曲などのように、日本的な標題を持たず西洋の古典的な作法による作品は1930年代には比較的少ない。

1940年代に入ると、1920年代から30年代にかけて欧米に留学した作曲家たちや、東京音楽学校作曲科出身の作曲家たち、たとえば高田三郎、團伊玖磨、芥川也寸志、黛敏郎らが作曲活動を始める。それにともなって1930年代には民族主義的な作品が優勢であったのに対し、1940年代には民族主義的な作品と西洋音楽の作法によるアカデミックな作品とはほぼ同等の割合になってくる。1940年代に書かれたアカデミックな作品は、1930年代までのアカデミックな作品に比べて作曲技法がいっそう熟達しており、またそのモデルとなる対象は、ドイツ古典派・ロマン派の音楽だけでなく、20世紀はじめの近代の音楽に及んでくる。たとえば芥川の《交響管弦楽のための音楽》(1949)や、黛の《10楽器のためのディヴェルティメント》(1949)などにはヨーロッパの1920年代の新古典主義

の作品からの影響が認められる。しかし、西洋音楽のスタイルに習熟するにつれて、その一方で1940年代の民族主義的な作品は、1930年代の民族主義的な作品に比べて民族主義的要素が緩和される傾向もみられる。

　一方演奏界に目を向けると、1927年に設立されて定期演奏会を開始したNHK交響楽団に続いて、1940年代には東京フィルハーモニー交響楽団、東京交響楽団が設立されて定期演奏会を始めるなど職業オーケストラの活動が活発になる。演奏会に西洋の古典派、ロマン派、近代の作品のプログラムが定着するようになる。以後演奏界はこれらの西洋音楽をおもなレパートリーとして演奏水準を高めていくが、一方作曲界は、20世紀前半の近代の音楽だけでなく20世紀後半の同時代の音楽にも注目するようになる。演奏界の志向するものと、作曲界の志向するものとの分岐も始まる。

◆1945年以降

(1) 1945〜69年

　1945年以降、十二音技法をはじめとするセリアリズム、電子音楽、ミュジック・コンクレート、トーン・クラスター、不確定性などの20世紀の前衛音楽の諸手法が、それが欧米で実践されるのとほぼ同時期に日本にも取り入れられるようになる。ただ欧米においても前衛的な手法が普及するのと並行して新古典主義的な作品が書かれているのと同様に、日本においても、前衛的な音楽が書かれる一方で新古典主義的な作品も書かれている。

　前衛的な作曲活動は、戦後の混乱が一段落した1950年代に顕著になってい

柴田南雄

く。入野義朗は1951年より、十二音技法を紹介する論文を執筆するほか、実際に十二音技法を使って《7楽器のための協奏曲》(1951)を作曲。これは、日本人の手になる十二音技法を使った先駆的な作品となる。これに続いて諸井誠も十二音技法により、オーケストラのための《コンポジション第1番》(1953)、ピアノのための《アルファーとベーター》(1954)を作曲、柴田南雄も《北園克衛による3つの詩》(1958)においてセリー技法を用いている。

　黛敏郎は1953年にミュジック・コンクレート作品《X・Y・Z》を制作したのち、1955年には諸井誠と共作で電子音楽《7のヴァリエーション》を制作。これらは日本におけるミュジック・コンクレート作品、電子音楽作品の先駆的な例となる。

　また、1950年代後半から60年代にかけては欧米の同時代の前衛音楽を日本に紹介する動きも活発になる。とりわけ柴田、入野、諸井誠、黛らによって1957年に結成された〈20世紀音楽研究所〉は定

第３部　日本の現代の音楽

期的に音楽祭を開いて、メシアン、シュトックハウゼン、ブーレーズの作品など欧米の同時代の音楽を紹介し、日本の前衛的な作曲活動を触発する場となった。

〈20世紀音楽研究所〉ほかの活動を通して紹介された前衛音楽の手法を反映した、松下眞一のピアノと打楽器のための《カンツォーナ・ダ・ソナーレ》(1960)、篠原眞の打楽器アンサンブルのための《アルテルナンス(交互)》(1962)、下山一二三のオーケストラのための《リフレクション》(1969)などが発表される。このうち松下の《カンツォーナ・ダ・ソナーレ》は、国際現代音楽協会第35回音楽祭に入選し、下山の《リフレクション》は、同第43回音楽祭に入選している。西欧の前衛音楽から影響を受けるだけでなく、そこから独自の作風を提起して、それが国際的にも評価されるようになるのも1950年代後半から60年代にかけてのことである。

前衛的な作品を発表した作曲家たちのなかにはその後、邦楽器や日本伝統音楽に注目した作品を発表する例がみられる。たとえば入野は《二十弦箏と十七弦箏のためのファンタジー》(1969)、2尺八とオーケストラのための《ヴァンドルンゲン》(1973)など邦楽器を使った作品を書き、諸井誠も尺八のための《竹籟五章》(1964)、尺八二重奏曲《対話五題》(1965)を作曲。黛は、梵鐘の響きや読経の声をオーケストラと合唱に反映させた《涅槃交響曲》(1958)を作曲。柴田は胡弓と太棹三味線のための《閏月棹歌》(1971)を作曲する。

日本伝統音楽の要素を使った民族主義的な作品は戦前においてもみられたが、戦前の作品においては、日本伝統音楽の要素は日本の音階や5度和声などの音高組織におもに現れていたのに対し、戦後の作品においては、音高組織だけでなく、リズム、音色、テクスチャー(注1)にも反映されるようになる。調性から解放された無調性、十二音技法、あるいは電子音響や具体音などを使った前衛音楽は、日本伝統音楽の響きや邦楽器の音色と近い関係にあったために、前衛音楽が導入されるにつれて日本伝統音楽が作曲家に示唆を与えたといえる。3度和声による調性体系を伝統にもたない日本の作曲家にとって、調性体系が崩壊したところに起こった前衛音楽は、日本伝統音楽をそこに導入したり、あるいは作曲者自身の感性をより直接的に反映させる契機となったのである。

間宮芳生と松平頼則は、日本的な発声法やテクスチャーを合唱やオーケストラに取り入れた作品を書いている。間宮は1958年に始まる〈合唱のためのコンポジション〉のシリーズにおいて、西洋の伝統的なハーモニーによる合唱曲ではなく、民謡のカケ声やハヤシ言葉などを発声する際のエネルギーを表現する合唱曲を書いている。松平は《催馬楽によるメタモルフォーゼ》(1953)をはじめとする雅楽を使った作品において、雅楽の旋律を用いるだけでなく、奏法やテクスチャーにおいても雅楽の特徴を反映させている。八村義夫のフルート、ヴァイオリン、発声者、ピアノのための《しがらみ》(1959)は、江戸時代の浄瑠璃に示唆を得た作品で、発声者にはのどを締めた声や呼吸音が指示され、器楽パートは無調の響きで声に対応している。

これらの作品が書かれるのと相まって、邦楽器奏者による演奏グループが結

(注1) テクスチャー：音楽においては声部と声部の組み合わせ方を指す語。各声部が独立して動くものをポリフォニック・テクスチャー、主声部を和音で伴奏するものをホモフォニック・テクスチャー、日本伝統音楽にみられるように複数の声部がほとんど同一の旋律を微妙に変えながら奏するものをヘテロフォニック・テクスチャーという。

成され、そのグループのための作品も書かれるようになる。たとえば1958年に、尺八、三絃、箏、十七弦の4人のメンバーによる〈邦楽四人の会〉が第1回演奏会を開催、以後、古典の曲のほか、作曲家に委嘱した現代曲とによるプログラムで演奏活動を行う。1964年には、尺八、三絃、琵琶、箏、十七弦、打楽器(のちに笛も参加)と指揮者、ならびに作曲家をメンバーとする〈日本音楽集団〉が第1回演奏会を開催、以後、数人編成のアンサンブル作品や、十数人編成の合作作品の新作を発表する。邦楽器の演奏グループのために、廣瀬量平は、2面の箏、三絃、尺八、チェロのための《トルソ》(1963)、3本の尺八と弦楽器群のための《霹》(1964)などを書いている。三木稔は〈日本音楽集団〉のために《古代舞曲によるパラフレーズ》(1966)、《4群のための形象》(1967)を作曲するほか、箏奏者の野坂恵子と協力して二十弦箏のための《天如》(1969)を作曲。以後、二十弦箏は現代邦楽の分野で不可欠の存在となる。これらの邦楽のための作品は、邦楽器の音色特性に、日本の音階や西洋音楽のイディオムを取り入れた作風となっている。

日本伝統音楽の音素材の特徴を反映させたこれらの作品に対し、日本音楽の理論的な特徴を反映させた作品もある。たとえば福島和夫の《エカーグラ》(1957)や《冥》(1962)ほかのフルートのための作品では、無調的な旋律と非拍節的リズムのなかに、日本の横笛のイディオムに通じる音程の微妙な動きや〈間〉のリズム語法が認められる。湯浅譲二の2本のフルートのための《相即相入》(1963)では、能囃子のみはからいを意図して2本

一柳 慧

のフルートのそれぞれにテンポを変化させ、2パート間の関係を流動的なものにしている。

1960年代には西欧の前衛音楽に加えて、アメリカの新たな動向が紹介される。1961年に開かれた〈20世紀音楽研究所〉の第4回音楽祭において、アメリカから帰国した一柳慧によって紹介されたケージの偶然性の音楽、ウルフ、フェルドマンらのアメリカ実験主義音楽がそれである。調性崩壊後の西洋の作曲家たちがたどってきた前衛音楽の主要な動向のほとんどが日本に紹介されたことになる。これらの実験主義音楽が紹介されたころから、日本においても実験主義的な動向が活発になる。一柳の、図形楽譜による、あるいは言葉の指示のみによる《ピアノ音楽》(1959~61)、松平頼暁の、各部分の演奏順序を演奏者が選択するチェロとピアノのための《コ・アクション》(1962)、水野修孝、小杉武久、塩見允枝子らによって1961年に結成された〈グループ音楽〉の集団即興演奏などがその例である。

これらの実験主義的な音楽が発表され

第3部　日本の現代の音楽

る一方で、1960年代には、西欧の前衛音楽やアメリカ実験主義音楽の諸手法を通して個性的な作風がはっきりと現れてくる。

たとえば、武満徹は《ルリエフ・スタティック》(1956)、《水の曲》(1960)などのミュジック・コンクレート作品を書いたのち、映画音楽《切腹》(1962)、《怪談》(1964)で、オーケストラの楽器のほかに、琵琶、尺八、三味線などの邦楽器を使用する。そののち1967年に琵琶と尺八とオーケストラのための《ノヴェンバー・ステップス》を作曲。《ノヴェンバー・ステップス》(後掲譜例1、p.192参照)のオーケストラ・パートには、弦楽器パートをひとりの奏者の単位にまで細かく分けて群的な響きを作るトーン・クラスターの手法が使われているが、ひとつの声部から数十声部までの間を扇状にしなやかに変化するテクスチャーは武満の個人語法といえるものである。この作品でのトーン・クラスターや弦楽器とハープの

武満　徹

戦後日本の代表的な作曲家。西洋の古典派・ロマン派の音楽に関心が向きがちだった日本の楽壇にあって、それらの西洋音楽をモデルにするのではなく独自の作風を打ち出した。初期の作品の《弦楽のためのレクイエム》(1957)や2本のフルートのための《マスク》(1959)の拍節感のないリズムなどにすでに武満の音楽語法が現れている。1950年代から60年代にかけての西欧の前衛音楽と共通点をもちながらも、武満の音楽には日本伝統音楽に通ずる造形感覚がある。琵琶、尺八を独奏楽器にもつ《ノヴェンバー・ステップス》(1967)のオーケストラ・パートにはその特徴が端的に現れている。

打楽器的な扱いによる騒音的な響きは、琵琶のばち音や尺八のむら息と対応し、琵琶、尺八とオーケストラとは違和感なく協奏している。トーン・クラスターは、西欧ではセリアリズムや電子音楽の延長上に培われた手法であるのに対し、武満の《ノヴェンバー・ステップス》においては、邦楽器の音色特性に示唆を得ていることがうかがわれる。

松村禎三も《弦楽四重奏とピアノのための音楽》(1962)、《管弦楽のための前奏曲》(1968)、《ピアノ協奏曲第1番》(1973)などの諸作において、独自の方法で群的な響きを生成する。半音階的音程によって蛇行的に動くオスティナート旋律が、パート間で絡まるように重なり合ってトーン・クラスターに近い響きを作り出すところに松村の語法が現れている。それは作曲者にとってのアジアのイメージに触発されている。

湯浅譲二の、箏とオーケストラのための《花鳥風月》(1967)、オーケストラのための《クロノプラスティック》(1972)、《オーケストラの時の時》(1975) などの作品も、個々の奏者の単位にまで分けてオーケストラから多層的な響きを作り出す。作曲者はそれを〈多数の音〉であって〈ひとつの音〉という日本的な音色感から発想している。

三善晃は、1960年代には、《ピアノ協奏曲》(1962)、《管弦楽のための協奏曲》(1964)をはじめとして、無調的な語法で作曲する。しかし西欧における無調音楽が調性音楽における主音や短2度の導音的はたらきを解消する方向に向かったのに対し、三善の無調語法には、調性音楽におけるのとは別の中心音や短2度の導音的はたらきが認められる。合唱とオー

ケストラのための《レクイエム》(1971)、《チェロ協奏曲》(1974)などの1970年代の諸作において三善は、図形楽譜を使ってリズムに不確定な要素を取り入れる。そこでは漸次的に間をつめていく三善のリズム語法がより直接的に反映されている。《レクイエム》の合唱パートは無声音や語りにより、オーケストラ・パートの騒音的な響きと呼応している。

石井真木はポスト・ヴェーベルンの影響下にあった1960年代を経て、1970年代に自身の方法を打ち出していく。石井の日本太鼓群とオーケストラのための《モノプリズム》(1976)では、7人の奏者による締太鼓の連打に対し、オーケストラは各パートが細分されて群的な響きを発する。邦楽器と、前衛的に扱われたオーケストラとが協奏する作品であると同時に、締太鼓の静的なソロから、オーケストラのダイナミックなトゥッティに至るまで、極端に対照的な響きを駆使する点に、石井の作風が現れている。

武満、松村、湯浅、三善、石井のこれらの作品には、無調性以後、音高組織やリズムが自由なものになり、具体音、電子音響、トーン・クラスターへと音素材も開かれたものになるにつれて、日本語の特性や邦楽器の特性、ひいては作曲者の音感覚がのびのびと引き出されていくのをみることができる。

1970年に6か月間にわたって大阪で開かれた国際万国博覧会は、戦後から1960年代にかけて欧米の同時代の動向を取り入れつつ独自の作風を育んできた日本の作曲家たちの成果が一堂に会する場となった。そのうち「鉄鋼館」で上演された武満徹の《クロッシング》(1970)は、独奏楽器、女声合唱、2群のオーケストラ

を広い空間に配して同時進行させる作品、高橋悠治の《慧眼》(1969)は、四つのステレオを通して音を多元的に重ねる作品、「電気通信館」における湯浅譲二の《テレフォノパシイ》(1969)は、世界各国の電話交換手の声を素材とし、それらが空間の中に飛び交う作品。いずれも、音素材の開拓から空間へと関心が広がっていった欧米の動向に並びつつ、その中に作曲者それぞれの視点が反映された作品となっている。

(2) 1970年代以降

トーンクラスターに象徴されるように、1960年代には多量の音を扱う傾向があったが、1970年代以降は、音を少なくする傾向に向かう。その点、欧米におけるミニマル・ミュージック（反復音楽）(p.126参照)や、新ロマン主義、ニュー・シンプリシティーなどの動向と並行関係が認められる。一柳慧のピアノのための《ピアノ・メディア》(1972)は、数個の音からなる旋律パターンを両手間で周期の異なる状態で反復させ、次第に同じ周期に近づけていく。石井真木のヴァイオリンとピアノのための《響きの表象》(1981)では、短音による旋律パターンを繰り返すピアノに対し、ヴァイオリンはそれとは対照的に音価の長い旋律パターンを奏するが、2パート間にはクレッシェンドの頂点が一致する箇所がある。一柳、石井のこれらの作品は一種の反復音楽とみなせるが、アメリカ実験主義音楽の作曲家たちの反復音楽は、反復することによって旋律パターンを音平面へと誘うのに対し、一柳、石井の作品には、パート間で同じリズムが重なる中心を置こうとするのがみてとれる。

1940年代以降に生まれた作曲家たちが活動を始めるのも1970年代である。このころになると、欧米における前衛的動向のおもなものは出尽くしており、この年代に活動を始める作曲家は、それらの前衛音楽の成果をふまえて個人の作風を提起する。そのなかで、池辺晋一郎の《エネルゲイア——60人の奏者のために》(1970)、《ダイモルフィズム——オルガンとオーケストラのために》(1974)は、個々のパートを緻密に重ね合わせて響きのテクスチャーを作り出す点で、1960年代に普及した音響作法と共通するが、池辺はそのなかから明確な旋律的要素を浮かび上がらせており、その点、ポスト・モダニズムの傾向に与するものもある。

池辺の作風は西欧の前衛音楽に近いが、近藤譲の作風はアメリカ実験主義音楽に近い。近藤は、9人の器楽奏者のための《ブリーズ》(1970)においては図形楽譜により、奏者に発音のタイミングや発音される音の質などを入念に指示し、発音原理の異なる不特定3楽器のための《スタンディング》(1973)では、ひとりの奏者が1音を発しては、次の奏者が1音を発するという音進行を繰り返す。作曲者はこのような単音の連なりであるような音楽を、聴き手の聴覚的なグルーピング作業によってのみ支えられる音楽と定義する。近藤の音楽はケージの偶然性の音楽、その後のミニマル・ミュージックに重なり合う点もあるが、反復的な音の連なりをグルーピングする方法に独自の発想を示している。

佐藤聰明のピアノのための《リタニア》(1973)、《化身II》(1978)においては、トレモロを主体とするピアノと、それをあらかじめ録音したテープの再生とがわずかにずれて同時演奏され、そのなかから、モアレ効果や倍音列の響きが浮かび上がる。ミニマルな手法から独自の響きが引き出されている。

1970年代に入ってからも現代音楽祭は新たに始められるが、それらは1960年代までの現代音楽祭とは性格がいく分異なっている。たとえば1969年に始まった「民音現代作曲音楽祭」は、日本の作曲家に委嘱して初演するという点で、海外作品の紹介を軸としていたそれまでの現代音楽祭とは一線を画している。野田暉行の、声のさまざまな奏法を駆使した混声合唱のための〈死者の書〉(1971)、一柳慧の、独奏ヴァイオリンにきわめて鋭利な音進行を担わせた〈ヴァイオリン協奏曲「循環する風景」〉(1983)をはじめ、「民音現代作曲音楽祭」を通して数々の記念碑的な作品が生まれることになる。1973年には、1970年の万博の一環として開かれた現代音楽祭を母体とする「今日の音楽」が始まるが、「今日の音楽」では、海外の作品のほか、演奏、日本の作曲界の軌跡、日本伝統音楽がプログラムにのぼる。「民音現代作曲音楽祭」「今日の音楽」に一端が表れているように、1970年代以降は海外の動向を吸収しようとするよりも、1960年代までに吸収した現代の作曲技法をいかに方向付けていくか、その指針を日本の伝統、あるいは独自のシステムに見出そうとする姿勢が優勢になる。1970年代後半にデビューする1950年代生まれの作曲家たちにこの傾向がみられる。

たとえば新実徳英は、打楽器アンサンブルのための《アンラサージュ》(1977)をはじめ、音のまとわりつきとずれを意味するアンラサージュの語をタイトルにもつ一連の作品や、また、尺八本曲に示

唆を得たオーケストラのための《ヘテロリズミクス》(1992)において、アジア的なテクスチャーを抽象化した作風を示している。

西村朗は《弦楽四重奏のためのヘテロフォニー》(1975～87)、打楽器アンサンブルのための《ケチャ》(1979)、《2台のピアノと管弦楽のヘテロフォニー》(1987)、オーケストラのための《永遠なる渾沌の光の中へ》(1990) などにおいて、旋律、リズムのヘテロフォニー、およびそこから立ちのぼる響きに着目した作品を書いている。

ベルリンに学んだ細川俊夫の作品には、1970年代のドイツの前衛音楽のスタイルが反映されているが、それと同時に日本的な方法も取り入れられている。たとえばオーケストラのための《遠景Ⅰ》(1987)は、聴衆を取り囲むように舞台と客席に配されたオーケストラを後景とし、そのなかに各パートを前景として浮き彫りにする。作曲者はそれを山水画の遠近法や雅楽の音楽構造から示唆を得たという。

新実、西村、細川のこれらの作品は西欧の前衛音楽の路線にあるのに対し、藤枝守の音楽はアメリカ実験主義音楽の路線にとらえられる。藤枝のピアノのための《遊星の民話――バッハの逆行カノンを原型とする9つの操作》(1980)、《デコレーション・オファリング》(1983) は、バッハの曲の旋律をシステムに従ってさまざまに変換した形で重ね合わせ、それを通して原曲の旋律を透かし彫りのように浮かびあがらせる。よく知られた調的な旋律や反復的手法を使っている点で、ミニマル・ミュージックに通ずるものがあるが、藤枝は独自のシステムによって反復的な音の連なりに変化を派生させている。

一方、欧米にもみられるように、過去の音楽スタイルを用いるポスト・モダニズム(注2)の動向も現れてくる。たとえば吉松隆の弦楽オーケストラのための《朱鷺によせる哀歌》(1980)ではコル・レーニョやグリッサンドなどの現代的奏法のほかに、調的な旋律が使われており、《カムイチカプ交響曲》(1990)では、クラシック音楽の断片のほかに、ジャズ、ロックも引用されていて、ポスト・モダニズムに加えて多様式主義の特徴もみられる。

1970年代以降には、現代曲をレパートリーとする演奏家あるいは演奏家グループがいくつか結成され、その活動を通して日本の現代曲が育まれる。1975年に第1回演奏会を開いた〈岡田知之打楽器合奏団〉は、日本の民族打楽器を含む多種類の打楽器のためのアンサンブル作品を委嘱、初演し、打楽器のレパートリーを開拓した。同合奏団を通して、坪能克裕の、ブレーキ・ドラムや紙を使った《天地聲聞》(1980)、廣瀬量平の、古代楽器を使った《真鳥の水辺》(1988) 等の作品が生まれている。同じく1975年に結成された〈サウンドスペース・アーク〉、1977年に結成された〈アンサンブル・ヴァン・ドリアン〉は、ヴァイオリン、クラリネット、フルート、ハープ等の西洋の楽器を主体とし、同グループは海外の作品のほかに、八村義夫の《ブリージング・フィールド》(1982)、武満徹の《雨の呪文》(1982) 等の日本の作曲家の作品を初演、再演した。〈オペラシアターこんにゃく座〉は1974年に旗揚げ公演して以来、座付作曲家の林光による《セロ弾きのゴーシュ》(1986)、林と萩京子との共同作曲による《十二夜》(1989) 等の作品を通して、明

(注2) ポスト・モダニズム　1950年代から60年代にかけての新しい様式を探究する前衛的な芸術運動に対し、1970年代以降にみられる、新しい様式のなかに調的なメロディーなどの古典的な諸手法を取り入れる傾向を指す。

譜例1

瞭で聴き取りやすい日本語の発音と演劇性豊かな演出により、西洋のグランドオペラをモデルにしたオペラ作品とは一線を画する室内オペラを生み出している。これらの日本の演奏家グループとの共同による作曲活動にも、海外に指針を求めるのでなく自身の文化から作曲活動を方向づけようとする傾向が認められる。

(3) 1980年代以降

*新しい世代の登場

　1980年代から1990年代にかけては、さらに若い世代がデビューする。《オーケストラのためのプリズム》(1984)をはじめ数々の作品が国際現代音楽協会音楽祭に入選している田中カレン、ルトスワフスキ国際作曲コンクールに第1位入賞した〈オーケストラのための「インテクステリア」〉(1992)をはじめ数々の作品が国際作曲コンクールに入賞している江村哲二、〈思いだす、ひとびとのしぐさを〉(1994)で女性として初めて尾高賞を受賞した藤家渓子、〈ゆららおりみだり〉(1993)で尾高賞を受賞した猿谷紀郎をはじめとする1960年代に生まれた作曲家たちである。

　1980年代には若い作曲家を発掘しようとする作曲コンクールが新たに設けられる。1982年に始められた「今日の音楽・作曲賞」、日本現代音楽協会の主催により1984年に始められた「現音作曲新人賞」、1991年に始められたサントリー音楽財団主催の「芥川作曲賞」、「秋吉台国際作曲賞」などがそれで、いずれも将来性に評価基準をおいている。このような作曲コンクールが設けられるのは、指針となる存在と目される次世代の作曲家がいない状況であるがゆえかもしれない。しかしこれらのコンクールからは明確なコンセプトを持つ個性的な作曲家も選ばれている。たとえば〈DIES IRAE／LACRIMOSA（怒りの日／嘆きの日）〉(1995)で芥川作曲賞を得た権代敦彦、〈Dual Personality──打楽器独奏と2群のオーケストラのための〉(1996)で同じく芥川作曲賞を得た川島素晴などである。これらの1960年代以降に生まれた作曲家たちの作品は、ポスト・セリアリズム、ニュー・シンプリシティを経て、ポスト・モダンへ、と1960年代から1980年代にかけて変遷した作曲スタイルのいずれかに還元しうるものでなく、それらの総体を背景にもっている点が特徴として挙げられる。

*創作の振興の広がり

　1990年代以降、開館記念や各種周年事業の一環として日本のオペラ創作を振興

(譜例1) NOVEMBER STEPS by TORU TAKEMITSU(1967)
Copyright © 1967 by C.F.Peters Corporation 373 Park Avenue South, New York, N.Y. 10016
International Copyright Secured. All Rights Reserved.

第1章　日本の現代音楽

する動きが各地に見られるようになる。たとえば、1990年には水戸芸術館の開館記念として間宮芳生《夜長姫と耳男》が初演され、1993年には鎌倉芸術館開館記念として三木稔《静と義経》、1994年には第1回神奈川芸術フェスティバルで團伊玖磨《素盞鳴》、1997年には新国立劇場開館記念として團《建　TAKERU》が初演されるなど、オペラ創作に重きを置いていた間宮、三木、團といった作曲家たちは引き続きオペラを作曲する。

　その一方で、オペラよりもオーケストラ作品や器楽作品を中心に書いていた作曲家の初のオペラ作品も生まれている。たとえば、1993年には日生劇場開場30周年記念として松村禎三《沈黙》、1995年には文化庁芸術祭50周年記念として一柳慧《モモ》、1996年には京都を本拠とする22世紀クラブの委嘱による藤家渓子《蠟の女》、1999年には仙台開府400年を記念した三善晃《遠い帆》、2000年には日生劇場が委嘱した石井眞木《閉じられた舟》が初演され、2005年には愛知万博開催記念の一環として新実徳英の、シンフォニック・オペラという新しいオペラのあり方を提起する《白鳥》が初演された。これらのオペラは、それぞれの作曲家のオーケストラ作品や器楽作品の特徴が反映されて、声と器楽の複合芸術としてのオペラのレパートリーを豊かにしている。ミュンヘン・ビエンナーレの委嘱により作曲され、1999年に静岡芸術劇場で日本初演された細川俊夫《リアの物語》は、能の所作を思わせる身体の動きにより、日本のオペラ創作の新たな局面を示している。

　音楽ホールや劇場の開館や記念の年には海外からオペラ団体を招聘する傾向に

あった時代と違って、各地域でオペラを生み出し発信しようとする意識が育まれている点が特筆される。

　音楽ホールによる創作振興はオペラ以外にも見られる。東京オペラシティ文化財団が運営する東京オペラシティ・コンサートホールは武満徹作曲賞を創設し、1997年の開館以来、毎年一人の作曲家に審査を依頼して国内外の若手作曲家にオーケストラ作品を公募し、新進作曲家を発掘している。ルチアーノ・ベリオが審査した1999年には、前田克治《絶え間ない歌》、伊左乾《ダイナモルフィア》、渡辺俊哉《ポリクロミー》が上位入賞した。同リサイタル・ホールでは若手演奏家を登場させてバッハと現代の作品をプログラムに組む「B→C（バッハからコンテンポラリーへ）」と称するリサイタル・シリーズが企画されている。2001年の平野公崇サクソフォン・リサイタルにおける平野《インプロヴィゼーションB→C──ライヴ・エレクトロニクスを用いて》のように、演奏者から発信される作品も同シリーズから生まれている。

　大阪のいずみホール、東京の紀尾井ホール、名古屋のしらかわホールが作曲共同委嘱「いずみ・紀尾井・しらかわ3ホール共同プロジェクト」を企画し、初年度の2000年には西村朗と金子仁美に委嘱され、西村《オーボエ協奏曲「迦桜羅」》と金子《グリゼイの墓》が3ホールで演奏された。作品振興のスポンサーシップが複数のホールにわたって組織的になり、現代の作品をより広く普及させる活動として特筆される。

　演奏者の自発的な動機からも創作は振興される。「東京シンフォニエッタ」は、1945年以降の欧米の作品を演奏するほ

193

か新進作曲家に委嘱し、江村哲二《リディアン》(1995) のほか、河村真衣 (1979〜)《ロバーイー》(2007) のように新進作曲家の作品を生み出している。「新しいうたを創る会」は会員を募り、その会費を委嘱料として詩人と作曲家に詩と音楽を委嘱して全国の各支部で初演演奏会を行い、新しい歌を創作し普及させる活動を展開する。「新しいうたを創る会」の活動から、一柳慧《ソプラノとマリンバのための「私の歌」》(1994)、近藤譲《サッフォーの3つの詩片》(2003) 等、それまで歌をあまり書かなかった作曲家から歌が生まれるほか、山本裕之 (1967〜)《労労亭の歌》(2004) をはじめ若手作曲家の歌も生まれている。

　日本における現代音楽祭は前衛志向の時代には欧米の作品を紹介する傾向にあったが、1990年には日本作曲家協議会の主催により「アジア音楽祭'90」が開催され、タン・ドゥン (中国)《オン・タオイズム》、姜碩熙 (韓国)《タール》の日本初演をはじめ、アジアの作曲家の作品が演奏された。アジア音楽祭は以後も開催され、2003年のアジア音楽祭では、日本、台湾、フィリピン、ヴェトナム、インドネシアほかのアジア作曲家連盟に加盟する国の作曲家の作品が演奏された。

　欧米の新たな動向に関心が向きがちだった時代を経て、日本の作曲家、演奏家、聴衆が自分たちの音楽を生み出していこうとする気運が育まれつつある。

(楢崎洋子)

© 1996, 2008 by Yoko Narazaki

第2章　現代邦楽

（1945年以降）

◆戦中・戦後

　第2次世界大戦の勃発直前、昭和12年近衛内閣のもとに始まった国民精神総動員運動は、一切の自由主義的な思想をことごとく統制する傾向を呈し、その状況下において文化面を扱う官庁〈情報局〉が内閣に設置され、情報局による芸能の興行・演奏の制圧が始まった。当局はとかく遊惰に流れがちな芸能が戦意を高める上に不適当であるとし、浄瑠璃の歌詞を卑猥であるとして、文章を時局に適合する文章へと書き直すことを命じた。歌舞伎の台本は至るところ検閲の白紙で覆われ、恋愛や情念を表現する内容の多い豊後系浄瑠璃の常磐津や清元は、時局にふさわしくないとして演奏禁止が続いた。情報局の命令により長唄審議会が発行した『改定歌詞集』には、当時の時代背景が反映されている。

　第2次世界大戦終結後の占領軍の支配下で今度は一転して歌舞伎の戦記ものりように軍国主義的な内容の作品が上演を制限されることになる。戦意を鼓舞する内容が多いという理由で、薩摩琵琶の演奏も厳しく制限された。しかし戦時中に上演禁止された歌舞伎の世話物や豊後系の浄瑠璃は、敗戦を境にふたたび活気を取り戻すことができた。また長唄の囃子方の場合のように、出征による演奏者不足によって、他流派との舞台上の共演という新たな展開も生まれ、その後の流派を超えた演奏者共演の習慣の契機となった。

◆現代邦楽の展開

　戦後の日本音楽には、邦楽の新たな運動の方向を示す用語として昭和22年（1947）のNHKラジオ番組名〈現代邦楽の時間〉をきっかけに〈現代邦楽〉が登場する。現代邦楽の特徴は、作曲に携わったのが邦楽畑の演奏家だったこと、伝統的な語法を用いることが多かったことがあげられる。おもな作曲家には、杵屋正邦、山川園松、宮下秀冽、中能島欣一などがいる。

　邦楽器への新たな試みのなかから近世までの日本音楽にはみられなかった特徴も出てきた。とくに顕著なことは、学習法の変化と、器楽合奏の発展である。

　これまでひとりの師匠と弟子の関係で学習されていた邦楽の学習方法にも変化が現れた。昭和30年（1955）に設立された〈NHK邦楽育成会〉は、箏・三味線・尺八による近世邦楽を中心とする演奏家養成のための組織であり、日本の楽器の演奏に五線譜を用いる学習方法を取り入れ、当時としては画期的な邦楽演奏家の養成機関であった。この育成会から、その後の現代作品にも対応できる演奏家が数多く輩出した。

　箏・尺八の合奏団の登場も戦後の新しい展開であり、作曲家に新作の委嘱を行うケースもでてきた。この運動のきっかけを作ったグループが〈邦楽四人の会〉である。この会の第一回演奏会は昭和33年（1958）年に開かれ、箏・尺八のための作品の委嘱はその後に箏・尺八の現代

作品を数多く生み出す契機となった。

昭和39年 (1964)、作曲家三木稔は〈日本音楽集団〉を創設。従来の長唄、箏曲、琵琶楽などのジャンルの枠を越えて、日本の楽器による合奏団を結成する試みを開始、邦楽器の新しい展開を導いた。三木が発案した二十弦箏（現在の弦数は21本）は、十三弦箏の音色を踏襲して弦数をふやした箏であり、すでに市民権を得た楽器として現在広く用いられている。この年から始まったNHKラジオの〈現代の日本音楽〉では洋楽作曲家による邦楽器を用いた作品が多く取り上げられるようになり、新日本音楽以後の、洋楽的様式を取り入れた〈現代邦楽〉とは様式の異なる〈現代音楽〉の作品が、日本の楽器のために多く書かれるようになった。

現代音楽における邦楽器の語法には、伝統的に用いられていなかった方法、たとえば琵琶の弦を撥の才尻ですったり、箏の弦を棒で打ったりハーモニックスを使ったりする点が例としてある。

おもな作曲者としては、尺八作品《竹籟五章》を作曲した諸井誠、尺八と琵琶とオーケストラのための《エクリプス》や《ノヴェンバー・ステップス》を作曲した武満徹、和太鼓とオーケストラのための作品《モノプリズム》などを書いた石井眞木、ほかに広瀬量平、柴田南雄、林光、湯浅讓二など、多くの作曲家がいる。そして、日本の楽器のために書かれる作品は、その後も増え続けている。

◆日本の伝統的要素の重視と発展

昭和42年 (1967年) に作曲された武満徹の《ノヴェンバー・ステップス》(p.188参照) は、これまで邦楽器に与えられた洋楽的なメロディーやリズムとは異なった、日本の伝統的なリズム感や音色の特徴、たとえば自由リズムや付加リズム的な特徴、さまざまな倍音やさまざまな高さの音が複雑に混じりあった楽器特性など、琵琶と尺八によって日本の音色に再び焦点をあてた作品である。作品では、尺八の本曲の技法と、薩摩琵琶の緊迫した撥さばきがそのまま取り入れられ、この作品を演奏した薩摩琵琶の鶴田錦史、尺八の横山勝也が後続する若手の琵琶や尺八演奏家に与えた影響も大きく、次の石井眞木による太鼓の作品とともに、その後の邦楽器使用の展開を方向づけた。

ヴァレーズの《イオニザシオン》に代表される、ヨーロッパにおける打楽器の再評価は、日本の作曲家にも大きく影響を与えた。石井眞木作曲の《モノプリズム》は、1976年、佐渡を本拠地とする太鼓グループ、鬼太鼓座とボストン交響楽団によってタングルウッド音楽祭（アメリカ）で初演された作品である。ここに登場する太鼓のリズムには、秩父屋台囃子の連続する1音のリズムが取り入れられた。鬼太鼓座の打法と合奏法は、その

左から横山勝也、武満徹、
小澤征爾、鶴田錦史

後の国際的な太鼓ブームを引き起こし、国内にも、100団体を超える太鼓グループが生まれ、各地の地域起こしにも取り入れられている。さらに1990年代にはついにヨーロッパにも日本太鼓のグループが設立されるに至った。

◆国立劇場の開場

昭和41年の11月1日、「主としてわが国古来の伝統的な芸能の公開、伝承者の育成、調査研究等を行い、その保存及び振興を図り、もって文化の向上に寄与する」ことを目的とした国立劇場法の趣旨に基づき、国立劇場が開場した。歌舞伎、文楽、雅楽、声明、舞踊、民俗芸能、邦楽の7部門の公演が企画上演され、全国の主要な伝統芸能を鑑賞する機会が公的に提供されるようになった。国立劇場の公演内容については、いくつかの特徴がある。第1に、歌舞伎や文楽の上演にあたって、全作品通しの上演を原則とする点である。それは当時多くなってきた歌舞伎の名場面だけを上演する〈みどり〉(〈よりどりみどり〉から来た呼び方)公演ではなく、廃絶したり、上演されることの少なくなった場面をも復元して再演し、全作品の完全な形を再現しようとする試みであった。また雅楽・声明の現代作品の初演をきっかけとして、国立劇場を中心に活動する〈東京楽所〉(代表、多忠麿)が設立され、宮内庁や寺社に属する演奏家のみによって演奏されていた雅楽器の一般化をもたらすとともに、雅楽作品のCD化を行ったり、さまざまな洋楽演奏家との共演の試みなど、雅楽楽器の可能性を大きく広げた。当時演出を担当していた木戸敏郎の英断によって、宗教の儀式として聞かれていた声の音楽は、

〈声明〉の名のもとに一般化し、グレゴリオ聖歌のような、音楽の原点としての地位が与えられることになった。また日本の民謡についての連続企画は、昭和40年代の民謡ブームを引き起こし、太鼓の連続企画や鑑賞教室というレクチャーコンサート的な邦楽の聞き方も社会に大きな影響を与えた。

昭和54年3月には落語・漫才などを扱う国立演芸場、昭和58年9月に国立能楽堂が東京都に開場し、昭和59年3月には、大阪に国立文楽劇場が開場した。

◆教育における日本音楽

昭和30年代から急速に勢いを増した学校教育での西洋音楽教育や、一般家庭での洋楽教育の大きな広がりは、残念ながら日本音楽の居場所をきわめて限られたものへと追いやっていった。昭和33年に始まるリコーダー教育は、ドレミの出にくい横笛を遠ざけたばかりでなく、日本の楽器の音色を音楽の範疇から遠ざける原因にもなった。合唱コンクールや器楽コンクールの隆盛によって、日本の伝統的な声の文化にも異変が起こり、民謡の声は美しい声の基準からはずれ、楽器の意味する範囲も、洋楽の楽器中心となっていった。

このような洋楽に焦点を当てた音楽教育に対して昭和30年代、日本人の音の文化を再考するべきと考えた民族音楽学者小泉文夫は、子供たちが日常のなかで遊びながら歌う〈わらべうた〉に注目し、わらべうたを用いた音楽教育を提唱し、一時教育界でブームを引き起こした。彼の、昭和34年の著書『日本伝統音楽の研究Ⅰ』の書名により、〈伝統音楽〉という言葉も一般化することになる。しかしな

第3部　日本の現代の音楽

がら、わらべうたによる音楽教育は、わらべうたから邦楽という展開をみないまま挫折してしまった。

　音楽授業においても、鑑賞中心だった日本音楽を、もっと身近なところへ近づけようとする動きが強まり、楽器の旋律を〈唱歌〉で歌ったり、代替楽器を用いて演奏して理解する表現教材として扱う方法へと変わってきた。

◆ワールド・ミュージックのなかの日本音楽

　学校の外では、1970年代後半に始まったエスニック・ブームが日本音楽の再認識へとつながり、若者たちの間で思い思いの日本音楽へのアプローチが行われ始めた。

　近年の傾向としては、伝統音楽の世界に生まれた演奏家が自らの世界を広げることを目的に行われる場合と、外の世界の演奏家が、楽器や声を自由な方法で取り入れる場合とがある。前者の例としては、三線と太鼓を中心とする楽器編成の沖縄音楽のグループや、箏や尺八の演奏家がシンセサイザーを取り入れるような例、また、民謡の歌い手がロックのリズムとともに追分を歌うなどの例がある。また後者の例には、ロックの演奏家が太鼓や笛をバンドに取り入れたり、平家物語や義太夫の文章をギターやドラムとともに歌い上げたりといった、さまざまな活動がある。

　これまで続いてきた中央集権的な文化の見直しが叫ばれる1990年代には、日本各地の村起こしや町起こしに日本音楽が使われる例も多くなり、さまざまな土地で○○太鼓グループが発足し、各地の祭りが近年活気を呈してきた。

　また伝統音楽や伝統楽器を直接用いた

音楽作りとは別の観点で、日本の音を再評価しようという動きも起こっている。それは、自然音と共生してきた日本人の音に対する感性を再び見直そうとする動きである。

　これらのさまざまな動きは、ただひたすら欧米の文化を摂取することに邁進してきた結果、自らのよって立つ所を失ってきたことへの疑問による一種のバランス感覚であろう。

　伝統と呼ばれる音楽の内容は、決してある型に固定されるだけのものではなく、常にその時代の要求によって変容しつつ動いてきたものである。したがって、これまでさまざまなジャンルに分かれて来た伝統音楽の世界が、現代においてまったく過去のものになってしまったかというと、そうではなく、実は演歌やポップス歌手の歌い方のなかにも浄瑠璃の様式を聞くこともできるし、映画音楽の扱いのなかに歌舞伎音楽と共通の音楽様式をみることができる。ロックギターの演奏法のなかに三味線との共通点を聞くこともできるのである。社会の変化によって、目にみえる部分、つまり、衣装や楽器の形態が表面的に変化していても、歌い方や音の出し方など、本質にあるものが変わらなければ伝統は連続していると考えられるのである。

　日本の伝統音楽は決して過去だけのものではなく、常に連続して生まれているものである。そして日本の楽器や声に対するさまざまな試みの共存のなかから、新たな伝統、〈日本的なもの〉が再び生まれてくる。歴史を鳥瞰すると、そのことがよくみえるように思う。

（茂手木潔子）

© 1996 by Kiyoko Motegi

おわりに——音楽史を学ぶとは——

　本書は初版の発行（1996年）以来、多くの方々に読まれてきました。特に高等学校の音楽科や音楽大学あるいは教育系の大学・学部の音楽史の授業や講義で、教科書や参考書として利用されているようです。しかし音楽の若い学徒たちが、例えば将来自分はピアニストになりたいのに、どうしてピアノという楽器が誕生する前の音楽や声楽の歴史を勉強しなくてはならないのかと疑問に思っていないでしょうか。ピアノ曲を作曲した音楽家だけで十分なのに、彼らが生きた時代の政治や社会、あるいは文学や美術まで知っていなくてはならないのだろうか、そのようなことは世界史や日本史で勉強すればいいことではないかと、音楽史の授業や講義は必修科目だからという理由だけで、あまり積極的に勉強していないようなことはないでしょうか。

　ここでは、音楽を志す高校生や大学生の方々といっしょに、学校教育や専門教育の課程において、どうして音楽史を学ぶことが必要であるのか、あるいは音楽実技を志す人たちがどうして音楽史を学ばなくてはならないのかを、本書の内容に沿って考えてみたいと思います。

◆音楽史とは何か

　音楽史は「音楽の歴史」なのですが、まず「歴史」とは何かについて考えてみたいと思います。「歴」という字の「厤（れき）」は「厂（やね）」と「禾（いね）」からなり、並んだ稲穂を次々と取り入れることです。そこに「止（あし）」がついて、「順序よく次々と足で歩いて通ること」を意味します。また「史」はもともと手に「中（竹札を入れる筒）」をもった人、つまり記録をする役目をもつ人を指し、やがて書かれたものを意味するようになりました。つまり歴史には、物事が順序よく並んで進んでいる、つまり時間の経過とともに生じた出来事の連続と、それらの出来事をつなげて、多くの場合、原因と結果という因果関係でつなげて書かれた物語という、ふたつの意味があることになります。

　例えば、「モーツァルトは1781年からウィーンに定住した」、「ハイドンはウィーンのアルタリア社から1781年に弦楽四重奏曲(作品33)を出版した」、「モーツァルトは1782年から1785年までに、弦楽四重奏曲を6曲作曲し、ハイドンに献呈した」というのは、出来事であり、歴史的な事実です。しかしこのままでは事実が年代順に並んだだけの「年代記（年表）」を「記述」したにすぎません。ここで、ハイドンの弦楽四重奏曲の独創性を明らかにし、その独創性がモーツァルトの創作意欲を刺激し、弦楽四重奏曲の作曲ばかりか献呈をも促したことを「説明」すれば、その文章は「歴史」と呼べるようになります。本書でもこれらの出来事に言及されていますが、入門書という性格上、それぞれがモーツァルトとハイドンの文脈で述べられており、本当の意味での「歴史」にはなっていないことには、注意してもらいたいと思います。

　もうひとつ重要なことがあります。それは出来事としての「歴史」はひとつしかありませんが、書かれた「歴史」は書き手、つまり歴史家によって文体だけでなく、内容も異な

ってきます。歴史家がすべての出来事を対象にすることはできませんので、歴史家の関心や問題意識に沿って、いくつかの出来事を選び、それらの出来事について因果関係を説明せざるをえないからです。音楽史の本が複数出版されていますが、そこで扱われている出来事がすべて同じではありません。本書のような複数の著者が書いた音楽史ではなく、一人の著者が書いた音楽史をぜひ読み比べてみてもらいたいものです。

◆音楽史の対象

　音楽史が対象とする出来事は、「誰がどこで何をした」という行動だけではありません。もっと重要なものが、音楽家の作曲や演奏の創造活動があります。前者の場合ですと、生没年、日記や居住・生活の記録や旅行記、演奏会の広告や批評などを丹念に調べていけば、おおよその行動の様子や動機を知ることができます。しかし文学史や美術史などの芸術史では、作家、画家、作曲家などの専門家が創造したもの、すなわち「作品」や「演奏」が、歴史を作る事実となるわけです。音楽史の場合には、作品を記した楽譜、演奏を録音したレコード、さらに伝承された音楽などが、史料として利用されます。この点が、世界の諸民族の音楽を研究する音楽民族学（民族音楽学）と相違するところでもあります。

　作品の技法を説明して、作品だけで音楽史を書いた「作品史」もあります。前述したモーツァルトとハイドンの場合ですと、ハイドンが出版社に宛てた手紙の中で語った「まったく新しい方法」、すなわち主題の展開と動機の活用の仕方を説明し、そのことでディヴェルティメントのような娯楽音楽に見られなかった独創性や芸術性を獲得したことを明らかにしなくてならないでしょう。さらにモーツァルトがハイドンに献呈した作品やそれ以前の作品と比較して、モーツァルトがどのような影響を受けたかも知る必要があります。さらにハイドンは自らに献呈された作品から影響を受けることにもなります。ここには作用の連鎖が生じているわけです。

　しかし音楽史の対象は、時代や地域において、何が音楽と考えられていたかによって、異なってくることも忘れてはならないことです。ハイドンとモーツァルトの場合には、作品が音楽とみなされ、かつ作曲家の独創的な創作と認められていた時代であればこそ、作品の作用を歴史の事実として認めることができたわけです。

　中世・ルネサンスでは、音楽は教会の礼拝を構成する要素のひとつであり、王侯貴族の権威の象徴でもありました。音楽がもつ社会的な役割の方が、作曲家の個性よりも重視されていたわけです。続くバロック時代には、オペラが誕生したことにより、音楽が演奏される場所が音楽のあり方を決める重要な要素となりました。教会様式にならんで、劇場様式や室内様式が加わり、本書でも「バロックの声楽」としてオペラが、「バロックの器楽」として鍵盤曲や室内楽が、それぞれ説明されています。

　古典派からロマン派にかけては、作曲家の個性や作品の独創性が重視される時期ですので、作曲家の名前と技法面での革新性が音楽史の対象となっています。そして20世紀では創作の構想（コンセプト）や作品の様式・構造が重要となり、年代的ではなく、網羅的に説明されることになります。日本音楽史については、次節でお話をしたいと思います。

　音楽史はもちろん作曲家やその創作だけの歴史ではありません。作曲されあるいは出版

された作品が演奏されなくては、作品は伝承されませんし、後世に影響を与えることもあります。また作曲家が演奏家や聴衆の存在を抜きにして創作することも考えられません。この意味でプロやアマチュアによる演奏活動や聴衆の聴取行動も、音楽史を作る重要な要素でもあります。こうした視点を強調した音楽史は、演奏史あるいは受容史と呼ばれたりします。

　そのほかにも、教育制度や音楽教育の歴史を扱う音楽教育史、音楽家の社会的地位や演奏会制度を扱う音楽社会史などもあります。本書のような概説書では、これらを通史的に説明することはできませんが、各時代や各地域での特徴的な出来事や重要な事柄については断片的に触れられています。

◆音楽史の時代区分

　音楽の歴史が「筋の通った物語」であるといいましたが、一般的には、なんらかの共通する要素をもっている時代ごとに区分されます。これを時代区分と言います。政治史では政治体制の変化、例えば戦争や革命によって時代を区分していきますが、音楽史の場合には少々複雑です。本書では従来の時代区分に従っていますが、この時代区分が政治史のように統一した基準で区分されていないことには、注意しておいてください。

　西洋音楽史については、「古代ギリシア」の後に「中世」が来ていますが、時期的には1500年以上もの隔たりがあり、地域もギリシアと西ヨーロッパと随分と離れています。「ルネサンス」と「バロック」は、文芸史や美術史での時代区分からの借用ですが、音楽史におけるルネサンス時代には、古代ギリシア・ローマの文芸復興はありませんでしたし、バロック音楽とバロック美術との間に共通する精神を見出すことは困難です。古典派はドイツでゲーテやシラーなどが活躍した、18世紀後半の時代の音楽です。フランスで古典派といえば、ルイ14世時代、つまり17世紀後半の音楽を指します。ロマン主義は19世紀全体を支配する思想や芸術思潮に対応するもので、ここでは文学、絵画などにも共通するものを見ることができます。現代に最も近い音楽はここでは「20世紀」の音楽と呼んで、第2次世界大戦の終結でもって前後に二分しています。最近では「18世紀の音楽」あるいは「19世紀の音楽」という時代区分が用いられ、「バロック音楽」や「古典派の音楽」という名称を用いない傾向がありますが、本書のような概説書の範囲内では許されるかと思います。

　日本音楽史の時代区分は、とても難しい課題です。ここでは、古代、中世、近世、近代という大きな時代区分を採用し、古代では雅楽の移入と国風化、中世では能と狂言の成立、近世では浄瑠璃や歌舞伎での三味線音楽の隆盛、近代では西洋音楽の導入期とその後の伝統音楽が説明されています。ここで重要なことは、雅楽、能、狂言、浄瑠璃、歌舞伎などの芸能音楽が現代にまで伝承されていることです。従って本書では、各章の最後に「現代における雅楽」などの節をおいています。本来の歴史の書き方としては、適切ではありませんが、日本音楽史の特徴のひとつとして理解していただければ幸いです。またヨーロッパ音楽を導入した我が国において誕生したヨーロッパ音楽の伝統上にある芸術音楽と、戦後の現代邦楽については、本書では第3部「日本の現代の音楽」として説明されています。

　本書ではこのように、西洋音楽史、日本音楽史、そして日本の現代の音楽という3つの音楽を音楽史の対象としたことを忘れないでもらいたいと思います。それぞれの音楽史は

一貫して流れていますが、お互いに影響しあうことがありましたし、これからもあるかと思いますが、決してひとつに融合することはないでしょうか。もっとも、グローバル化された現在では、ポピュラー音楽史や、さらに幅広い音楽を対象にした「世界音楽史」や「普遍音楽史」などが書かれれば、これらの音楽史もそのなかの一部となるでしょう。

◆現代に音楽史を学ぶ意味

これまで音楽史とは何かについて話をしてきましたが、ではどうして現代に生きる私たちは音楽史を学ぶのでしょうか。どうして演奏家をめざしている音楽大学の学生が必修科目として音楽史を学ばなくてはならないのでしょうか。

政治史の場合には、歴史の対象は過去の出来事であり、その結果として残された手紙や文書、建物や遺物などです。これらは歴史資料館や公文館に保管されていて、研究者に利用されます。これらはすべて過去からの残骸です。

しかし音楽史の対象のなかで最も重要なものである音楽作品は、過去の残骸ではありません。私たちはモーツァルトの作品を現代でも聴いたり演奏したりすることができます。モーツァルトが生きた時代と同じような響きでないかもしれませんし、また同じように音楽を理解することも難しいかもしれませんが、モーツァルトの音楽は彼が生きていた18世紀後半から現代に至るまで聴かれ、また演奏され続けているわけです。この意味で、私たちが21世紀の現在、モーツァルトの音楽を聴き演奏することは、18世紀後半からの歴史の延長線上に立つことでもあり、また将来の歴史を作ることに参加もしているわけです。つまり、私たちが今現在、聴いたり演奏したりすることで、私たちは、この歴史の流れに参加しているわけです。少し大げさに言えば、我々日本人も世界音楽史において、モーツァルトの受容史の担い手の一人となることができるわけですし、このような活動がなくなれば、日本でモーツァルトは聴かれたり演奏されたりしなくなるでしょう。

私たちが今現在、モーツァルトを聴いたり演奏したりしていることは、歴史的な性格をもっていることになります。そしてこのような歴史的な存在であり、歴史的にしか行動できないということを教えてくれるのが、音楽史なのです。試験曲を勉強するときに、過去の演奏録音を聴いたり、種々の出版楽譜を比較してみたりしますが、これも音楽史の勉強のひとつなのです。作品の成り立ちや由来を調べるのは、その作品がその当時どのような状況で成立したのかを知ることでもありますが、同時に、我々がその作品について知りたいことは、現在の私たちの関心がどのようであるかを表しているからであり、それを知ることは私たち自身を知ることにもなるからです。

音楽史は音楽の過去の姿を伝えるものですが、同時に、現代の我々が過去をどのように見ているかを映し出す鏡でもあります。過去の音楽を、今、現在に演奏するためには、どうしても過去を知り、過去を知ることを通して、現在を知ることが大切なのではないでしょうか。

久保田　慶一

© 2008 by Keiichi Kubota

あとがき

　本書の構成が、「西洋音楽史」、「日本音楽史」、「日本の現代の音楽」の３部からなることは、すでに述べました。それがまた、今日の日本の音楽史をめぐる状況に対応したものであったことを、そこでは強調しておきました。

　ところが本書の構成がこのような構成に至った背景には、我が国の音楽教育の特殊な状況もありました。学校教育の現場では、鑑賞教材や実践教材として、西洋音楽だけでなく、日本の伝統音楽や諸民族の音楽が用いられてすでに久しく、当然のことながら、教員養成のカリキュラムにおいても、日本音楽史や民族音楽学を含んだ「音楽史」が、必修科目として課せられているのです。しかし従来、西洋音楽史と日本音楽史をバランスよく扱ったテキストがなく、多くの大学教育者は自分なりに工夫して講義ノートを作り、資料を用意してきたのでした。そして本書がこのような教育現場からの要請から誕生したことも、最後にお伝えしておきたいと思います。

　本書の初版が1996年に発行されてから、2000年に、初版時には気が付かなかった誤字脱字の訂正や譜例の装丁を変えるなどの改訂を行いました。また2007年にはその後他界された音楽家の方々の没年を追加しました。2009年の改訂では、第２章「中世」と第３－４章「ルネサンス（1）（2）」を吉川文氏に書き下ろしていただきました。初版のときに執筆していただいた須貝静直氏が2000年に他界され、2009年の改訂で原稿にお目通していただけなかったからであります。また「おわりに」として、音楽史を学ぶ意味について、私なりの考えを書かせていただきました。そして決定版の刊行にあわせて、「もうひとつの音楽史」と題したコラムを5篇、追加しました。

　本書は音楽通史ではなく、それぞれの時代史を並列したものになっています。それは執筆者の視点や問題意識を消してしまわず、またそれぞれの時代の音楽の特徴をも際立たせたかったからです。音楽の特徴そのものが音楽史の文体にも少なからず影響を与えるからです。各章間の調整は必要最小限に留めましたが、編集上の責任はすべて久保田が負っています。

2017 年 4 月 1 日

久保田　慶一

参考文献・視聴覚資料
［西洋音楽史］

参考文献

［辞典・事典］
『音楽大事典』全6巻　岸辺成雄編（平凡社，1981）
『ラルース世界音楽事典』上・下巻　遠山一行・海老沢敏編（福武書店，1989）
『クラシック音楽事典』戸口幸策監修（平凡社，2001）
『［カラー］図解音楽事典』U.ミヒェルス編，角倉一朗監修（白水社，1989）
『新訂　標準音楽辞典　第二版』全2巻（音楽之友社，2008）
『ニューグローヴ世界音楽大事典』全21巻，別巻　柴田南雄・遠山一行総監修(講談社，1994～1995)
『新編　音楽中辞典』海老澤敏・上参郷祐康・西岡信雄・山口修監修（音楽之友社，2002）
『新編　音楽小辞典』金澤正剛監修（音楽之友社，2004）
『ポケット音楽辞典』（音楽之友社，1998）
『メッツラー音楽大事典』（DVD）大角欣矢・長木誠司・野本由紀夫監修（教育芸術社，2006）

［序章　人間と音楽］
『世界音楽史――4つの時代』ヴァルター・ヴィオラ，柿木吾郎訳（音楽之友社，1970）
『音楽の源泉』クルト・ザックス，ヤープ・クンスト編，福田昌作訳（音楽之友社，1970）
『東洋民族の音楽』W.P.マルム，松前紀男・村井範子訳（東海大学出版会，1971）
『世界の民族音楽探訪』小泉文夫（実業之日本社，1976）
『人間の音楽性』ジョン・ブラッキング，徳丸吉彦訳（岩波書店，1978）
『民族音楽研究ノート』小泉文夫（青土社，1979）
『音楽人類学』アラン・P.メリアム，藤井知昭・鈴木道子訳（音楽之友社，1980）
『日本文化の原像を求めて：日本音楽と芸能の源流』藤井知昭編（日本放送出版協会，1985）
『サバンナの音の世界』川田順造（白水社，1988）
『鳥になった少年――カルリ社会における音・神話・象徴』スティーブン・フェルド，山口修・
　山田陽一・卜田隆嗣・藤田隆則訳（平凡社，1988）
『楽の器』藤井知昭・山口修・月渓恒子編（弘文堂，1988）
『芸能の人類学』姫野翠（春秋社，1989）
『世界音楽への招待――民族音楽学入門』柘植元一（音楽之友社，1991）
『霊のうたが聴こえる――ワヘイの音の民族誌』山田陽一（春秋社，1991）
『民族音楽概論』藤井知昭・水野信男・山口修・櫻井哲男・塚田健一編（東京書籍，1992）
『「音」のフィールドワーク』藤井知昭監修，民博「音楽」共同研究編（東京書籍，1996）
『アジア音楽史』柘植元一・植村幸生編（音楽之友社，1996）
『楽器の精神と生成』クルト・ザックス，郡司すみ訳（エイデル研究所，2000）
『民族音楽学の課題と方法――音楽研究の未来をさぐる』水野信男編（世界思想社，2002）
『諸民族の音楽を学ぶ人のために』櫻井哲男／水野信男編（世界思想社，2005）
『増補　響きの考古学――音律の世界史からの冒険』藤枝守（平凡社，2007）

［第1章　古代ギリシア］
『ギリシア・ローマ古典文学案内』高津春繁・斎藤忍随（岩波文庫別冊4，岩波書店，1963）
『音楽の起源』クルト・ザックス，皆川達夫・柿木吾郎訳（音楽之友社，1969）
『ギリシア数学の始原』アルパッド・サボー，中村幸四郎・中村清・村田全訳（玉川大学出版部，
　1978）
『音楽美学入門』国安洋（春秋社，1981）
『音の科学文化史――ピュタゴラスからニュートンまで』F.V.ハント，平松幸三訳(海青社，1984)
『神統記』ヘシオドス，廣川洋一訳（岩波書店，1984）
『ギリシア』マックス・ヴェグナー（『人間と音楽の歴史』第Ⅱシリーズ：古代音楽・第4巻，音
　楽之友社，1985）
『四つのギリシャ神話――「ホメーロス讃歌より」』逸身喜一郎・片岡真男訳（岩波書店，1985）
『天の音楽・地の音楽』R.ハマーシュタイン，C.V.パリスカ，J.フィリップ，J.ハー，G.L.フィニ
　ー，鈴木晶・村上陽一郎・塚本明子訳（『ヒストリー・オヴ・アイディアズ』29，平凡社，1988）
『ミューズの教え――古代音楽教育思想をたずねる』海老沢敏（音楽之友社，1989）

『空華——生，音楽，真理を巡る対話篇』原正幸（大学教育出版，1992）
『ギリシア悲劇全集　別巻』松平千秋・久保正彰・岡道男編（岩波書店，1992）
『モラリア14』プルタルコス，戸塚七郎訳（京都大学学術出版会，1997）
『精神と音楽の交響——西洋音楽美学の流れ』今道友信編（音楽之友社，1997）
『ピュタゴラス派——その生と哲学』B.チェントローネ，斉藤憲訳（岩波書店，2000）
『アリストクセノス「ハルモニア原論」の研究』山本建郎（東海大学出版会，2001）
『祝勝歌集／断片選』ピンダロス，内田次信訳（京都大学学術出版会，2001）
『訳注　プトレマイオス　ハルモニア論』山本建郎編（影地出版会，2004［改定増補版]）
『音楽の思想と教育』，河口道朗監修『音楽教育史論叢』第1巻（開成出版，2005）
『古代音楽論集』アリストクセノス／プトレマイオス，山本建郎訳（京都大学学術出版会，2008）

[第2章　中世]
『西洋音楽史　中世・ルネサンス』皆川達夫（音楽之友社，1986）
『中世・ルネサンスの社会と音楽』今谷和徳（音楽之友社，2006［新版]）
『キリスト教と音楽　ヨーロッパ音楽の源流をたずねて』金澤正剛（音楽之友社，2007）
『古楽のすすめ』金澤正剛（音楽之友社，1998）
『中世音楽の精神史　グレゴリオ聖歌からルネサンス音楽へ』金澤正剛（講談社，1998）
『中世社会の音楽』A.スィー，村井範子他訳（東海大学出版会，1972）
『中世キリスト教の典礼と音楽』J.ハーパー，佐々木勉・那須輝彦訳（教文館，2000）
『グレゴリオ聖歌』水嶋良雄（音楽之友社，1966）
『癒しとしてのグレゴリオ聖歌』C.ル・メ，内野充子監修（柏書房，1995）
『現代聖歌学に基づくグレゴリオ聖歌の歌唱法』E.カルディーヌ，水嶋良雄・高橋正道訳（音楽
　之友社，2002）
『グレゴリオ聖歌セミオロジー』E.カルディーヌ，水嶋良雄訳（音楽之友社，1979）
『グレゴリオ聖歌の世界』R.L.クロッカー，吉川文訳（音楽之友社，2005）
『音楽史の中のミサ曲』相良憲昭（音楽之友社，1993）
『歴史としての音　ヨーロッパ中近世の音のコスモロジー』上尾信也（柏書房，1993）
『中世・ルネサンスの楽器』D.マンロウ，柿木吾郎訳（音楽之友社，1979）
『楽譜の歴史』皆川達夫（音楽之友社，1985）

[第3，4章　ルネサンス]
『ルネサンスの音楽』F.ブルーメ，和田旦・佐藤巌訳（白水社，1992）
『ルネサンスの音楽』H.M.ブラウン，藤江効子他訳（東海大学出版会，1994）
『音楽用語定義集』ティンクトリス，中世ルネサンス音楽史研究会訳（シンフォニア，1979）
『ルネサンスの音楽家たち　Ⅰ・Ⅱ』今谷和徳（東京書籍，1993/1996）
『ルネサンスの歌物語』岸本宏子（音楽之友社，1989）
『街の歌　城の響き　ルネサンス音楽のフォークロア』美山良夫（音楽之友社，1985）
『ルターからバッハへの二百年』長与恵美子（東京音楽社，1987）

[第5章　バロックの声楽]
『オペラの誕生』戸口幸策（東京書籍，1995）
『オペラ辞典』淺香淳編（音楽之友社，1993）
『バロック音楽』礒山雅（日本放送出版協会，1989）
『オペラとギリシャ神話』楠見千鶴子（音楽之友社，1993）
『カストラートの歴史』バルビエ・パトリック，野村正人訳（筑摩書房，1995）
『音楽史シリーズ3　バロックの音楽』C.V.パリスカ，藤江効子・村井範子訳（東海大学出版会，
　1968）
『バロックの社会と音楽　上・下巻』今谷和徳（音楽之友社，1986，1988）
『バロック音楽の楽しみ』服部幸三（共同通信社，1979）
『バッハへの熱い視点』角倉一朗（音楽之友社，1988）
『マタイ受難曲』礒山雅（東京書籍，1994）

[第6章　バロックの器楽]
『バロックの音楽』フリードリヒ・ブルーメ，和田旦・佐藤巌訳（白水Uブックス，白水社，初版
　1974）
『宮廷の音楽』クリストファー・ボグウッド，吉田泰輔訳（音楽之友社，1989）
『200CD　クラシック音楽の探究　古楽への招待』200CD古楽への招待編纂委員会編（立風書房，

205

1996)

『音楽演奏の社会史　よみがえる過去の音楽』大崎滋生（東京書籍，1993）

『バッハ平均律の研究　1・2』伊達純・小林仁（ムジカ・ノーヴァ発行，音楽之友社発売，1982）

『17・18世紀の演奏解釈』アーノルド・ドルメッチ（浅妻文樹訳）（音楽之友社，1966）

『バッハ──伝承の謎を負う』小林義武（春秋社，1995）

『パーセル』J.A.ウェストラップ，松本ミサヲ訳（音楽之友社，初版1936）

『フルート奏法』J.J.クヴァンツ，荒川恒子訳（全音楽譜出版社，初版1952）

『クープラン──その家系と芸術』松前紀男（音楽之友社，1986）

［第7章　前古典派，第8章　古典派］

『古典派の音楽』Fr.ブルーメ（白水社，1992）

『古典派の音楽』R.G.ポーリィ（東海大学出版会，1969）

『バッハの息子たち』久保田慶一（音楽選書55，音楽之友社，1987）

『モーツァルトに消えた音楽家たち』久保田慶一（音楽之友社，1998）

『エマヌエル・バッハ──音楽の近代を切り拓いた《独創精神》』久保田慶一（東京書籍，2003）

『古典派音楽小史』J.ラシュトン（音楽之友社，1995）

『新版　ハイドン』大宮真琴（大音楽家・人と作品2，音楽之友社，1981）

『ハイドン復活』中野博詞（春秋社，1995）

『改訂　モーツァルト』海老沢敏（大音楽家・人と作品3，音楽之友社，1981）

『モーツァルト』H.C.ロビンズ・ランドン，石井宏訳（中公新書，1992）

『モーツァルト事典　全作品解説事典』海老沢敏・吉田泰輔監修（東京書籍，1991）

『作曲家　人と作品　モーツァルト』西川尚生（音楽之友社，2005）

『鳴り響く思想　現代のベートーヴェン像』大宮真琴他監修（東京書籍，1994）

『ベートーヴェン・ルネサンス』（ONTOMO　MOOK，音楽之友社，1996）

『ベートーヴェン事典　全作品解説事典』平野昭・西原稔・土田英三郎編（東京書籍，1999）

『啓蒙時代の都市と音楽』N.ザスロー編（音楽之友社，1996）

［第9，10章　ロマン主義］

『ロマン派の音楽』F.ブルーメ，角倉一朗訳（白水社，1992）

『西洋の音楽と社会(7)　ロマン主義と革命の時』A.リンガー，西原稔監訳（音楽之友社，1998）

『西洋の音楽と社会(8)　市民音楽の抬頭』J.サムソン，三宅幸夫監訳（音楽之友社，1998）

『西洋の音楽と社会(9)　世紀末とナショナリズム』J.サムソン，三宅幸夫監訳（音楽之友社，1998）

『音楽の社会史──19世紀ヨーロッパの音楽生活』西原稔（音楽之友社，1987）

『聖なるイメージの音楽──19世紀ヨーロッパの聖と俗』西原稔（音楽之友社，1990）

『ピアノの誕生──楽器の向こうに「近代」が見える』西原稔（講談社，1995）

『オペラの運命──十九世紀を魅了した「一夜の夢」』岡田暁生（中公新書，2001）

『フランス歌曲とドイツ歌曲』E.ルテール，小松清ほか訳（文庫クセジュ，白水社，2006）

『フランツ・シューベルト』前田昭雄（春秋社，2004）

『シューマニアーナ』前田昭雄（春秋社，1983）

『作曲家◎人と作品　シューマン』藤本一子（音楽之友社，2008）

『作曲家◎人と作品　ショパン』小坂裕子（音楽之友社，2004）

『作曲家◎人と作品　ブラームス』西原稔（音楽之友社，2006）

『作曲家◎人と作品　ブルックナー』根岸一美（音楽之友社，2006）

『ドビュッシー──印象主義と象徴主義』S.ヤロチニスキ，平島正郎訳（音楽之友社，1986）

『文化史のなかのマーラー』渡辺裕（筑摩書房，1990）

『芸術と革命　他四編』ワーグナア，北村義男訳（岩波文庫，1953）

『音楽と音楽家』シューマン，吉田秀和訳（岩波文庫，1958）

［第11章　20世紀（1）］

『現代音楽を読み解く88のキーワード──12音技法からミクスト作品まで』ジャン・イヴ・ボスール，栗原詩子訳（音楽之友社，2008）

『クラシック音楽の20世紀／第1巻　作曲の20世紀──19世紀末から1945年まで』長木誠司監修（音楽之友社，1992）

『西洋音楽史4──印象派以後』柴田南雄（音楽之友社，1967）

『現代音楽を読む──エクリチュールを越えて』ホアキン・M.ベニテズ（朝日出版社，1981）

『現代音楽小史──ドビュッシーからブーレーズまで』ポール・グリフィス，石田一志訳（音楽之友社，1984）

『20世紀の作曲——現代音楽の理論的展望』W.ギーゼラー，佐野光司訳（音楽之友社，1988）
『新音楽の哲学』テオドール・W・アドルノ，龍村あや子訳（平凡社，2007）
『イタリア未来派』（PARCO出版，1992）
『シェーンベルクとその楽派』ルネ・レイボヴィッツ，入野義朗訳（音楽之友社，1965）
『ヴェーベルン　西洋音楽史のプリズム』岡部真一郎（春秋社，2004）
『ストラヴィンスキー　20世紀音楽の鏡像』舩山隆（音楽之友社，1985）
『テルミン——エーテル音楽と20世紀ロシアを生きた男』竹内正実（岳陽舎，2000）
『バルトーク——民謡を「発見」した辺境の作曲家』伊東信宏（中央公論社，1997）
『卵のように軽やかに——サティによるサティ』エリック・サティ，秋山邦晴，岩佐鉄男編訳（筑摩書房，1992）
『サティとコクトー——理解の誤解』オルネラ・ヴォルタ編著，大谷千正訳（新評論，1994）
『フランス六人組——20年代パリ音楽家群像』エヴリン・ユラール＝ヴィルタール（晶文社，1989）
『標柱　音楽思考の道しるべ』ピエール・ブーレーズ，笠羽映子訳（青土社，2002）

［第12章　20世紀（2）］

『現代音楽を読み解く88のキーワード——12音技法からミクスト作品まで』ジャン・イヴ・ボスール，栗原詩子訳（音楽之友社，2008）
『クラシック音楽の20世紀／第2巻　作曲の20世紀—1945年以降』長木誠司監修（音楽之友社，1993）
『現代音楽のパッサージュ—20.5世紀の音楽［増補版］』松平頼暁（青土社，1995）
『現代音楽——1945年以後の前衛』ポール・グリフィス，石田一志・佐藤みどり訳（音楽之友社，1987）
『現代音楽の記譜』エルハルト・カルコシュカ，入野義朗訳（全音楽譜出版社，1978）
『オリヴィエ・メシアン　その音楽的宇宙—クロード・サミュエルとの新たな対話』オリヴィエ・メシアン，クロード・サミュエル，戸田邦雄訳（音楽之友社，1993）
『ブーレーズ音楽論——徒弟の覚書』ピエール・ブーレーズ，船山隆・笠羽映子訳（晶文社，1982）
『リゲティ，ベリオ，ブーレーズ』沼野雄司（音楽之友社，2005）
『サイレンス』ジョン・ケージ，柿沼敏江訳（水声社，1996）
『実験音楽——ケージとその後』マイケル・ナイマン，椎名亮輔訳（水声社，1992）
『シュトックハウゼン音楽論集』カールハインツ・シュトックハウゼン，清水穣訳（現代思潮社，1999）
『インターメディアの詩学』ディック・ヒギンズ，岩佐鉄男・長木誠司・庄野泰子・白石美雪訳（国書刊行会，1988）
『アメリカン・ミニマル・ミュージック』ウィム・メルテンス，細川周平訳（冬樹社）
『ミニマル・ミュージック——その展開と思想（増補新版）』（青土社，2008）
『現代音楽のポリティックス』小林康夫編（書肆風の薔薇，1991）

［おわりに——音楽史を学ぶとは］

『グラウト／パリスカ　新　西洋音楽史』ドナルド・ジェイ・グラウト，クロード・V.パリスカ，戸口幸策・寺西基之・津上英輔訳（音楽之友社，1998）
『西洋音楽の歴史』高橋浩子・本岡浩子・中村孝義・網干毅（東京書籍，1996）
『西洋の音楽と社会』J.マッキノン編（音楽之友社，2001）
『西洋音楽史——音楽様式の遺産』ドナルド・H.ヴァン・エス，船山信子・芦川紀子・寺田由美子・佐野圭一訳（新時代社，1986）
『西洋音楽史　中世・ルネサンス』皆川達夫（音楽之友社，1986）
『西洋音楽史　バロック』服部幸三（音楽之友社，2001）
『西洋音楽史　印象派以後』柴田南雄（音楽之友社，1967）
『西洋音楽史〈1〉ルネサンスの音楽』フリードリヒ・ブルーメ，和田旦・佐藤巌訳（白水社，1992）
『西洋音楽史〈2〉バロックの音楽』フリードリヒ・ブルーメ，和田旦・佐藤巌訳（白水社，1992）
『西洋音楽史〈3〉古典派の音楽』フリードリヒ・ブルーメ，角倉一朗・大崎滋生訳（白水社，1992）
『西洋音楽史〈4〉ロマン派の音楽』フリードリヒ・ブルーメ，角倉一朗訳（白水社，1992）
『西洋文化と音楽』P.H.ラング，酒井諄他訳（音楽之友社，1975）
『音楽史の基礎概念』カール・ダールハウス，角倉一朗訳（白水社，2000）

［日本音楽史］

参考文献

［辞典・事典］

『音楽大事典』全6巻（平凡社，1981～83）
『日本音楽大事典』（平凡社，1989）
『邦楽百科辞典』（音楽之友社，1989）
『日本伝統楽器小辞典』郡司すみ（エイデル研究所，2006）
『音響用語辞典』日本音響学会編（コロナ社，2003）
『雅楽事典』小野亮哉監修（音楽之友社，1989）
『図説　雅楽入門事典』芝祐靖ほか（柏書房，2006）
『仏教音楽辞典』天納傳中・岩田宗一ほか編（法蔵館，1995）
『新訂増補　能・狂言事典』編集委員：西野春雄・羽田昶（平凡社，1999）
『歌舞伎事典』（平凡社，1983）
『歌舞伎・浄瑠璃外題よみかた辞典』野島寿三郎編（日外アソシエーツ，1990）
『歌舞伎登場人物事典』河竹登志夫監修（白水社，2006）
『日本民俗大辞典』上・下　福田アジオほか編（吉川弘文館，1999）

［総論・歴史］

『岩波講座　日本の音楽・アジアの音楽』全7巻別巻2（岩波書店，1988～89）
『大系　日本歴史と芸能』全14巻（平凡社，1992，VTRを含む）
『東洋音楽選書』全12巻　特に重要なもの：3.箏曲と地歌　4.能の囃子事　6.仏教音楽　7.三味線とその音楽　9.日本の音階　12.歌舞伎音楽（音楽之友社，1990）
『伝統芸能シリーズ』全6巻：歌舞伎／文楽／民俗芸能／能・狂言／日本舞踊／邦楽（ぎょうせい，1989～1990）
『日本音楽叢書』全9巻（雅楽／伶楽／聲明／歌謡／邦楽／民俗芸能／日本音楽の流れ）国立劇場編（音楽之友社，1990）
『民族音楽叢書』全10巻　藤井知昭監修（東京書籍，1990～1991）
『日本の伝統芸能』全8巻（雅楽／能と狂言／歌舞伎と舞踊／人形芝居と文楽／日本の祭りと芸能／大道芸・寄席芸／日本の音と楽器）高橋秀雄ほか編（小峰書店，1995）
『淡交ムック』（文楽入門／能入門／狂言入門／歌舞伎入門）（淡交社，1995～1997）
『日本の楽器　日本の音（CD付）』全6巻（打楽器／弦楽器／管楽器／歌・合奏／歴史／理論）高橋秀雄総監修（小峰書店，2002）
『日本の伝統芸能講座―音楽』小島美子監修　国立劇場企画・編（淡交社，2008）
『日本民謡大観』（日本放送協会，1944～1980／1990～1993）
『週刊　人間国宝』全70巻（うち芸能：歌舞伎7巻，音楽4巻，舞踊1巻，能楽5巻，文楽2巻，雅楽1巻）（朝日新聞出版，2006～2007）

［楽器］

『日本の楽器』田辺尚雄（創思社，1964）
『楽器への招待』柴田南雄（新潮文庫，1983）
『天平のひびき―正倉院の楽器』岸辺成雄（ミュージック・ギャラリー1，音楽之友社，1986）
『図説　日本の楽器』吉川英史監修（東京書籍，1992）
『埴輪の楽器　楽器史から見た考古資料』宮崎まゆみ（三交社，1993）
『楽譜の世界3―日本と世界の楽譜』NHK交響楽団編，小泉文夫監修（日本放送出版協会，1974）
『日本楽器法（CD付）』三木稔（音楽之友社，1996）
『東アジア楽器考』林謙三（カワイ楽譜，1968）
『古代楽器の復元』木戸敏郎編　国立劇場（音楽之友社，1990）
『楽器　歴史　形　奏法　構造』ダイヤグラムグループ編　皆川達夫監修（マール社，1992）
『和楽器にチャレンジ』全4巻（和太鼓／三味線／箏／尺八）坪能由紀子監修（汐文社，2002）
『日本の音をつくる』柴田南雄ほか（朝日新聞社，1977）
『浮世絵の楽器たち』茂手木潔子監修（太田記念美術館，2005）

［理論］

『日本伝統音楽の研究 1―民謡研究の方法と音階の基本構造』小泉文夫（音楽之友社，1964）

『日本伝統音楽の研究 2―リズム』小泉文夫（音楽之友社，1964）小泉文夫　小島美子，小柴はるみ編（音楽之友社，1984）

『音楽の骸骨のはなし―日本民謡と12音音楽の理論』柴田南雄（音楽之友社，1980）

『日本の音階を探る』東川清一（音楽之友社，1990）

『三味線音楽の音高理論』大塚拝子（音楽之友社，1995）

『演奏家のための日本音楽の理論と実践』（NHK邦楽技能者育成会テキスト編纂委員会，2000）

［各論］

(1) 雅楽

『雅楽入門』増本伎共子（音楽之友社，2000）

『雅楽』遠藤徹構成（平凡社別冊太陽，2004）

『平安朝の雅楽―古楽譜による唐楽曲の楽理的研究』遠藤徹（東京堂出版，2005）

『雅楽への招待』東儀俊美監修（小学館，1999）

『雅楽がわかる本　千年の楽家が伝える雅楽の世界』安倍季昌（たちばな出版，1998）

『雅楽のデザイン　王朝装束の美意識』多忠麿編（小学館，1990）

『はじめての雅楽　笙・篳篥・龍笛を吹いてみよう』（CD付）笹本武志（東京堂出版，2003）

『四天王寺聖霊会の舞楽』南谷美保（東方出版，2008）

(2) 声明

『天台声明集成』比叡山延暦寺法儀音律研究所編（芝金聲堂，1983）

『新義真言声明集成　楽譜編　全 2 巻（CD 4 枚付）』第 1 巻　栗山明憲・小泉文夫編／第 2 巻　新井弘順監修，真言宗豊山派仏教青年会編（真言宗豊山派仏教青年会，第 1 巻1969，1998増補再刊／第 2 巻・CD（ビクター，PRCD1616～19）1998）

『声明の研究』岩田宗一，（法蔵館，1999）

『豊山聲明大成』（豊山聲明大成刊行会，2006）

『体現芸術として見た寺事の構造』横道萬理雄（岩波書店，2005）

(3) 琵琶

『筑前琵琶』（筑前琵琶制作技術調査委員会，1977）

『薩摩琵琶』薩摩琵琶同好会監修，越山正三（ぺりかん社，1983）

『平家の音楽―当道の伝統』薦田治子（第一書房，2003）

『琵琶を知る』中村鶴城（出版芸術社，2006）

(4) 能・狂言

『能』（別冊太陽日本のこころ25，平凡社　1978）

『能音楽の研究―地方と中央』山口庄司（音楽之友社，1987）

『岩波講座　能・狂言　全 7 巻別巻 1』横道萬里雄ほか編（岩波書店，1987～90）

『狂言ハンドブック』小林責（三省堂，1995）

『能・狂言の音楽入門（音楽選書）』三浦裕子（音楽之友社，1998）

『能の多人数合唱』藤田隆則（ひつじ書房，2000）

『謡リズムの構造と実技』横道萬里雄（桧書店，2002）

『能の囃子と演出』高桑いづみ（音楽之友社，2002）

『能にも演出がある―小書演出・新演出など』横道萬理雄（桧書店，2007）

『ショトルライブラリー　能楽入門①～③（初めての能・狂言／能の匠たち　その技と名品／梅若六郎能の新世紀　古典～新作まで）』（小学館，1999～2002）

(5) 歌舞伎・文楽・三味線

『歌舞伎音楽入門』山田庄一（音楽之友社，1977）

『歌舞伎ハンドブック』藤田洋（三省堂，1995）

『歌舞伎の構造　伝統演劇の創造精神』服部幸雄（中央公論社，1979）

『歌舞伎音楽集成　江戸編・上方編』杵屋栄左衛門（「歌舞伎音楽集成」刊行会　芸能発行所，1976～1980）

『芝居おぼえ帳　歌舞伎資料選書 3』川尻清潭（国立劇場，1978）

『歌舞伎の舞台技術と技術者たち』（社）日本俳優協会編・発行（八木書店，2000）

『歌舞伎手帖（新版）』渡辺保（講談社，2001）

『文楽　国立劇場芸能鑑賞講座』（国立劇場，1975）

『文楽鑑賞モノグラフ』（国立文楽劇場，1985）

『文楽の音楽　全3巻』（白水社・日本芸能セミナー，1986）
『別冊太陽　文楽』（平凡社，1993）
『文楽ハンドブック』藤田洋編（三省堂，1994）
『楽理と実技　長唄の基礎研究』浅川玉兎（私家版，1955）
『長唄名曲要説　正・続・補遺』浅川玉兎（私家版，1956・1960・1969）
『江戸豊後浄瑠璃史』岩沙慎一（くろしお出版，1959）
『三味線の知識・邦楽発声法』富士松亀三郎（南雲堂，1964）
『常磐津節の基礎的研究（研究叢書115）』安田文吉（和泉書院，1992）
『江戸東京娘義太夫の歴史』水野悠子（法政大学出版局，2003）
『はうたの文化史』根岸登喜子（端唄研究会，1973）
『岡本文弥新内一代記　ぶんや泣き節くどき節』林えり子（朝日新聞社，1983）

(6) 箏曲・地歌・尺八
『箏・三味線音楽（日本芸能セミナー）』久保田敏子・中島警子（白水社，1984）
『生田流の箏曲』安藤政輝（講談社，1977）
『よくわかる箏曲地歌の基礎知識』久保田敏子（白水社，1991）
『糸竹初心集の研究』馬渕卯三郎（音楽之友社，1992）
『地歌における曲種の生成』野川美穂子（第一書房，2006）
『尺八　知識と奏法』中島聖山（ぎょうせい，1978）
『尺八古典本曲の研究』月渓恒子（出版芸術社，2000）
『作曲家・宮城道雄』千葉潤之介（音楽之友社，2000）

(7) 沖縄の音楽
『おきなわの祭り』（沖縄タイムス社，1991）
『沖縄の祭と芸能』本田安次（第一書房，1991）
『沖縄音楽入門』金城厚（音楽之友社，2005）
『琉球の民謡　復刻版』金井喜久子（音楽之友社，2006）

(8) 民俗芸能・民謡など
『民謡のふるさとを行く　正・続』竹内勉（音楽之友社，1978・1983）
『日本の祭り』全8巻（講談社，1982）
『わらべうたの研究　楽譜編・研究編』小泉文夫編（稲葉印刷所，1982）
『祭礼と風流（民俗民芸双書99）』西角井正大（岩崎美術社，1985）
『日本わらべ歌全集』全27巻　浅野健二ほか監修（柳原書店，1991）
『天神祭　なにわの響き』井野辺潔ほか編者（創元社，1994）
『農村歌舞伎』大崎紀夫（朝文社，1995）
『津軽三味線ひとり旅』高橋竹山（新書館，1997）
『わがみちのく郷土芸能　早池峰神楽・鹿踊・鬼剣舞』粒針修（錦正社，1999）
『アイヌ絵を聴く　変容の民族誌』谷本一之（北海道大学図書刊行会，2000）
『瞽女と瞽女唄の研究』G・グローマー（名古屋大学出版会，2007）
『別冊太陽　日本列島の闇夜を揺るがすお神楽（CD付）』三上敏視ほか構成（平凡社，2001）
『入門　日本の太鼓—民俗，伝統そしてニューウェーブ』茂木仁史（平凡社新書，2003）

(9) 近代
『音楽五十年史』上・下　堀内敬三（再版：講談社，1977）
『明治文化史　音楽・演芸編』開国百年記念文化事業会（洋々社，1954）
『日本の作曲家』富樫康（音楽之友社，1956）
『横浜ゲーテ座—明治・大正の西洋劇場』第2版　升匡彦（岩崎博物館，1986）
『日本のオペラ　明治から大正へ』（民音音楽資料館，1984）
『十九世紀の日本における西洋音楽の受容』塚原康子（多賀出版，1993）
『洋楽導入者の軌跡　近代日本洋学史序説』中村理平（刀水書房，1993）
『キリスト教と日本の洋楽』中村理平（大空社，1996）
『賛美歌・聖歌と日本の近代』手代木俊一（音楽之友社，1999）
『私の日本音楽史』團伊久磨（日本放送協会，1999）
『日本オペラ史～1952』増井敬二著，昭和音楽大学オペラ研究所編（水曜社，2003）
『昭和の作曲家たち—太平洋戦争と音楽』秋山邦晴著，林淑姫編（みすず書房，2003）
『近代日本洋楽史序説』中村洪介著，林淑姫監修（東京書籍，2003）
『日本童謡音楽史』小島美子（第一書房，2005）
『芝居小屋と寄席の近代』倉田喜弘（岩波書店，2006）

210

『ドレミを選んだ日本人』千葉優子（音楽之友社，2007）

(10) 現代

『日本の作曲家たち』上・下　秋山邦晴（音楽之友社，1978-1979）

『音楽とわたくし―証言・現代音楽の歩み』中島健蔵（講談社，1979）

『現代日本のオーケストラ―歴史と作品』木村重雄（日本交響楽振興財団，1985）

『日本の作曲』音楽之友社編（『音楽芸術』臨時増刊，1959，1960，1967，1968，1969，1970，1971，1973）

『作曲家との対話』日本音楽舞踊会議・日本の作曲ゼミナール1975～78編（新日本出版社，1982）

『現代音楽ノート』武田明倫（東京音楽社，1981）

『現代音楽　I』船山隆（小沢書店，1983）

『日本の作曲家』音楽之友社編（『音楽の友』『音楽芸術』別冊，1983）

『現代音楽と日本の作曲家』エタ・ハーリヒシュナイダー，吉田秀和訳（創元社，1950）

『日本の管弦楽作品表　1912～1992』楢崎洋子編（財団法人・日本交響楽振興財団，1994）

『武満徹と三善晃の作曲様式―無調性と音群作法をめぐって』楢崎洋子（音楽之友社，1994）

『現代日本の作曲家』1～5　クリティーク80編著（音楽の世界社，1992～1997）『西の響き・東の響き　石井真木の音楽―二つの音世界からの創造』石井真木編（音楽之友社，1997）

『日本の作曲20世紀』（音楽芸術別冊，1999）

『受容史ではない近現代日本の音楽史　一九〇〇～一九六〇年代へ』小宮多美江（音楽の世界社，2001）

『武満徹全集』（小学館，2002～2004）

『モダニズム変奏曲』石田一志（朔北社，2005）

『武満徹』楢崎洋子（音楽之友社，2005）

『日本戦後音楽史』上・下　日本戦後音楽史研究会編（平凡社，2007）

[その他]

『日本の音楽を考える』小島美子（音楽之友社，1976）

『音楽の根源にあるもの』（平凡社ライブラリー）小泉文夫（平凡社，1994）

『日本の音　世界の中の日本音楽』（平凡社ライブラリー）小泉文夫（平凡社，1994）

『日本人の脳　脳の働きと東西の文化』角田忠信（大修館書店，1978）

『日本音楽の性格』吉川英史（音楽之友社，1979）

『日本レコード文化史』倉田喜弘（東京書籍，1979）

『日本の音を聴く』柴田南雄（青土社，1983）

『日本人と感性』片岡輝編（音楽之友社，1984）

『"いき"の源流　江戸音曲における"いき"の研究』関光三（六興出版，1985）

『笛ひとすじ』藤舎推峰（音楽之友社，1977）

『歌謡曲の構造』（平凡社ライブラリー165）小泉文夫（平凡社，1989）

『日本音楽文化史』吉川英史（創元社，1989）

『日本音楽の美的研究』吉川英史（創元社，1990）

『横笛の魅力』福原百之助（新芸術社，1990）

『日本人の鳴き声』中野純（NTT出版，1993）

『大正琴の世界』金子敦子（音楽之友社，1995）

『おもちゃが奏でる日本の音』ミュージックギャラリー43　茂手木潔子・竹内敏信（音楽之友社，1998）

『音楽から見た日本人』（NHKライブラリー57）小島美子（NHK出版，1998）

『響きの考古学　音律の世界史からの冒険』（平凡社ライブラリー603）藤枝守（平凡社，2007）

『日本音楽のち・か・ら』西潟昭子監修（音楽之友社，2000）

『若き古代　日本文化再発見試論』木戸敏郎（春秋社，2006）

『純邦楽実演家名鑑』（ビクター監修・発行　2004）

『邦楽ディスクガイド』星川京児ほか編（音楽之友社，2000）

視聴覚資料

[DVD]
『重要無形文化財　雅楽　宮内庁式部職楽部』全 8 枚　柘植元一監修（財団法人下中記念財団，
　2007）
『千僧音曼荼羅　BUDDHIST MUSIC with 1000 Shomyo Voices』（バップ　VPBQ11781, 2003
　再版）
『能楽名演集 I・II』各 6 枚全12枚（NHKソフトウェア，2006〜07）
『特選NHK能楽鑑賞会』全 6 枚（NHKエンタープライズ　NSDS-12141〜12146，2008）
『萬狂言の世界―人間国宝七世野村万蔵（初世野村萬）の秘曲』全 3 枚（コースケ事務所ほか
　YRZ-V001〜003，1999）
『狂言でござる　野村万作狂言集』全 4 枚（角川書店　KABD133〜6，2001）
『山本東次郎家の狂言』全10枚（ビクター　VZBG9〜18，2007）
『京都大蔵流　茂山千五郎家　狂言への招待』（NHKソフトウェア　NSDS8602，2005）
『歌舞伎名作撰』全33枚（NHKソフトウェア　NSDS10396〜406・7860〜75・10390〜95・2004〜07）
『江戸／東京　芸能地図大鑑（CD−ROM）』エーピーピーカンパニー（丸善，2002）
『闘う三味線　人間国宝に挑む　鶴澤清治』（NHKソフトウェア　NSDS11874，2008）
『日本語を歌・唄・謡う』全 4 枚　中山一郎編（アド・ポポロ，2008）
『御陣乗太鼓』御陣乗太鼓保存会（HMC01023，2001）
『島唄の世界　登川誠仁／武下和平』全 2 枚　NHKソフトウェア（ASBY2041〜2，2001）
『高橋竹山　その人生／名演集／独り語り』全 3 枚　NHKソフトウェア（キング
　KIBM5001〜3，2001）
『小沢昭一の「新・日本の放浪芸」訪ねて韓国・インドまで』全 2 枚（ビクター　VIBG2〜3，2001）
『光を蒔く人。コンサートツアー　2000-2001　林英哲』（エイベックス　IOBD21003，2002）

[CD]（※LPと記載してあるものはLP，そのほかはCD）
(1) 総論
『日本の音再発見　超絶のサウンドシリーズ』全10巻（ビクター　VDR1016〜26，1985〜1986）
『大系　日本の伝統音楽』全24枚　岸辺成雄監修　平野健次編・構成（筑摩書房／ビクター
　KCDK1100〜24，1990）
『日本の伝統音楽』全10枚（キング　KICH2001〜10，1990）
『邦楽百科CDブック日本の音　全 5 枚』国立劇場監修　日本伝統音楽芸能研究会編（音楽之友社，
　1996）
『日本の楽器（箏／三味線／太鼓／尺八／津軽三味線／笛／祭囃子／囃子／能楽囃子／雅楽）』（コ
　ロムビア　COCJ31721〜30，2001）
『日本音楽まるかじり』全 2 枚　徳丸吉彦監修（ビクター　VZCG8224〜5，2003）
『日本音楽入門』（ビクター　VZCG541，2005）
『邦楽名曲百撰　全 5 枚（雅楽編／能楽編／箏曲・尺八・琵琶編／長唄・浄瑠璃編／端唄・小唄・
　俗曲・囃子編）』（キング　KICW7516〜20　2006）
『名人による日本の伝統芸』全10枚（一中節／宮薗節／河東節，荻江節／義太夫／長唄／瞽女唄
　／津軽口説／津軽民謡 2 枚／秋田三味線）（キング　KICH2371〜80　2001）
『全集日本吹込み事始　一九〇三年ガイズバーグ・レコーディングス』全11枚（雅楽・謡曲・狂
　言・琵琶・義太夫・常磐津・娘義太夫・清元・長唄・俗曲・三曲・吹奏楽・合奏・演劇・浪曲・
　声色・落語・諸芸・詩吟）都家歌六ほか監修（EMI　TOCF59061〜71，2001）
『近代唱歌集成』全30枚（ビクター　KCDK-1381〜1410，2000）
『口唱歌大系』（CBSソニー，DOAG457-61，5 枚組）※LP
(2) 雅楽・声明
『雅楽の世界』上下　東京楽所（コロムビア　COCF6194，1990）
『源氏物語の音楽』金田一春彦監修（コロムビア　COCF7890，1991）
『雅楽　秋庭歌一具』武満徹（芝祐靖監修，雅楽紫絃会（VZCG8125〜8，2002）
『新義真言声明集成』全16巻　真言宗豊山派仏教青年会（PRCD1042，1991）
『天台声明〜金剛界曼荼羅供』（コロムビア　COCO80095，1996）
『永平寺　声明・只管打坐の世界』（コロムビア　COCF14848，1998）
『日本の梵鐘』（コロムビア　COCF15173，1998）

『萬福寺の梵唄　黄檗宗声明の世界』（コロムビア　COCJ30462，1999）
『醍醐寺の声明』（ビクター　VZCG178，2001）
『比叡山　延暦寺の声明　胎蔵界曼荼羅供』（ビクター　VZCG233，2001）
『高野山の声明　大曼荼羅供』（ビクター　VZCG249，2002）
『勤行　日蓮宗声明師会連合会』（VALXAS VAL004，2002）
『禅　只管打坐』全2枚（フィリップス　UCCP3124～5，2003）
(3) 能・狂言
『狂言　上・下』各3枚組（日本ビクター　SJ3009 1-3・SJ3010 1-3）※LP
『狂言　笑いと風刺の世界　上・下』各3枚組（CBSソニー　80AG279～284）※LP
『妙花～能楽囃子・静と動の世界』（日本コロムビア　CF3506，1989）
『能　上・下』（各巻3枚組，ビクター　SJ3005・1～3，SJ3006・1～3，1963）※LP
『能楽囃子体系』（ビクターSJL・64～69，6枚組，1973）※LP
『能楽囃子体系・補遺』（ビクターSJL・70～71，2枚組）※LP
(4) 琵琶
『現代琵琶楽全集　第一集』鶴田錦史監修（コロムビア　COCF10809，1993）
『平家物語の音楽』館山甲午ほか（コロムビア　COCF10809，1993）
『釈文　琵琶盲僧の世界』高木清玄・永田法順（キング　KICC5722，2001）
『当道の平家　名古屋三代の系譜　荻野検校没後200年』今井勉監修（コジマ録音　EBISU9，2001）
『筑前琵琶　山崎旭萃』（ビクター　VZCG1003，2004）
『日向の琵琶盲僧　永田法順の世界』CD6枚＋DVD1枚＋写真集　琵琶盲僧・永田法順を記録する会（アド・ポポロ　NSK1～6，2005）
『肥後の琵琶弾き・山鹿良之の世界　語りと神事』全3枚（ビクター　VZCG8377～9，2007）
(5) 歌舞伎／文楽／およびその音楽
『歌舞伎下座音楽集成（復刻版）』全2枚　河竹繁俊監修（ビクター　VZCG8055～6，1998）
『義太夫　仮名手本忠臣蔵大全』竹本綱大夫・竹澤弥七（キング　KICH2148～54，1994）
『義太夫集　竹本越路大夫』全11枚（ビクター，VZCG-8139～49，2002）
『女流義太夫の魅力』全4枚（ビクター　VZCG8293～6，2004）
『復刻　清元志寿太夫全集　清元五十番』（ビクター　VZCG8085～104，2000）
『五世・清元延寿太夫名演集』全6枚（ビクター　VZCG-8389?94，2008）
『四世常磐津文字兵衛選集I～III』全3枚（ビクター　VXCD1011～3，1995）
『常磐津節全集　全20枚』竹内道敬監修・構成（EMI　TOCF9031～50，1996）
(6) 箏曲／地歌／尺八
『宮城道雄の至芸』（ビクター　VICG23，1993）
『宮城道雄編　生田流箏曲選集』第一編～第四編・全8枚（ビクター　VZCG26～33，1997）
『中能島欣一作品集』第一集～第三集・全3枚（ビクター　VZCG171～3，2000）
『富山清琴　地歌の世界』平野健次監修（コロムビア　COCF10013～18，1992）
『箏曲地歌大系』全60枚（ビクター　VZCG8150～209，1996）
『虚無僧　竹韻』（コロムビア　COCF15174，1998）
『人間国宝　山口五郎　尺八の神髄』尺八本曲全12枚，三曲合奏全4枚（ビクター　VZCG8066～81　1999）
『都山流本曲基本型大成』全3枚（ビクター　VZCG8082～4，1999）
(7) そのほかの三味線音楽
『古曲の今』全12枚（ビクター　VZCG-8362～73，2006）
『小唄ベスト120』全5枚（日本伝統文化振興財団　VZCG-8297～301，2005）
『浪花節の黄金時代（上・下）』（コロムビア　CF4229～30，1989）
『替女唄（長岡替女編／高田替女編）』（オフノート／メタカンパニー　ON38，39，1999）
『津軽三味線　木田林松栄・津軽の唄』（コロムビア　COCF10055，1992）
『津軽三味線　秋田三味線競演集』高橋竹山・浅野梅若（クラウン　CRCM4001，1993）
(8) 沖縄の芸能
『沖縄太鼓全曲集』（コロムビア　COCF11339，1993）
『甦える沖縄の歌ごえ（宮廷音楽・沖縄本島編／宮古・八重山諸島編）』（コロムビアCOCF-10551／COCF-10553，1993）
『琉球音楽　琉球古典音楽集成』（ビクター　VZCG8123～4，2001）
『沖縄のうた（沖縄諸島編I・II／宮古・八重島諸島編）』（コロムビア　COCF3325～7，2005）

『沖縄音楽総攬』上下巻・全16枚　三隅治雄監修（コロムビア　COCJ34505〜34520，2007）
『沖縄民謡大全集』全12枚（エニー　ANOC-6104〜6115，2007）
(9) 民俗芸能／民謡など
『復刻　日本民謡大観』全９巻（NHK出版　1992〜1993）
『復刻　日本の民俗音楽』本田安次監修　全36枚（ビクター　VZCG8006〜41，1998）
『日本の放浪芸〜小沢昭一が訪ねた道の芸・街の芸』全７枚（ビクター　VICG60231〜7，1999）
『又日本の放浪芸〜小沢昭一が訪ねた渡世（てきや）芸術』全５枚（ビクター　VICG60238〜42，1999）
『また又日本の放浪芸　節談説教〜小沢昭一が訪ねた旅僧たちの説法』全６枚（ビクター　VICG60243〜8，1999）
『にっぽんの太鼓・祭り囃子（東編／西編）』（コロムビア　COCJ33229〜39，2005）
『名調子　相撲甚句全曲集』（コロムビア　COCF10732，1993）
『蘇るユカラ』萱野茂（語り）（キング　KICC5217，1990）
『アイヌのうた』平取アイヌ民族文化保存会（ビクター　VICG60400，2000）
『ムックリの響き　アイヌ民族の口琴と歌』日本口琴協会（NKK003，2001）
『アイヌ・北方民族の芸能』全３枚　本田安次解説（ビクター　VZCG8395〜7，2008）
『越後酒造り唄の世界』茂手木潔子監修（コロムビア　COCF15050，1998）
『日本の酒造り唄』全４枚　阪田美枝編（チクマ秀版社，1999）
『綾子舞　高原田篇・下野篇』（エーアイスタジオ（柏崎）AIUA1002，1997）
『江戸木やり』江戸木やり研究会（キング　KICX8575，2000）
『江戸祭囃子』若山胤雄社中（ビクター　VZCG-529，2005）
『長崎・生月島のオラショ』（キング　KICC5715，2001）
『洋楽渡来考』CD３枚＋DVD１枚＋解説書・皆川達夫監修（ビクター　VZZG1，2006）

注●p.204からp.214までに記載されている参考文献および視聴覚資料のデータは、読者の方への資料の紹介を目的としています。文献は版元ですでに絶版・品切れ状態になっているものもあり、一般書店で入手不可能な場合は［書名／著訳者名／出版社名／初版刊行年］を明示して図書館でリファレンスされることをおすすめします。また、日本音楽史に関する視聴覚資料も、現在は発売されていないものもあります。また、頻繁に廃盤／規格・番号替え再発売が行われていますので、最新のカタログであらかじめ番号を確認されることをおすすめします。

事 項 索 引

［ア］

合方（あいかた） 166，167
アイソリズム **32**，37
アウロス 16，17，19
東遊（あずまあそび） 142，143
《アポロン讃歌》 20
荒事（あらごと） 159
アルス・スブティリオル 33，37
アルス・ノヴァ **32**，33
アルマンド 62，**63**
アレアトリー（管理された偶然性） 124
アンセム 46，60，68
アンティストロフェ 16
アンブロシウス聖歌 24
イオニア旋法 18，35
生田流（箏曲） 163，169
イタリア統一運動（リソルジメント）
　　　100，103
イタリア風序曲 56
《井筒》（いづつ） 146
イデー・フィクス →固定楽想
イネガル奏法 64
今様（いまよう） 140，145
癒しの音楽 130
《イーリアス》 15
IRCAM（イルカム） 121，129
印刷楽譜 40，49
印象主義 105，129
インテルメッゾ 69
インテルメディオ 54
イントナルモーリ 112，113
引用の音楽 128，129
竿（う） 138，139
ヴァージナル 50
ヴィルトゥオーソ 88，97
ヴィルレー 32，41
ヴェネツィア楽派 51
ヴェネツィア派オペラ 55
植村文楽軒（うえむらぶんらくけん） 158
ヴェリズモ 101
《ヴォツェック》 110
歌垣（うたがき） 9，135
右方（うほう） 137，142，143
エア 59，63
《エウリディーチェ》 54
エートス論 9，18，19
NHK 邦楽育成会 195
エペイソディオン 16
エポーイデ 16
エール 57，59

［カ］

エール・ド・クール 60
扇拍子（おうぎびょうし） 157
大薩摩（おおざつま） 166，167
大鼓（おおつづみ） 12，148，149，152，
　　　153，154，157
大ノリ 152，153
《翁》（おきな） **146**，151
オクターヴ種 20
オークラウロ 179
阿国（おくに） 156
お調べ 154
オスペダーレ・デラ・ピエタ 71
《オデュッセイア》 15
オブリガート **56**，77，78
オペラ・コミック 73，101
オペラ・セリア 100
オペラ・ブッファ 53，**69**，70，71，73，
　　　76，82，100
オペレッタ 104
オラショ 164，171
オラトリオ **60**，61，67，68，73，79，80，
　　　81，82，94
《オーリドのイフィジェニー》 73
オルガヌム **27**，**28**，**29**，33
オルケストラ 17
オルドル 64
《オルフェオ》 55
音楽劇 127，128
音楽雑誌 95
音楽新報 95
音楽取調掛（おんがくとりしらべがかり）
　　　14，**173**，**174**，176，179，183
女方（おんながた） 159
女歌舞伎（おんなかぶき） **156**，157，159

［カ］

ガリアルド 50
替手式箏曲（かえでしきそうきょく）
　　　163，169
雅楽歌い物 140
雅楽局（ががくきょく） 175
雅楽寮（ががくりょう） **137**，138，142
歌曲 92，93，94，105
楽音 9
楽劇 91，**97**，98
家具の音楽 113
神楽（かぐら） 142，143，176
神楽笛（かぐらぶえ） 142
掛合い（かけあい） 167
陰囃子（かげばやし） **166**，167
カストラート 56，57，71

215

語り物　177
鞨鼓（かっこ）　142
活歴（かつれき）　177
家庭音楽　104
かぶきおどり　156
歌舞伎囃子（かぶきばやし）　160, 167
カメラータ　22, **44**, 53
ガリア聖歌　24
環境音楽　113, 122
管絃（かんげん）　139, 140, **142**, 143, 144,
　158, 159
完全音組織　20, 21
カンタータ　**59**, 60, 61, 66, 67, 78, 82
カンツォーナ　51, 61
徴（き）　12
伎楽（ぎがく）　136, **137**, 138
器楽記譜法　20
キタラ　16, 17
気鳴楽器　11
キャラクター・ピース　→性格的小品
ギャラント様式　**69**, 73
宮廷バレー　56, 57
教会カンタータ　60, 66
教会旋法　35, 62, 106
教会ソナタ　60, 61, 62
競技勝利歌　15
狂言　**145**, 153, 154, 156
《教皇マルチェルスのミサ曲》　47
協奏曲（コンチェルト）　62
協奏様式　**53**, 55, 60, 67
清元（きよもと）　161, 162, 163, 165, 167,
　168, 176, 177
磬（きん）　11
琴（きん）　139, 168
琴歌譜（きんかふ）　136, 137
琴古流（きんこりゅう）　164, 176
偶然性（不確定性）の音楽　121, 122,
　124, 187, 190
傀儡子（くぐつ）　145, 157
曲舞（くせまい）　**145**, 146
組歌（くみうた）　169
組曲（スイート，パルティータ）　53, 61,
　63, 64, 92
久米舞（くめまい）　138
クラヴィーア　64
クラヴサン　64
クラウスラ　28
クラスター　**124**, 125, 126, 128, 129,
　185, 188, 189
『グラドゥス・アド・パルナッスム』　73,
　78

クーラント　62, **63**
グランド・オペラ　100, 101, 102
グルック・ピッチンニ論争　73
グレゴリオ聖歌　8, 12, **23**, **24**, **25**, **26**,
　27, 38, 45, 46, 47, 130
黒符定量記譜法（くろふていりょうきふほ
　う）　12
黒御簾音楽（くろみすおんがく）　160,
　166
軍歌　175, 178
軍楽隊　172, 173, 174, 175, 177
景事（けいごと）　160
劇的様式　53, **54**
ゲネラルバス・リート　59
阮咸（げんかん）　139
原始主義　**110**, 111, 115
現代邦楽　169, 179, 187, **195**
言文一致唱歌　175
弦鳴楽器　11, 169
交響詩　92, 94, 97, 102, 105
講式（こうしき）　**140**, 141, 161
小歌踊り（こうたおどり）　156
国風歌舞（こくふうかぶ）　**136**, 137, 138,
　140, 141, 142, 143
国民楽派（国民主義）　92, 103, 104
国立劇場　197
五弦琵琶（ごげんびわ）　139
古浄瑠璃（こじょうるり）　158
五声（ごせい）　10
『国家』　18
小鼓（こつづみ）　148
固定楽想　102
コトバ　151, 152
五人組　104
小舞（こまい）　151
小舞謡（こまいうたい）　152, 154
高麗楽（こまがく）　137
高麗笛（こまぶえ）　142
コメディー・バレー　57
虚無僧（こむそう）　**163**, 164, 176
娯楽音楽　104
コラール　45, 46, 60, 66
コラール・カンタータ　60
コラール前奏曲　60
ゴリアール　31
コロス　16
コンセール・スピリテュエル　72
コンチェルト・グロッソ　53, 62, 68, 79
コンピュータ音楽　120

［サ］

催馬楽（さいばら） 139，140，143，161，
　176，186
サーヴィス 46
薩摩琵琶（さつまびわ） 142，**144**，161，
　177，196
左方（さほう） 137
サラバンド 62，**63**
サルタレッロ 50
猿楽（さるがく） **145**，147，151
《ザロモン交響曲》 79
サワリ 9，**162**
散楽（さんがく） 145
三曲合奏（さんきょくがっそう） 163，
　164，176
三弦（さんげん） **161**，162，179
三線（さんしん） 11，162，164
3人遣い（さんにんづかい） 160
三分損益の法（さんぶんそんえきのほう）
　10
サン・マルシャル楽派 28
柱（じ） 169
地歌（じうた） 141，161，**162，169**，176
地謡（じうたい） 148，**152**，153
地歌業仲間 176
式楽（しきがく） 147，175
式三番（しきさんばん） 145，146
式部寮伶人 173
ジーグ 62，**63**
七絃琴（しちげんきん） 9，12
七孔尺八 179
七声（しちせい） 10
市中音楽隊（しちゅうおんがくたい） 175
実験音楽 113，121，122，128，187
室内ソナタ 61，62
シテ 147，**148**，151，152，153
シテ方 147，**148**，149，152
示導動機 98
支配音　→朗唱音
詩篇歌 46
社会主義リアリズム 114
尺八 9，12，139，158，**163**，164，170，
　176，179，186，187，188，190
笏拍子（しゃくびょうし） 142，143
ジャズ 114，118，128，191
三味線 11，157
シャンソン 37，39，40，41，**43**，44，45，
　49，51，61，112
終止音 25
集団即興演奏 126，127

十二音技法 110，**115**，116，118，185，
　186
十二律 10，143
主題動機労作 77，98
シュトルム・ウント・ドランク 79，87
シュプレッヒゲザング 110
修羅ノリ（中ノリ） 152
シュリンクス 19
循環形式 102
純正調の音楽 131
シュントノリュディア音階 18
笙（しょう） 12，138，140，142，143
簫（しょう） **139**，175，178
唱歌（しょうが） 173，174
鉦鼓（しょうこ） 142
正倉院 137，**138**，139
象徴主義 106
声明（しょうみょう） 8，12，13，138，
　140，141，197
浄瑠璃（じょうるり） 12，**157**，163，166，
　167，168，186
抒情オペラ 101
序破急（じょはきゅう） 153
ジョングルール 31
新羅琴（しらぎごと） 139
白拍子（しらびょうし） **140**，145，153
白符定量記譜法（しろふていりょうきふほ
　う） 12
新ウィーン楽派 109，111，115，116，118，
　128
ジングシュピール 58，**74**，76，77，82
新交響楽団 **177**，178
新興作曲家連盟 **177**，178
新古典主義 98，111，115，117，184，185
神秘和音 91
新民謡 178
新ロマン主義 **129**，189
図形楽譜 122，187，189，190
スケネ 17
スコラ・カントールム 24
《スコリオン》 20
スタシモン 16
スティーレ・ラップレゼンタティーヴォ
　→劇的様式
ストロフェ 16
スペクトル音楽 130
声楽記譜法 20
性格的小品 64，92，94
『政治学』 19
聖務日課 24，46
絶対音楽 88，98

217

全音音階　106
全音階主義　98
噪音　9
箏曲（そうきょく）　140，141，158，159，
　　163，169，174，176，179
箏組歌（そうくみうた）　158
総合芸術　98
続唱　26，46
ソナタ（形式）　51，**61**，62，69，77，78，
　　83，86，88，91，96，97，98，100，105
ソロ・コンチェルト　53，**62**
ソロ・ソナタ　61

［タ］

太鼓（たいこ）　8，142，148，149，152，
　　153，154，155，157
太鼓物（たいこもの）　153
大正琴　170
大小物（だいしょうもの）　153
頽廃音楽　118
体鳴楽器　11
ダ・カーポ・アリア　56，67
多声音楽　37，45，47，54，62，110
だ太鼓　142
ダダイズム　112，114
立役（たちやく）　159
楯伏舞（たてふしのまい）　138
タハリール　10
タブラチュア（奏法譜）　49
《魂と肉体の劇》　60
大夫（たゆう）　147
太夫（たゆう）　160，161
多様式主義の音楽　129
ダルムシュタット国際現代音楽夏期講習会
　　118，129
単旋律聖歌　23，49
タンブーラ　9
段物（だんもの）　169
チェンバロ　49，50，62，64，66，67，68，
　　75
筑前琵琶（ちくぜんびわ）　142，**144**，161，
　　177
チャンス・オペレーション　122
中棹（ちゅうざお）　**162**，167
調性の崩壊　89
《町人貴族》　57
通奏低音　53，54，59，60，61，**62**，64，67，
　　69
ツケ　166，**168**
附帳（つけちょう）　168
ツヨ吟　**152**，153

徒然草　141
テアトロン　17
ディオニュシア祭　16
ディオニュソス劇場　17
定旋律　38，49
『ティマイオス』　18
テーグム　9
手事（てごと）　163
テトラコルド　20
電子音楽　120，121，131，185，188
天体のハルモニア　18
天平琵琶譜（てんぴょうびわふ）　139
点符式楽譜（てんぷしきがくふ）　176
電鳴楽器　11
典礼劇　26
唐楽（とうがく）　137，139，140，**142**，
　　143
東京音楽学校　**174**，**177**，**178**，180，183，
　　184
東大寺大仏開眼供養　136，**137**
銅鐸（どうたく）　135
当道（とうどう）　**141**，158，176
童謡　177，**178**
常磐津（ときわづ）　161，162，163，166，
　　167，168，176
トータル・セリー（全面的セリー）音楽
　　118，119，124，125，129，130
度羅楽（とらがく）　137
トラジェディ・リリック　57
トリオ・ソナタ　53，59，61，62，64
トリゴノン　19
ドリス音階　18，19
トルヴェール　31
トルバドゥール　31
トローブス　**26**，27，47
トーン・クラスター　→クラスター
トンコリ　165

［ナ］

長唄（ながうた）　159，161，162，163，
　　166，**167**，168，174，176，179
長唄研精会（ながうたけんせいかい）　179
ナーティヤ・シャーストラ　10
浪花節（なにわぶし）　177
ナポリ楽派　70
ナポリ派オペラ　56
二十弦箏　186，187，196
20世紀音楽研究所　185，186
日本音楽集団　187，196
日本現代音楽協会　178，184
ニュー・コンプレキシティ　130

ニュー・シンプリシティ　130
鏡（にょう）　11
人形浄瑠璃　155，157，158，160，161，
　　165，176
《ヌオーヴェ・ムジケ》　59
ネウマ（譜）　23，**25**，**26**，28，29，31
音取（ねとり）　**143**
《ネメシス賛歌》　20
能楽　147，148，149，150，151，175
能管　148，149，**152**
能舞台　150，175
ノートル・ダム楽派　**28**
《ノートル・ダム・ミサ曲》　32
ノモイ　16
ノン・ムジュレ　64

［ハ］

ハイリゲンシュタットの遺書　84
パヴァーヌ　50
バウハウス　115
パストゥレル　31
パッサメッゾ　50
《花》　146
花道　160
ハープ　83，188
パフォーマンス　115，122，123，124
ハープシコード　64，66
ハプニング　122，124
囃子（はやし）　146，**152**，153，154，166，
　　167，168，175，187
囃子方（はやしかた）　**148**，149，175
パラスケニオン　17
バラッド・オペラ　58，59，74，76
バラード　32，41
《パラード》　113
パリ国民音楽院　73
ハルモニア　18，19，20
『ハルモニア基礎論』　19
バロック様式　53
パロドス　16
半音階　49，91，98，100，103，105
半音階的和声　98
番号オペラ　97，98
篳篥（ひちりき）　12，140，142，143
微分音程　126
表現主義　105，106，109，110，115，128，
　　129，183
拍子合（ひょうしあい）　152，153，154
拍子不合（ひょうしあわず）　152，153，
　　154
拍子柝（ひょうしぎ）　167

標題音楽　92，94，98，99，102
標題交響曲　102
ピョンコ節　175
平ノリ（ひらのり）　152，153
琵琶（びわ）　138，139，141，143，144，
　　158，162，168，176，187，188
ファンタジア　50
『風姿花伝』（ふうしかでん）　146
不確定性の音楽　121
舞曲　50，59，62，63，64，83，89，91，93
普化宗（ふけしゅう）　163，164，176
フシ　152，160
仏教音楽　137，139，140，141
太棹（ふとざお）　**162**，186
《船弁慶》（ふなべんけい）　**147**，175，176
ブフォン論争　73
フランコ式記譜法　12
フランス風序曲　56，**57**
フランドル楽派　36，**38**，**39**，40，43，44，
　　45，48，49
プリペアド・ピアノ　113，121，123
フリーメーソン　81
風流踊り（ふりゅうおどり）　155，165
フリュギア音階　18，19
フリギア旋法　98
フルクサス　123，**124**，126
ブルゴーニュ楽派　**36**，**37**，40
プロスケニオン　17
フロットラ　43，44，45
プロロゴス　16
文楽（ぶんらく）　157，158，165
《平均律クラヴィーア曲集》　64，66
平家（平曲）　141，145，176
平行和音　97，106
ペクティス　19
ベーム式　101
《ヘリオス賛歌》　20
ベルカント唱法　10
変化和音　91
保育唱歌　173，174
邦楽調査掛　178，179，180
邦楽四人の会　187，193
ポスト・モダン（ポスト・モダニズム）
　　117，125，129，130，189，191
細棹（ほそざお）　162，167
渤海楽（ぼっかいがく）　137
ホーミー　10
ボローニャ楽派　72

［マ］

マイスタージンガー　31，44

219

膜鳴楽器　11
松羽目物（まつばめもの）　167，175
祭囃子（まつりばやし）　158，165，167
マドリガーレ　32，44，**47**，**48**，**49**，58
マドリガリズム　48
マドリガル　49
ミクソリュディア　18
ミサ（曲）　**24**，26，32，**37**，**38**，39，40，
　　41，44，45，46，47，49，51，60
ミサ固有文　24
ミサ通常文　24，32，37
道行（みちゆき）　160
ミニマル・ミュージック　126，127，128，
　　129，189，190.191
ミュジック・コンクレート　120，130，
　　185，188
未来派　**111**，112，113，114
ミラノ聖歌　24
ミンストレル　31
民俗音楽　7，8，13，164，165
民族音楽学　7，8，11
民族主義　103
民族舞曲　88，95，104
ミンネジンガー　31，44
民謡　88
無限旋律　98
夢幻能（むげんのう）　146，**147**
《ムーサ賛歌》　20
ムジカ・インストゥルメンターリス　23
ムジカ・フマーナ　23
ムジカ・ムンダーナ　23
ムーシケー　15
ムックリ　165
明治新曲　176
明治撰定譜（めいじせんていふ）　176
目の音楽　48
メロディ　92，102
盲僧琵琶（もうそうびわ）　141，144，161
モサラベ聖歌　24
モダニズム　109，114，117，128，130
モテット　**28**，32，37，38，40，44，45，
　　46，47，49，51，60
モノディー様式　53

［ヤ］

山田流（箏曲）　163，169

大和猿楽（やまとさるがく）　146
ややこ踊り　156
野郎歌舞伎（やろうかぶき）　157
幽玄（ゆうげん）　146
遊女歌舞伎（ゆうじょかぶき）　156
《ユロン》　73
横笛　9，138，142，143，152，168，187
ヨナ抜き音階　175
ヨワ吟　152

［ラ］

ライト・モティーフ　→示導動機
リズム・モード　12，**28**，**30**，32
リソルジメント　→イタリア統一運動
リチェルカーレ　51
リート　45，46，59，92，102
リトルネッロ形式　62，63
リピエノ・コンチェルト　69
龍笛（りゅうてき）　142，143
リュディア　18
リラ　16，19
林邑楽（りんゆうがく）　137
歴史主義　88，98
レチタティーヴォ　56，59，60，71，98，
　　101，160
連作歌曲　93，94
ロイヤル・アカデミー・オヴ・ミュージッ
　　ク　67
朗詠（ろうえい）　12，140，143，161，176
朗唱音　25
『六輪一露之記』（ろくりんいちろのき）
　　147
ロシア・アヴァンギャルド　**114**，128
《ロバンとマリオンの劇》　31
ロマンス　45，87，92
ロマンス語　87
論議　140
ロンドー　32，41

［ワ］

若衆歌舞伎（わかしゅうかぶき）　**157**，
　　159
ワキ方　147，**148**，149，175
和事（わごと）　159
和琴（わごん）　136，138，142，169
和讃（わさん）　140，141

人 名 索 引

［ア］

アイヴズ，チャールズ・エドワード Ives, Charles Edward（1874〜1954）113，114，124

アイスキュロス Aischlos（前525〜前456）17

アイメルト，ヘルベルト Eimert, Herbert（1897〜1972）120，125

芥川也寸志（あくたがわ・やすし 1925〜85）184

アダン・ド・ラ・アル Adam de la Halle（1245-50〜1285-88？）31

アナクレオン Anacreon（前6〜前5世紀）16

アブネック，フランソア＝アントヌ Habeneck, François-Antoine（1781〜1849）102

アーベル，カルル・フリードリヒ Abel, Carl Friedrich（1723〜87）73，74，80，82

荒木古童（あらきこどう 2世 1823〜1908）176

アリストクセノス Aristoxenos（前4世紀後半）10，19，20

アリストテレス Aristoteles（前384〜前322）19，20

アルカイオス Alcaios（前6世紀）16

アルキュタス Archytas（前4世紀前半）18

アルビノーニ，トマゾ Albinoni, Tomaso（1671〜1751）62，71，74

アルブレヒツベルガー，ヨハン・ゲオルク Albrechtsberger, Johann Georg（1736〜1809）84

アルベニス，イサーク Albeniz, Isaac（1860〜1909）104

アンリ，ピエール Henry, Pierre（1927〜）120

生田検校（いくた・けんぎょう 1656〜1715）163

池内友次郎（いけのうち・ともじろう 1906〜91）183

池辺晋一郎（いけべ・しんいちろう 1943〜）190

イザーク，ハインリヒ Isaac, Heinrich（1450ころ〜1517）45

伊沢修二（いざわ・しゅうじ 1851〜1917）173，174

石井真木（いしい・まき 1936〜2003）189，193

市川團十郎（いちかわ・だんじゅうろう 初世 1660〜1704）159

一柳慧（いちやなぎ・とし 1933〜）187，189，190，193，194

伊福部昭（いふくべ・あきら 1914〜2006）184

入野義朗（いりの・よしろう 1921〜80）185

ヴァイル，クルト Weill, Kurt（1900〜50）118

ヴァーグナー，リヒャルト Wagner, Richard（1813〜1883）91，97，98，99，102，103，105

ヴァーゲンザイル，ゲオルク・クリストフ Wagenseil, Georg Christoph（1715〜77）76，78

ヴァルター・フォン・デア・フォーゲルヴァイデ Walther von der Vogelweide（1170ころ〜1230ころ）31

ヴァルトシュタイン Waldstein 84

ヴァレーズ，エドガー Varèse, Edgar（1885〜1965）112，113

ヴィヴァルディ，アントーニオ Vivaldi, Antonio（1678〜1741）56，62，66，71，74，75

ヴィオラ，ヴァルター Wiora, Walter（1907〜1997）7

ヴィターリ，ジョヴァンニ・バッティスタ Vitali, Giovanni Battista（1632〜92）72

ヴィトリ，フィリップ・ド Vitry, Philippe de（1291〜1361）32

ヴィラールト，アドリアン Willaert, Adrian（1490ころ〜1562）51

上真行（うえ・さねみち 1851〜1937）173

ヴェーバー，カルル・マリーア・フォン Weber, Carl Maria von（1786〜1826）87，94

上原六四郎［虚洞］（うえはら・ろくしろう 1848〜1913）176，180

ヴェーベルン，アントン Webern, Anton（1883〜1945）109，115，116

ヴェラチーニ，フランチェスコ・マリーア Veracini, Francesco Maria（1690〜1768）62

ヴェルディ，ジュゼッペ・フォルトゥニオ・フランチェスコ Verdi, Giuseppe Fortunio Francesco（1813〜1901）100，101，103

ヴォルフ，フーゴ Wolf, Hugo（1860〜1903）105

宇田川榕庵（うたがわ・ようあん 1798〜1846）171

エウリピデス Euripides（前485ころ〜前406ころ）17

エステルハージ Esterházy 77，78，79，80，81

エッカルト，ヨハネス Eccard, Johannes（1553〜1611）72，81

エッケルト，フランツ Eckert, Franz（1852〜1916）172，174

エーベルリーン，ヨハン・エルンスト Eberlin, Johann Ernst（1702〜62）76

江村哲二（えむら・てつじ 1960〜2007）192，194

阿国（おくに 生没年不明）156

奥好義（おく・よしいさ 1858〜1933）173

オケゲム，ヨハネス Ockeghem, Johannes（1425ころ〜97）**38**，41

オッフェンバック，ジャック Offenbach, Jacques（1819〜80）160

オリュンポス Olympos（前7世紀）16

［カ］

カイザー，ラインハルト Keiser, Reinhard（1674〜1739）58

カヴァッリ，フランチェスコ Cavalli, Francesco（1602〜76）55

カヴァリエーリ，エミーリオ・デ Cavalieri, Emilio de'（1550ころ〜1602）53，54，60

カウエル，ヘンリー Cowell, Henry（1897〜1965）124

カーゲル，マウリシオ Kagel, Mauricio（1931〜2008）125，127，131

ガスパリーニ，フランチェスコ Gasparini, Francesco（1668〜1727）71

ガスマン，フロリアン・レーオポルト Gassmann, Florian Leopold（1729〜74）76

カッチーニ，ジューリオ Caccini, Giulio（1545ころ〜1618）53，54，59

ガブリエーリ，アンドレア Gabrieli, Andrea（1532/

221

33〜1585）51

ガブリエーリ，ジョバンニ　Gabrieli, Giovanni（1553
　−56〜1613）51，52
カベソン，アントニオ・デ　Cabezón, Antonio de
　（1510 ころ〜1566）50
カリッシミ，ジャーコモ　Carissimi, Giacomo（1605
　〜74）60
ガリレイ，ヴィンチェンツォ　Galilei, Vincenzo
　（1520 年代後半？〜1591）53
カルダーラ，アントニオ　Caldara, Antonio（1670
　ころ〜1736）56，76
ガルッピ，バルダッサーレ　Galuppi, Baldassare
　（1706〜85）71
川島素晴（かわしま・もとはる　1972〜）192
観阿弥（かんあみ　1333〜84）145，**146**，151
観世長俊（かんぜ・ながとし　1488〜1541）147
観世信光（かんぜ・のぶみつ　1435〜1516）147
観世元雅（かんぜ・もとまさ　1400〜32）147
観世元能（かんぜ・もとよし　生没年不明）147
カンチェーリ，ギヤ　Kancheli, Giya（1935〜）129，
　131
カンナビヒ，クリスティアン　Cannabich, Christian
　（1731〜98）74
カンプラ，アンドレ　Campra, André（1660〜1744）
　57
杵屋勝三郎（きねや・かつさぶろう　2 世　1820〜96）
　176
杵屋勘五郎（きねや・かんごろう　3 世　1815−23〜
　77）176，179
杵屋佐吉（きねや・さきち　4 世　1884〜1945）179
稀音家浄観（きねや・じょうかん　2 世　1874〜1956）
　179
杵屋正次郎（きねや・しょうじろう　3 世　1827〜95）
　176
キノー，フィリップ　Quinault, Philippe（1635〜88）
　57
キュイ，ツェザール　Cui, César（1835〜1918）
　104
清瀬保二（きよせ・やすじ　1899〜1981）178，
　184
清元延寿太夫（きよもと・えんじゅたゆう　5 世
　1862〜1943）176
キルンベルガー，ヨハン・フィリップ　Kirnberger,
　Johann Philipp（1721〜83）76
クヴァンツ，ヨハン・ヨアヒム　Quantz, Johann Jo-
　achim（1697〜1773）72，74，75，76
クセナキス，ヤニス　Xenakis, Yannis〔Iannis〕（1922
　〜2001）121
クッサー，ヨハン・ジギスムント　Kusser, Johann
　Sigismund（1660〜1727）58
グノー，シャルル　Gounod, Charles（1818〜93）
　101
クープラン，ルイ　Couperin, Louis（1626 ころ〜61）
　62，64，65
グラウン，カール・ハインリヒ　Graun, Carl Heinri-
　ch（1703−04〜59）75

グラウン，ヨハン・ゴットリープ　Graun, Johann
　Gottlieb（1702−03〜71）75
グラス，フィリップ　Glass, Philip（1937〜）126，
　127
グラナドス，エンリケ　Granados, Enrique（1867〜
　1916）104
グラレアヌス，ヘンリクス　Glareanus, Henricus
　（1488〜1563）10，35
グリーグ，エドヴァルド　Grieg, Edvard（1843〜
　1907）104
グルック，クリストフ・ヴィリバルド　Gluck, Chri-
　stoph Willibald（1714〜87）70，71，72，73，
　76，78，81，178
グールド，グレン　Gould, Glenn（1932〜82）128
グレゴリウス 1 世　Gregorius I（540 ころ〜604）24
グレツキ，ヘンリク・ミコワイ　Górecki, Henryk
　Mikołaj（1933〜2010）130
グレトリ，アンドレ＝エルネスト＝モデスト　Grétry,
　André-Ernest-Modeste（1741〜1813）72，73
クレメンティ，ムツィオ　Clementi, Muzio（1752〜
　1832）73
グロケオ，ヨハンネス・デ　Grocheo, Johannes de
　（13〜14 世紀）10
黒沢琴古（くろさわ・きんこ　初世　1710〜71）
　164
ケージ，ジョン　Cage, John（1912〜92）113，114，
　119，121，122，123，124，127，187，190
ケルビーニ，ルイージ　Cherubini, Luigi（1760〜
　1842）101
賢順（けんじゅん　不明〜1636）158
幸田延（こうだ・のぶ　1870〜1946）174，177，
　183
後白河法皇（ごしらかわほうおう　1127〜92）140
コリリアーノ，ジョン　Corigliano, John（1938〜）
　129
コルネイユ，ピエール　Corneille, Pierre（1606〜
　84）57
コレッリ，アルカンジェロ　Corelli, Arcangelo（1653
　〜1713）62，67
権代敦彦（ごんだい・あつひこ　1965〜）192
近藤譲（こんどう・じょう　1947〜）190，194
金春禅竹（こんぱる・ぜんちく　1404〜不明）147
金春禅鳳（こんぱる・ぜんぽう　1454〜不明）147

［サ］

サカダス　Sacadas（前七 7〜前 6 世紀）16
坂田藤十郎（さかた・とうじゅうろう　初世　1647〜
　1709）159
ザックス，クルト　Sachs, Curt（1881〜1959）8
サッフォー　Sappho（前 6 世紀）16
薩摩浄雲（さつま・じょううん　初世　1593〜1672）
　157
サティ，エリック　Satie, Erik（1866〜1925）112，
　113，114，115，121，125
佐藤聰明（さとう・そうめい　1947〜）190
サフィー・アッ＝ディーン　Safi al-Din（1230 ころ
　〜1294）10
サリエーリ，アントーニオ　Salieri, Antonio（1750

222

～1825）71，76

サルティ，ジュゼッペ Sarti, Giuseppe（1729～1802）71

ザルリーノ，ジョゼッフォ Zarlino, Gioseffo（1517～90）10

猿谷紀郎（さるや・としろう 1960～）192

ザロモン，ヨハン・ペーター Salomon, Johann Peter（1745～1815）78，80，81

サン＝サーンス，シャルル・カミーユ Saint-Saëns, Charles Camille（1835～1921）92，102

サンマルティーニ，ジョヴァンニ・バッティスタ Sammartini, Giovanni Battista（1700-01～75）71

シェイクスピア，ウィリアム Shakespeare, William（1564～1616）58

ジェズアルド，カルロ Gesualdo, Carlo（1561 ころ～1613）49

シェーファー，R. マリー Schafer, R. Murray（1933～）113，122

シェフェール，ピエール Schaeffer Pierre（1910～1995）120

シェルシ，ジャチント Scelsi, Giacinto（1905～88）130

シェーンベルク，アルノルト Schönberg, Arnold（1874～1951）87，99，**109**，110，115，116，117，118，119，131

信濃前司行長（しなののぜんじゆきなが　鎌倉時代）141

篠原眞（しのはら・まこと 1931～）186

柴田南雄（しばた・みなお 1916～96）135，185

芝葛鎮（しば・ふじつね 1849～1918）173

シベリウス，ジャン Sibelius, Jean（1865～1957）104

シモニデス Simonides（前 556 ころ～前 467 ころ）16

下山一二三（しもやま・ひふみ 1930～）186

シャイデマン，ハインリヒ Scheidemann, Heinrich（1596 ころ～1663）64，64

シャイト，ザムエル Scheidt, Samuel（1587～1654）60，64

ジャヌカン，クレマン Janequin, Clément（1485 ころ～1558）43

ジャルディーニ，フェリーチェ Giardini, Felice（1716～96）72

シャルパンティエ，マルカントアヌ Charpentie, Marc-Antoine（1645-50 ?～1704）60，65

シャンボニエール，ジャック・シャンピオン Chambonnières, Jacques Champion（1601-02～72）64

シュターミツ，カルル・フィリップ Stamitz, Carl Philipp（1745～1801）72，74，75

シュッツ，ハインリヒ Schütz, Heinrich（1585～1672）58，60

シュトゥンプ，カール Stumpf, Carl（1848～1936）7

シュトックハウゼン，カルルハインツ Stockhausen, Karlheinz（1928～2007）119，120，121，124，127，128，186

シュトラウス，ヨハン（子）Strauss, Johann（1825～99）104

シュトラウス，ヨハン（父）Strauss, Johann（1804～49）104

シュトラウス，リヒャルト Strauss, Richard（1864～1949）87，92，105

シュニトケ，アルフレート Shnitke, Al' fred（1934～98）128

シュネーベル，ディーター Schnebel, Dieter（1930～）127，131

シューベルト，フランツ Schubert, Franz（1797～1828）89，90，91，**93**

シューマン，ローベルト Schumann, Robert（1810～56）88，93，94，97，98，102，103，105

生仏（しょうぶつ）141

聖武天皇（しょうむてんのう　在位 724～749）138

ジョスカン・デプレ Josquin Desprez（1440 ころ～1521）**38**，**39**，41，45

ショスタコーヴィチ，ドミトリー Shostakovich, Dmitry（1906～75）114，128

ショソン，エルネスト Chausson, Ernest（1855～99）102

ショパン，フリデリク・フランチシェク［フレデリック・フランソア］Chopin, Fryderyk Franciszek［Frédéric François］（1810～49）88，93，95，97，101，103

ショーベルト，ヨハン Schobert, Johann（1735 ころ～67）72，81

スヴィーテン，ゴットフリート・ヴァン Swieten, Gottfried van（1733～1803）81，**82**

スヴェーリンク，ヤン・ピーテルスゾーン Sweelinck, Jan Pieterszoon（1562～1621）64

スカルラッティ，アレッサンドロ Scarlatti, Alessandro（1660～1725）56，67

スカルラッティ，ドメーニコ Scarlatti, Domenico（1685～1757）56，67

菅原明朗（すがわら・めいろう 1887～1988）184

杉山丹後掾（すぎやま・たんごのじょう　16 世紀後半～17 世紀後半）157

スクリャービン，アレクサンドル・ニコラエヴィチ Skryabin［Scriabin］, Alexander Nikolayevich（1872～1915）91

ストラヴィンスキー，イーゴル Stravinsky, Igor（1882～1971）110，111，112，114，115，117，118，128

ストラデッラ，アレッサンドロ Stradella, Alessandro（1644～82）60

ストロッツィ，ジューリオ Strozzi, Giulio（1583～1652）53

スポンティーニ，ガスパーレ Spontini, Gaspare（1774～1851）102

スメタナ，ベドルジハ Smetana, Bedřich（1824～84）92，104

世阿弥（ぜあみ 1363 ?～1443 ?）145，**146**，147，150，151

セイキロス Seikilos（前 2～前 1 世紀ころ）20

瀬川菊之丞（せがわ・きくのじょう　初世 1691～

223

1749) 159
セルミジ，クロダン・ド Sermisy, Claudin de（1490
ころ～1562) 43
ゼレンカ，ヤン・ディスマス Zelenka, Jan Dismas
（1679～1745) 74
ソフォクレス Sophocles（前496～前406) 17
ソミス，ジョヴァンニ・バッティスタ Somis, Gio-
vanni Battista（1686～1763) 72

［タ］

タイレ，ヨハン Theile, Johann（1646～1724) 58
タヴナー，ジョン Tavener, John（1944～2013) 131
高橋悠治（たかはし・ゆうじ 1953～) 189
滝廉太郎（たき・れんたろう 1879～1903) 177,
183
ダグロン，ギュスターヴ・シャルル Dagron, Gusta-
ve Charles（1845～98？) 172, 174
武満徹（たけみつ・とおる 1930～96) 188, 189,
191, 192, 196
竹本義太夫（たけもと・ぎだゆう 1651～1714)
158
田中カレン（たなか・かれん 1961～) 192
田中正平（たなか・しょうへい 1862～1945) 180
ダモン Damon（前5世紀) 18
タルティーニ，ジュゼッペ Tartini, Giuseppe（1692
～1770) 62, 74
タレタス Thaletas（前7世紀) 15, 16
團伊玖磨（だん・いくま 1924～2001) 193
ダングルベール，ジャン＝アンリ D' Anglebert,
Jean-Henri（1635～91) 64
ダンスタブル，ジョン Dunstable, John（1390 ころ
～1453) 33, 35, 36, 37
ダンディ，ヴァンサン D' Indy, Vincent（1851～
1931) 102
チェスティ，アントーニオ Cesti, Antonio（1623～
1669) 55, 58
近松門左衛門（ちかまつ・もんざえもん 1653～
1724) 158
チーマ，ジョヴァンニ・パーオロ Cima, Giovanni
Paolo（1570 ころ～1622 以降) 61
チマローザ，ドメーニコ Cimarosa, Domenico
（1749～1801) 69, 70
チャイコフスキー，ピョトル・イリイチ Tchaikov-
sky, Pyotr Il' ych（1840～93) 104
ツァハウ，フリードリヒ・ヴィルヘルム Zachow
[Zachau], Friedrich Wilhelm（1663～1712)
67
ツィンマーマン，ベルント・アーロイス Zimmer-
mann, Bernd Alois（1918～70) 127, 128
坪能克裕（つぼのう・かつひろ 1947～) 191
ディッタースドルフ，カール・ディッタース・フォ
ン Dittersdorf, Carl Ditters von（1739～99)
76
ティモテオス Timotheos（前5～前4世紀) 15
ディロン，ジェイムズ Dillon, James（1950～)
130
テスピス Thespis（前6世紀) 16
デニソフ，エディソン・ヴァシリエヴィチ Deni-

sov, Edison Vasil' yevich（1929～96) 128
テュードア，デーヴィド Tudor, David（1926～96)
122
デュファイ，ギヨーム Dufay, Guillaume（1400 こ
ろ～1474) 35, **37**, 38, 41
テルパンドロス Terpandros（前7世紀) 15
テーレマン，ゲオルク・フィリップ Telemann,
Georg Philipp（1681～1767) 58, 59, 60, 62
ドヴォルジャーク，アントニーン Dvořák, Antonin
（1841～1904) 104
ドニゼッティ，ガエターノ Donizetti, Gaetano
（1797～1848) 70, 100
ドビュッシー，クロード Debussy, Claude（1862～
1918) 104, 105, 106, 107
トラエッタ，トンマーソ Traetta, Tommaso（1727
～79) 70
ドラーギ，アントーニオ Draghi, Antonio（1634～
1700) 58
ドラランド，ミシェル＝リシャール Delalande, [de
La Lande], Michel-Richard（1657～1726)
57, 60
トレッリ，ジュゼッペ Torelli, Giuseppe（1658～
1709) 62, 72
トレディチ，デーヴィッド・デル Tredici, David
del（1937～) 129

［ナ］

中尾都山（なかお・とざん 1876～1956) 176, 179
中能島欣一（なかのしま・きんいち 1904～84)
179
中村祐庸（なかむら・すけつね 1852～1925) 172,
173
新実徳英（にいみ・とくひで 1947～) 190, 191,
193
西村朗（にしむら・あきら 1953～) 190, 191,
193
ネーフェ，クリスティアン・ゴットロープ Neefe,
Christian Gottlob（1748～98) 84
ネルセン，カレル Nielsen, Carl（1865～1931)
104
ノーヴァク，レーオポルト Nowak, Leopold（1904
～91) 99
野田暉行（のだ・てるゆき 1940～) 190
ノーノ，ルイージ Nono, Luigi（1924～1990) 128

［ハ］

パイジエッロ，ジョヴァンニ Paisiello, Giovanni
（1740～1816) 69, 70
ハイドン，ミヒャエル Haydn, Michael（1737～
1806) 76
ハイドン，ヨーゼフ Haydn, Joseph（1732～1809)
76, 77, **78**, 79, 80
パガニーニ，ニコロ Paganini, Nicolò（1782～
1840) 88
橋本國彦（はしもと・くにひこ 1904～49) 178,
184
パーセル，ヘンリー Purcell, Henry（1659 ころ～
95) 58, 60, 73

八村義夫（はちむら・よしお 1938～85）186, 191

バッキュリデス Bacchylides（前520ころ～前450ころ）16

ハッセ，ヨハン・アードルフ Hasse, Johann Adolf（1699～1783）70, 71, 72, 74, 75, 76

バッハ，ヴィルヘルム・フリーデマン Bach, Wilhelm Friedemann（1710～84）75

バッハ，カール・フィーリプ・エマーヌエル Bach, Carl Philipp Emanuel（1714～88）75, 78, 79, 82, 84, 87

バッハ，ヨハン・クリスティアン Bach, Johann Christian（1735～82）69, 71, 72, 73, 74, 81

バッハ，ヨハン・セバスティアン Bach, Johann Sebastian（1685～1750）48, 53, 60, 62, 64, **65**, 66, 67, 68, 94, 115, 116, 128, 191, 193

バード，ウィリアム Byrd, William（1543～1623）46, 50

早坂文雄（はやさか・ふみお 1914～55）178, 184

林光（はやし・ひかる 1931～2012）191

バラキレフ，ミリー・アレクセーエヴィチ Balakirev, Mily Alexeyevich（1837～1910）104

ハリソン，ルー Harrison, Lou（1917～2003）131

バルディ，ジョヴァンニ・デ Bardi, Giovanni de'（1534～1612）54

バルトーク，ベーラ Bartók, Béla（1881～1945）110, 111, 124, 131

パレストリーナ，ジョヴァンニ・ピエルルイージ・ダ Palestrina, Giovanni Pierluigi da（1525ころ～1594）**47**, 94

バンショワ Binchois, Gilles de Bins dit（1400頃?～1460）35, **37**, 38, 41

ヒギンズ，ディック Higgins, Dick（1938～1998）22

ビゼー，ジョルジュ Bizet, Georges（1838～75）101

ピゼンデル，ヨハン・ゲオルク Pisendel, Johann Georg（1687～1755）62, 74

ピッチンニ，ニッコロ Piccinni, Niccolò（1728～1800）69, 70, 72, 73

ヒッパソス Hippasos（前5世紀前半）18

ピュタゴラス Pythagoras（前6世紀）10, 13, 17, 18, 19, 20, 23

ビュヒャー，カール Bücher, Karl（1847～1930）7

平尾貴四男（ひらお・きしお 1907～53）183, 184

廣瀬量平（ひろせ・りょうへい 1930～2008）187, 191

ピンダロス Pindaros（前522ころ～前442ころ）15, 16

ヒンデミット，パウル Hindemith, Paul（1895～1963）115, 117, 118

ファウスティーニ，ジョヴァンニ Faustini, Giovanni（1619～51）55

ファーニホウ，ブライアン Ferneyhough, Brian（1943～）119, 130

フィッシャー，ヨハン・カスパル・フェルディナント Fischer, Johann Caspar Ferdinand（1670ころ?～1746）64

フィニシー，マイケル Finnissy, Michael（1946～）130

フィロラオス Philolaos（前5世紀後半）18

フェルド，スティーヴン Feld, Steven（1949～）11

フェントン，ジョン・ウイリアム Fenton, John William（1828～78?）172, 173, 174

フォーレ，ガブリエル Fauré, Gabriel（1845～1924）102

深井史郎（ふかい・しろう 1907～59）184

福島和夫（ふくしま・かずお 1930～）187

藤井清水（ふじい・きよみ 1889～1944）178

藤家渓子（ふじいえ・けいこ 1963～）192, 193

藤枝守（ふじえだ・まもる 1955～）191

藤原師長（ふじわらのもろなが 1138～92）140

ブゾーニ，フェルッチョ・ベンヴェヌート Busoni, Ferruccio Benvenuto（1866～1924）115

フックス，ヨハン・ヨーゼフ Fux, Johann Joseph（1660～1741）76, 78

プッチーニ，ジャーコモ Puccini, Giacomo（1858～1924）101

プトレマイオス，クラウディオス Ptolemaios, Klaudios（後2世紀）10

プニャーニ，ガエターノ Pugnani, Gaetano（1731～98）72

プラトン Platon（前427-8～前347-8）9, 15, 17, 18, 19, 20

ブラームス，ヨハネス Brahms, Johannes（1833～97）89, 90, 91, 92, 95, **98**, 99, 105

フランク，セザール・オーギュスト Franck, César Auguste（1822～90）92, 102

フリードリヒ2世 Friedrich Ⅱ（1712～86）75

フリュニス Phrynis（前5世紀）15

ブルックナー，アントン Bruckner, Anton（1824～96）89, **99**, 100

ブーレーズ，ピエール Boulez, Pierre（1925～2016）110, 121, 127

フレスコバルディ，ジローラモ Frescobaldi, Girolamo（1583～1643）64, 65

フローベルガー，ヨハン・ヤーコプ Froberger, Johann Jakob（1616～67）63, 64, 65

フンメル，ヨハン・ネーポムク Hummel, Johann Nepomuk（1778～1837）87

ヘイヴェルツ，カーレル Goeyvaerts, Karel（1923～93）119

ベッリーニ，ヴィンチェンツォ Bellini, Vincenzo（1801～35）100

ベートーヴェン，ルートヴィヒ・ヴァン Beethoven, Ludwig van（1770～1827）73, 77, 79, 82, **83**, 84, 85, 86, 87, 91, 92, 94, 99, 102

ペトルッチ，オッタヴィアーノ Petrucci, Ottaviano（1466～1539）39, 40, 44

ベーム，テーオバルト Boehm, Theobald（1794～1881）101

ペーリ，ヤーコポ Peri, Jacopo（1561～1633）54, 55

ベリオ，ルチアーノ　Berio, Luciano（1925～2003）
128，193

ベルク，アルバン　Berg, Alban（1885～1935）109，
110，115，116

ヘルダー，ヨハン・ゴットフリート　Herder, Johann
Gottfried（1744～1803）7

ペルト，アルヴォ　Pärt, Arvo（1935～）128，131

ベルリオーズ，エクトル　Berlioz, Hector（1803～
69）92，101，102

ペロティヌス　Perotinus（1200ころ活躍）28，128

ベンダ，ゲオルク　Benda, Georg（1722～95）75

ベンダ，フランツ　Benda, Franz（1709～86）75

ヘンツェ，ハンス・ヴェルナー　Henze, Hans We-
rner（1926～2012）127

ヘンデル，ゲオルク・フリードリヒ　Händel, Georg
Friedrich［George Frideric］（1685～1759）
53，58，59，60，62，65，**67**，68

ペンデレツキ，クシシュトフ　Penderecki, Krzysztof
（1933～）125，126

ボエティウス，アニキウス・マンリウス・セヴェリ
メス　Boethius, Anicius Manlius Severinus（480
ころ～524ころ）10，23

細川俊夫（ほそかわ・としお　1955～）191，193

菩提遷那（ぼだい・せんな）138

ボノンチーニ，ジョヴァンニ　Bononcini, Giovanni
（1670～1747）58，72

ホフマン，エルンスト・テーオドーア・アマデーウ
ス　Hoffmann, Ernst Theodor Amadeus（1776
～1822）94

ホメロス　Homeros（前8世紀ころ）15

ホルツバウアー，イグナーツ　Holzbauer, Ignaz
（1711～83）74，84

ポルポラ，ニコラ・アントーニオ　Porpora, Nicola
Antonio（1686～1768）70，71，78

ボロディン，アレクサンドル・ポルフィリエヴィ
チ　Borodin, Alexander Profir' yevich（1833～
87）92，94

[マ]

マイヤベーア，ジャコモ　Meyerbeer, Giacomo
（1791～1864）101

マショー，ギヨーム・ド　Machaut, Guillaume de
（1300ころ～1377）32，41

マスカーニ，ピエトロ　Mascagni, Pietro（1863～
1945）101

マチューナス，ジョージ　Maciunas, George 123，
124

松下眞一（まつした・しんいち　1923～90）186

松平頼則（まつだいら・よりつね　1907～2001）
178，184，186

マッテゾン，ヨハン　Mattheson, Johann（1681～
1764）58

松村禎三（まつむら・ていぞう　1929～2007）
188，193

間宮芳生（まみや・みちお　1929～）186，193

黛敏郎（まゆずみ・としろう　1929～97）184，
185

マーヨ，ジャン・フランチェスコ・デ　Majo, Gian

Francesco de（1732～70）70

マーラー，グスタフ　Mahler, Gustav（1860～1911）
104，105，128

マルシャン，ルイ　Marchand, Louis（1669～1732）
65

マルティーニ，ジョヴァンニ・バッティスタ　Mar-
tini, Giovanni Battista（1706～84）72

マールプルク，フリードリヒ・ヴィルヘルム　Mar-
purg, Friedrich Wilhelm（1718～95）76

マレンツィオ，ルカ　Marenzio, Luca（1553-54～
99）49

三木稔（みき・みのる　1930～2011）169，187，193

箕作秋吉（みつくり・しゅうきち　1895～1971）
178，184

源博雅（みなもとの・ひろまさ／はくが　918～980）
140

味摩之（みまし　生没年不明）136

宮城道雄（みやぎ・みちお　1894～1956）179

宮下秀冽（みやした・しゅうれつ　初世　1909～
1993）169

ミュライユ，トリスタン　Murail, Tristan（1947～）
130

三善晃（みよし・あきら　1933～2013）188，193

ムソルグスキー，モデスト・ペトロヴィチ　Musorg-
sky, Modest Petrovich（1839～81）104

メシアン，オリヴィエ　Messiaen, Olivier（1908～
92）111，113，118，119，186

メソメデス　Mesomedes（後2世紀）20

メーソン，ルーサー・ホワインティング　Mason,
Luther Whiting（1818～96）173，174

メタスタージオ，ピエトロ　Metastasio, Pietro（1698
～1782）58，**70**，76，78

メユール，エティエンヌ＝ニコラ　Méhul, Étienne-
Nicolas（1763～1817）73

メンデルスゾーン（＝バルトルディ），フェーリク
ス　Mendelssohn [-Bartholdy], Felix（1809～
47）92，93，97

モーツァルト，ヴォルフガング・アマデーウス　Mo-
zart, Wolfgang Amadeus（1756～91）72，
73，75，76，77，78，80，**81**，82，83，84，
85，86，87，94，105

モーツァルト，レオポルト　Mozart, Leopold（1719
～87）76

本居長世（もとおり・ながよ　1885～1945）178，
179

諸井三郎（もろい・さぶろう　1903～77）183

諸井誠（もろい・まこと　1930～2013）185，186

モン，マティアス・ゲオルク　Monn, Matthias Geo-
rg（1717～50）76

モンテヴェルディ，クラウディオ　Monteverdi, Cla-
udio（1567～1643）49，52，**55**

モンドンヴィル，ジャン＝ジョゼフ・カッサネア・
ド　Mondonville, Jean-Joseph Cassanea de（1711
～72）73

[ヤ]

八重崎検校（やえざきけんぎょう　1776～1848）
163

八橋検校（やつはしけんぎょう　1614～85）　158，
　163
山勢松韻（やませ・しょういん　1845～1908）　176
山田検校（やまだけんぎょう　1757～1817）　163
山田耕作（やまだ・こうさく　1886～1965）　178，
　183
ヤング，ラ・モンテ　Young, La Monte（1935～）
　126
湯浅譲二（ゆあさ・じょうじ　1929～）　187，188，
　189
芳沢あやめ（よしざわ・あやめ　1673～1729）　159
吉住慈恭（よしずみ・じきょう　4世　1876～1972）
　179
吉松隆（よしまつ・たかし　1953～）　191

［ラ］

ライヒ，ステイーヴ　Reich, Steve（1936～）　126，
　127
ライリー，テリー　Riley, Terry（1935～）　126
ラインケン，ヨハン・アーダム　Reinken［Reincken］,
　Johann Adam（1623～1722）　64
ラヴェル，モーリス　Ravel, Maurice（1875～1937）
　97，105
ラシーヌ，ジャン　Racine, Jean（1639～99）　57
ラッヘンマン，ヘルムート＝フリードリッヒ　Lachen-
　mann, Helmut Friedrich（1935～）　130
ラモー　ジャン＝フィリップ　Rameau, Jean-
　Philippe（1683～1764）　57，64，72，73，115

ランディーニ，フランチェスコ　Landini, Francesco
　（1325‑35～97）　32
リゲティ，ジェルジ　Ligeti, György（1923～2006）
　125，127
リスト，フランツ　Liszt, Franz（1811～86）　88，
　92，97，98，102，103
リヌッチーニ，オッターヴィオ　Rinuccini, Ottavio
　（1562～1621）　53，55，58
リムスキー＝コルサコフ，ニコライ・アンドレーエ
　ヴィチ　Rimsky-Korsakov, Nikolay Andreyevich
　（1844～1908）　104
リュリ，ジャン＝バティスト　Lully, Jean-Baptiste
　［Giovami Battista］（1632～87）　56，57，101
ルクレール，ジャン＝マリ　Leclair, Jean-Marie
　（1697～1764）　62，72，73
ルソー，ジャン＝ジャック　Rousseau, Jean-Jacques
　（1712～78）　7，73
ルッソロ，ルイージ　Russolo, Luigi（1885～1947）
　112
ルルー，シャルル・エドアール・ガブリエル　Lerou,
　Charles Edouard Gabriel（1851～1926）　172，
　174
レオニヌス　Leoninus（1163～1201ころ活躍）　28
レオンカヴァッロ，ルッジェーロ　Leoncavallo, Ru-
　ggero（1857～1919）　101
ロッシーニ，ジョアッキーノ　Rossini, Gioacchino
　（1792～1868）　69，70，71，100，101
ロッティ，アントーニオ　Lotti, Antonio（1667ころ
　～1740）　74

著者紹介（執筆順）

片桐　功（かたぎり・いさお）

東京芸術大学大学院音楽研究科博士後期課程単位取得満期退学。現在、エリザベト音楽大学名誉教授。共訳書：U. ミヒェルス編『図解音楽事典』（白水社）。主要論文：「日本・アジア音楽の音律論」（『岩波講座：日本の音楽・アジアの音楽7』）、「ムーシケーと教育」（『音楽教育史論叢第Ⅰ巻：音楽の思想と教育』開成出版）。

吉川　文（よしかわ・あや）

東京芸術大学大学院音楽研究科博士後期課程修了。現在、東京学芸大学准教授。訳書：リチャード・L・クロッカー『グレゴリオ聖歌の世界』（音楽之友社）。主要論文：「ルネサンス初期の多声ミサ曲とcontenance angloise」、「ヴィスコンティ家宮廷におけるヨハネス・チコニアの音楽」、他。

岸　啓子（きし・けいこ）

東京芸術大学大学院音楽研究科修士課程修了。1990年、文部省在外研究員としてキングス・カレッジ（ロンドン）に留学。現在、愛媛大学教育学部教授。主要論文：「『メサイア』のモーツァルト編曲におけるトランペット」、他。演奏歴：チェンバロ・リサイタル数回。

久保田慶一（くぼた・けいいち）

東京芸術大学大学院音楽研究科修士課程修了。音楽学博士（東京芸術大学）。ドイツ学術交流会により、フライブルク大学、ハンブルク大学、ベルリン自由大学に留学。東京学芸大学教授、国立音楽大学教授・副学長を経て、現在、東京経済大学客員教授。著書：『C.P.E. バッハ研究―改訂と編曲―』『改訂版音楽の文章セミナー』『バッハの四兄弟』（以上音楽之友社）、『西洋音楽史エピソード100』『音楽再発見エピソード100』『音楽史を学ぶ』（以上教育芸術社）、『音楽とキャリア』（スタイルノート）、『キーワード150音楽通論』『モーツァルト家のキャリア教育』（以上アルテスパブリッシング）、『バッハ　キーワード事典』（春秋社）、『2018年問題とこれからの音楽教育』（ヤマハミュージックメディア）、他。

長野俊樹（ながの・としき）

東京芸術大学大学院音楽研究科修士課程修了。現在、福岡教育大学名誉教授。主要論文：「アーノルト・シェーンベルクの音楽思想―その概念と論理」（福岡教育大学紀要第35号）、「シェーンベルクにおけるユートピア的精神―現実批判としての音楽創造」（音楽の世界、第33巻7号）。

白石美雪（しらいし・みゆき）

東京芸術大学大学院音楽研究科修士課程修了。現在、武蔵野美術大学教授、国立音楽大学非常勤講師。著書：『ジョン・ケージ　混沌ではなくアナーキー』（武蔵野美術大学出版局、第20回吉田秀和賞受賞）。主要論文：「瞬間の再評価―20世紀音楽におけるモダンについて」（国立音楽大学研究紀要28集）、「ブーレーズとケージ」（同29集）、「美をめぐる問い―武満徹の音楽を手がかりに」（『武蔵野美術』No. 114）、「ブラック・マウンテン・カレッジにおける音楽活動―開校からジョン・ケージ訪問まで」（国立音楽大学大学院研究年報第17輯）、他。

高橋美都（たかはし・みと）

東京芸術大学大学院音楽研究科修士課程修了。主要論文：「法隆寺声明記譜法の変遷について」（『東洋音楽研究』第48号）、「寺社行事に伴う『舞楽』の受容と変容について」（『芸能の科学』第21号）、他。

三浦裕子（みうら・ひろこ）

東京芸術大学大学院音楽研究科修士課程修了。現在、武蔵野大学文学部特任教授、同大学能楽資料センター長。著書：『能・狂言の音楽入門』（音楽之友社）、『調べて学ぶ日本の伝統④芸能』（共著、大日本図書）、『初めての能・狂言』（共著、小学館）、『面からたどる能楽百一番』（淡交社）、他。

茂手木潔子（もてぎ・きよこ）

東京芸術大学大学院修了後、国立劇場演出室勤務。現在、上越教育大学名誉教授。著書：『文楽』『おもちゃが奏でる日本の音』（以上音楽之友社）、『酒を造る唄のはなし』

（新潟県頸城村）、『浮世絵の楽器たち』（太田記念美術館）、『北斎とモース』（武久出版）他。

塚原康子（つかはら・やすこ）
東京芸術大学大学院音楽研究科博士後期課程修了。学術博士。現在、東京芸術大学教授。著書：『十九世紀の日本における西洋音楽の受容』（多賀出版）、『ブラスバンドの社会史』（共著、青弓社）、『日本音楽基本用語辞典』（共著、音楽之友社）、『日本の伝統芸能講座—音楽』（国立劇場編、淡交社）、『明治国家と雅楽』（有志舎）、他。

楢崎洋子（ならざき・ようこ）
東京芸術大学大学院音楽研究科博士後期課程修了。博士（音楽学）。愛知県立芸術大学教授を経て、武蔵野音楽大学教授。
主要著書：『武満徹と三善晃の作曲様式—無調性と音群作法をめぐって—』（音楽之友社、第9回京都音楽賞研究評論部門賞受賞）、『日本の管弦楽作品表 1912-1992』（日本交響楽振興財団）、『A Way a Lone:Writings on Toru Takemitsu』（Academia Music、共編著）、『作曲家◎人と作品 武満徹』（音楽之友社）。

写真協力：神田佳明
　　　　　青木信二
　　　　　国立能楽堂
　　　　　国立劇場
　　　　　横浜能楽堂

決定版　はじめての音楽史
——古代ギリシアの音楽から日本の現代音楽まで

2017年 9月30日　第 1刷発行	
2024年10月31日　第11刷発行	

著　者　久保田　慶一、ほか
（別掲）

発行者　時　枝　　正

東京都新宿区神楽坂 6 - 30
発行所 ㈱ 音 楽 之 友 社

電話03（3235）2111㈹〒162-8716
https://www.ongakunotomo.co.jp

Printed in Japan

©2017 by Kei-ichi Kubota et al.
ISBN978-4-276-11019-9 C1073

印刷：星野精版印刷，錦明印刷／製本：誠幸堂
装幀：吉原順一

本書の全部または一部のコピー、スキャン、デジタル化等の無断複製は著作権法上での例外を除き禁じられています。また、購入者以外の代行業者等、第三者による本書のスキャンやデジタル化は、たとえ個人や家庭内での利用であっても著作権法上認められておりません。

日本音楽著作権協会(出)許諾第 1708834-411号

落丁本・乱丁本はお取替いたします。

音楽之友社の入門書・教科書◎好評発売中！

アナリーゼで解き明かす
新 名曲が語る音楽史　グレゴリオ聖歌からポピュラー音楽まで
田村和紀夫著　A5判・212頁　定価（本体2200円＋税）

好評の『名曲が語る音楽史』の改訂版。〈ブランデンブルク協奏曲〉〈魔王〉〈ジムノペティ〉
などの名曲が、ひと味違った分析によって、その音楽史的意味を語り始める。
ISBN978-4-276-11015-1

バロック音楽を考える　Rethinking Baroque Music
佐藤　望著　A5判・176頁　定価（本体2000円＋税）

過去の音楽をただ知識として受け入れるのではなく、自分自身と音楽との関わりを、歴史的
脈絡を通じて考えるための新しい音楽史。全体は通史の形を取らず、「宗教と音楽の関係」
「ジェンダー論の観点から見たバロック音楽」などのトピックを扱う7章からなる。
ISBN978-4-276-11027-4

グラウト／パリスカ　# 新西洋音楽史〈全3巻〉
D.J. グラウト、C.V. パリスカ著　戸口幸策、津上英輔、寺西基之訳
音A判〈上〉372頁　定価（本体6000円＋税）／〈中〉404頁　定価（本体6500円＋税）／
　　〈下〉448頁　定価（本体8500円＋税）
音楽史のバイブルとして定評あるグラウト『西洋音楽史』の新訂第5版。本文2色刷り、よ
り率直で明快な表現に書き改められた。年表・地図・カラー図版も充実。
（上）ISBN978-4-276-11212-4　（中）ISBN978-4-276-11213-1　（下）ISBN978-4-276-11214-8

民族音楽学 12 の視点
徳丸吉彦 監修　増野亜子 編　A5判・192頁　定価（本体2500円＋税）

世界の多様な音楽文化を扱いながら人間と音楽について考える学問である、「民族音楽学」
の入門書。地域別・ジャンル別ではなく、複数の音楽文化を横断的に捉えられるようなさま
ざまな視点を提示する。7つのコラムも読みごたえがある。
ISBN978-4-276-13510-9

楽譜を読むチカラ
ゲルハルト・マンテル 著／久保田慶一 訳　A5判・232頁　定価（本体2600円＋税）

楽譜をどのように読み、そこからどう音を組み立てて演奏していくのか、そのために必要な
知識・練習計画・感情や表現を、どのように認識し、学習し、発展させるのか、を精神論に
とどまらず、具体的に説いた本。音楽の演奏と自然の原理についても絡めている。
ISBN978-4-276-10151-7

はじめてのオーケストラ・スコア　スコアの読み方ハンドブック
野本由紀夫著　A5判・112頁　定価（本体1800円＋税）

スコアの読み方の基本がわかる手引書。ビジュアル・インデックスにより、知りたい項目に
すぐ行ける。スコアのしくみ、オーケストラの各楽器の説明、楽器ごとのスコアの見方など、
スコアを読む上で最重要の知識を図版・譜例豊富にあげて、わかりやすくまとめた。
ISBN978-4-276-10142-5

重版などにより価格が改定されることもありますのでご了承ください。

左端（時代区分・縦書き）: バロック ／ ロマン主義

楽派（縦書き）: ヴェネツィア派のオペラ ／ ボローニャ楽派 ／ ナポリ派のオペラ ／ 前古典派 ／ マンハイム楽派 ／ ベルリン楽派 ／ ウィーン古典派

日本の時代区分（縦書き）: 近世（後期＝江戸）／ 江戸文化の爛熟期 ／ 近代（前期＝幕末〜明治中期）／ 近代（後期＝ ）

西洋音楽	世界史	日本音楽	日本史
1602 カッチーニの《ヌオーヴェ・ムジケ》出版		17世紀始め 地歌の始まり	1612 キリスト教禁止令 1613 支倉常長訪欧
17世紀 近代五線記譜法 1637 ヴェネツィアにオペラ劇場	1618 ドイツ三十年戦争（〜48）	17世紀前半 八橋流箏曲の始まり 1629 女歌舞伎禁止	1639 鎖国令
	1642 清教徒革命（〜49）	1642 江戸城紅葉山の楽人の設置	
	1643 ルイ14世即位（〜1715）		
	1660 イギリス王政復古	1652 若衆歌舞伎が禁止 1670代 普化宗の成立	
1687 ハンブルクにオペラ劇場	1688 イギリスで名誉革命	1684 竹本義太夫が竹本座を設立 17世紀末 生田検校が生田流箏曲創始	
		元禄年間 歌舞伎で和事と荒事が確立	
1709 ピアノ・フォルテ開発	1701 プロイセン王国成立	18世紀前半 長唄の成立	1716 享保改革（〜35）
1724 メタスタージオの《見捨てられたディドーネ》上演	1712 ルソー生まれる（〜78）		
1725 パリで《コンセール・スピリテュエル》が始まる			
1733 ペルゴレージ《奥様女中》	1740 フリードリヒ2世即位（〜86）	1734 人形浄瑠璃で3人遣い創始	
1750 J.S.バッハ没	1749 ゲーテ生まれる（〜1832）	1747 常磐津節が創設	
1752・54 パリでブフォン論争	18世紀後半 《シュトルム・ウント・ドランク》 1756 七年戦争勃発（〜63） 1765頃 イギリスで産業革命が進む	18世紀中頃 山田検校が山田流箏曲創始	
1774頃 パリでグルック・ピッチンニ論争が起こる	1774 ゲーテ『若きヴェルテルの悩み』を完成 1776 アメリカ合衆国が独立宣言 1781 シラー『群盗』／カント『純粋理性批判』		1774 杉田玄白『解体新書』
1791 W.A.モーツァルト没 1795 パリ音楽院開校 1790代末 パガニーニが演奏活動開始	1789 フランス革命が始まる		1787 寛政改革（〜93）
1812 ロッシーニがデビュー 1814 シューベルトが《糸を紡ぐグレートヒェン》作曲	1804 ナポレオン即位（〜14）	1820 長崎出島でオランダ人がオペレッタを上演 1814 清元節が創始	
1827 ベートーヴェン没 1828 パリ音楽院演奏会が開始 1829 メンデルスゾーンがバッハ《マタイ受難曲》を再演		1826 シーボルトが江戸にピアノを持参 19世紀前半 宇田川榕庵が西洋音楽用語を翻訳	1825 異国船打払令
1830 ベルリオーズの《幻想交響曲》初演	1830 ユゴーの『エルナニ』初演		
1831 ショパンがパリに出る 1834 『音楽新報』創刊	1831 ゲーテ『ファウスト』第2部完成		
1842 ヴェルディ《ナブッコ》 1848頃 リストの最初の交響詩	1848 フランスで二月革命 ドイツ三月革命 マルクス『共産党宣言』		1841 天保改革（〜43）
1859 ヴァーグナーの《トリスタンとイゾルデ》完成	1852 ナポレオン3世即位（〜70） 1856 ボードレール『悪の華』	1855〜59 幕府が長崎で海軍伝習にともない、洋式軍楽を導入	1853 ペリー来航
1860頃 ロシア〈五人組〉結成	1861 イタリア王国成立 1861 アメリカ南北戦争（〜65）		
1871 フランス国民音楽協会設立	1870 普仏戦争（〜71） 1871 ドイツ帝国成立 1874 第1回印象派展覧会 1877 エジソンが蓄音機を発明	1870 太政官内に雅楽局設置 1871 陸海軍の軍楽隊が発足 1876・88 雅楽『明治撰定譜』撰定 1879 文部省音楽取調掛設置	1868 明治維新 1873 キリスト教禁止令解除
1881 チェコ国民劇場開場		1881 芝公園紅葉山に能楽社結成 1882 『小学唱歌集』刊行 1886 東京音楽学校設立 1888 小中村清矩『歌舞音楽略史』 1889 東京音楽学校卒業生、幸田延が初めて海外留学（〜95）	1889 大日本帝国憲法
1894 ドビュッシー《牧神の午後への前奏曲》完成		1889 山葉風琴製造所設立 1893 《君が代》ほか8曲の〈祝日大祭日唱歌〉を制定公布 1895 上原六四郎『俗楽旋律考』	1894 日清戦争（〜95）
	1898 エジソンが映画を発明	明治30代 言文一致唱歌が流行	
1902 ドビュッシーのオペラ《ペレアスとメリザンド》完成		1900 滝廉太郎が歌曲集《四季》など作曲 1902 3世杵屋六四郎と4世吉住小三郎〈長唄研精会〉創設	
1906頃 バルトークらが蓄音機でハンガリー民謡の採集を開始	1905 フォーヴィスムが生まれる 1907 ピカソ《アヴィニョンの娘たち》	1905 田中正平が邦楽研究所開設 1907 東京音楽学校に邦楽取調掛設置	1904 日露戦争（〜05）
1908 シェーンベルクが無調の作品を書き始める 1909 ディアギレフがロシア・バレエ団を組織	1909 「未来派宣言」		